# 니체 대 문재인

## 니체 대 문재인

**초판 1쇄 인쇄**  2024년 02월 03일
**초판 1쇄 발행**  2024년 02월 23일

신고번호  제313-2010-376호
등록번호  105-91-58839

지은이  김호

발행처  보민출판사
발행인  김국환
기획  김선희
편집  최정아
디자인  다인디자인

ISBN  979-11-6957-129-6   03190

주소  경기도 파주시 해올로 11, 우미린더퍼스트@ 상가 2동 109호
전화  070-8615-7449
사이트  www.bominbook.com

- 가격은 뒤표지에 있으며, 파본은 구입하신 서점에서 교환해드립니다.
- 이 책은 저작권법에 의하여 보호를 받는 저작물이므로 무단 전재와 복사를 금합니다.

김호 지음

# 니체 대 문재인

한미동맹, 그 도덕적 선입견에 대한 생각들

보민출판사

# 머리말

"바그너가 도대체 인간이란 말인가? 오히려 그는 어떤 전염병이 아닐까? 그는 그가 손대는 모든 것을 병들게 한다." [니체, 바그너의 경우]

작곡가이자 혁명가였던 바그너를 아버지처럼 존경했던 니체는 그에게서 삶을 부정하는 기독교적 허무주의의 병적인 냄새를 맡고 사상적으로 결별한 뒤 냉정한 대결 속에 독자적인 그의 생의 철학을 더욱 철저히 추구해갔다. 건강한 니체에게 바그너가 그랬듯이 문재인은 병든 시대를 비추는 어두운 그림자이다.

신이 사라진 시대 한미동맹을 새로운 우상으로서 찬양하는 허무주의의 병적인 그림자가 여야, 진보, 보수를 넘어 한국 사회를 어둡게 뒤덮고 있다. 분단체제 아래 한미동맹을 도덕적 가치로 모시는 위정자들은 예수가 흘린 피를 팔아 먹고사는 사제들처럼 "피로서 맺은 한미동맹", "숭고한 한미동맹"을 외치면서 제국을 향해 저마다 자신들의 도덕적 순결성을 증명하려고 한다.

• 니체 •

한국에서 가장 많이 읽히는 철학자는 '니체'이다. 기성의 가치와 도덕을 파괴하던 다이너마이트! 망치를 든 철학자 니체! 하지만 한국에서는 니체에 대한 접근이 지친 삶의 위로와 자기계발서에만 머무는 현실이다. 누구보다 기독교적 허무주의와 노예도덕에 치를 떨며 시대와 대결했던 니체는 그 극복의 길에서 신의 죽음을 선포하고, 급기야 광인의 길로 접어들었다.

우리 안의 분단체제로서 한국 사회를 검게 드리우고 있는 한미동맹이라는 가치가 어느 날 제정신을 가지고서는 차마 지켜볼 수 없는 노예도덕으로서 엄습해왔다. 이를 찬양하고 방관하고 휩쓸리는 위정자들이 인간말종으로 다가왔다. 여야 가리지 않고 저마다 한미동맹을 도덕적 가치로 모시고 휩쓸리며 스스로 굴종하며

머리말 5

살아가는 병적인 모습이 처음에는 안쓰러웠으며, 변하지 않고 반복되는 무감각함이 절망스럽게 다가왔다.

"왜 보통 사람들은 / 금서도 아닌 / 차라투스트라를 읽지 않나 / 차라투스트라를 읽지 않고도 / 어떻게 저렇게 제정신을 가지고 살캉살캉 보통 사람으로 살아가나." [김승희, 차라투스트라]

금서도 아닌 짜라투스트라를 읽지 않는 보통 사람들에 대한 시인 김승희의 절망은 개인의 행복한 삶과 자기계발서를 벗어나지 못하는 유행으로서 니체를 말하는 것은 아닐 것이다. 오히려 자신을 향한 작은 행복을 벗어나지 못하며, 타락한 가치를 모시고 사는 위정자들과 그에 휩쓸려 존재를 망각하고 살아가는 넥타이 맨 토끼들에 대한 절망 아니었을까?

삶을 부정하는 기독교적 허무주의와의 대결에서 신의 죽음을 외친 니체가 던진 질문은 무엇이었을까? 우리는 나와 세계에서 삶의 주인으로서 당당히 살아가는 존재인가? 아니면 수천 년 쌓여온 신의 그림자와 그 노예도덕에 휩싸인 채 휩쓸려 살아가는 존재인가? 노예도덕은 자기 존재의 의미를 오래된 외부의 권위에 의탁한 채 스스로 무릎 꿇고 굴복하는 삶이다. 그리고 거기에 전도된 가치를 마조히즘적으로 부여한다. 원수를 사랑하라, 아프니까 청춘이다…

동시대인인 마르크스는 "지금까지 철학자들은 단지 세계를 여러 가지로 해석해왔을 뿐이지만, 중요한 것은 그것을 변혁시키는 일이다"고 했다. 우리 시대를 검게 드리우고 있는 노예도덕으로서 한미동맹을 숙명적으로 받아안고 살아갈 것인가? 분단을 악용한 도덕적 가치를 빙자해 우리를 옥죄는 '한미동맹이라는 굴종'에 갇혀 초라해진 우리 자신을 넘어서는 군자의 길, 초인의 길로 나아갈 것인가?

괴테는 "책에는 반드시 작가의 체험이 담겨 있다. 그 체험은 작가가 피하고 싶어도 피할 수 없었던 운명이다. 사람은 누구나 자신의 운명을 이야기하고 싶어 하는 법이다"라고 했다.

선조의 재조지은(再造之恩)에 이은 오래된 사대주의 도덕으로서 한미동맹과 그에 반하는 민족자주를 한입에 담았던 문재인 정부에서 남북정상회담을 앞두고 2018년 8월 국가보안법에 의해서 구속이 됐다. 새로운 시대, 남과 북을 가로지르는 새로운 삶의 도약을 향한 꿈과 이상을 어두운 중력의 영(靈)처럼 끌어내린 국가의 폭력과 한미동맹을 도덕적 가치로 모시는 영혼 없는 위정자들을 바라보며 시대의 한계로서 철학을 생각하게 됐고, 나에게 다가온 사상가는 니체와 마르크스 그리고 일본의 사상가 우치다 타츠루였다. 삶의 무기로서 철학이 엄습해온 것이다.

신의 죽음을 선포한 니체는 당대의 삶을 여전히 어둡게 옥죄고 있는 신의 그림자에서 벗어나지 못하며, 차라리 당나귀를 모시는 군중에 대해 안타까움과 그 경멸로서 인간말종의 반대편으로 초인을 제시했다. 믿음이 없는 시대, 단독자 스스로 서는 것에 대한 두려움을 벗어버리고 자신의 머리를 딛고서라도 올라가라고 인간을 응원했다.

"지금 그대가 사용할 사다리가 없다면, 그대는 그대 자신의 머리를 딛고 기어오르는 방법을 배우지 않으면 안 된다. 그렇지 않으면 어떻게 위로 오를 수 있겠는가?"

새로운 시대의 염원으로 탄생했지만 두려움에 떨며 스스로 몰락한 '문재인'은 분단체제와 그 도덕적 가치인 한미동맹으로 유지되어 온 오래된 관습이자 반복과 같은 반응적 이데올로기에 젖어 자신의 존재의미를 망각한 채 살아가는 우리의 초라한 몰골을 비춰주는 거울이다. 초인의 반대편으로서 인간말종 그리고 비윤리(내로남불)로 우리 몸의 상승을 무겁게 휘감아내려 앉힌 중력의 영(靈)이다. 그 무거운 그림자가 한국 사회를 여전히 깊고 짙게 드리우고 있다. 신이 죽은 뒤 그 그림자가 천 년을 갈 것이라고 했던 니체의 우려를 증명이라도 하듯이…

인간말종을 넘어서는 대안을 이야기한다. 그런데 도대체 대안이란 무엇인가? 거짓된 사랑에 속아 경멸해본 적이 있는가? 니체가 제시한 초인은 경멸할 인간의 반대편에 서 있다. 거리의 파토스![1] 니체가 바그너와 대결했듯이 인간말종에 대한 거리 없이 어

---

1) 거리의 파토스란? [선악의 저편, 고귀함이란 무엇인가] 257절에서 '거리의 파토스'

떻게 초극이 가능하단 말인가? 변명과 굴종의 반복 속에 새로운 시대와 삶으로 나아가지 못하고 스스로 발목을 잡아 우리를 부끄럽고 초라하게 해온 한계가 바로 기독교적 허무주의에 젖은 문재인 시대의 부정적 유산이다. 그러나 우리는 여전히 그들의 동정 구걸과 연민에서 벗어나지 못한 채 그로 인해서 괴로워하지 않고 있다!

"그대들은 아직 충분히 괴로워하지 않았다. 왜냐하면, 그대들은 그대들 자신으로 인해 괴로워했을 뿐, 이제까지 인간으로 인해 괴로워한 적은 없기 때문이다. 만일 그대들이 부인한다면, 그것은 거짓말이다! 그대들 중 누구도 내가 괴로워해 온 그 이유 때문에 괴로워하고 있지 않다." [니체, 보다 높은 인간에 대하여]

책은 다음과 같이 구성되어 있다.

### 제1장 용기에 대하여

비겁이 결단과 용기의 부재라면 정확히 문재인 시대 반면이다. 좌고우면과 우유부단함, 스스로 결정하지 못하는 결정장애! 정치를 종교로 만든 사람들에 휩싸여 유사 종교현상인 음모론과 이벤트 뒤로 자신을 숨겨온 비겁함! 그 반면의 결과가 바로 윤석열이다. 세간의 비난에도 윤석열이 건재하는 유일한 이유이다. 그래서

---

를 "영혼 자체 내에서 거리를 항상 새롭게 하는 열망, 보다 드높고 보다 희귀하며 보다 넓으며 보다 포괄적인 상태를 형성하려는 열망"으로 규정하고 있다. [도덕의 계보학, 박찬국 옮김, 34쪽]

윤석열 현상의 본질은 여전히 문재인이다. 성찰로서 넘어서지 못한다면 우리 안에 도사린 비겁한 변명과 함께 또다시 반복될 미래이다. 한번은 희극으로 한번은 비극으로…

"참으로 나는 수치심과 경건함으로 일그러진 그들의 사팔눈을 보기보다는 차라리 수치심을 모르는 파렴치한 자들을 보리라!"

## 제2장 굴종에 대하여

진보와 정의를 자처한 문재인 정부는 오히려 스스로 한미동맹을 습관적으로 모시고 살았다. 단순한 '한미동맹'이 아니다. 스스로 표현한 '숭고한 한미동맹'이라는 도덕적 수사를 온몸으로 받아들였다. 그리고 스스로 뱉은 그 수사의 한계를 한 치도 벗어나지 못했다. 마치 동그랗게 쳐놓은 금을 넘지 못하는 최면에 걸린 닭처럼… 바로 니체가 말한 노예도덕이다. '한미동맹' 아래 남북관계가 철저하게 파탄 나온 과정을 역사적인 반면교사로 삼고자 피를 토하는 심정을 담아 시간순으로 정리했다.

"위를 향해! 나의 발을 아래로 잡아당겨 심연으로 끌어내리는 악령, 나의 악마이며 최대의 적인 중력의 영(靈)에게 반항하면서" 나아가야 한다. [성직자들에 대하여]

## 제3장 용기에 대하여

니체의 철학적 사유를 개인적 삶의 문제에 천착한 기존의 시각과 유행을 벗어나 '한미동맹'에 대해 니체가 경멸한 '노예도덕'

으로서 문제를 제기하고자 한 최초의 철학적 사유이다. 주인 정신 고양과 더불어 분단체제를 넘어 더 나은 세상으로 가기 위해 반드시 극복해야 할 시대정신이다. 허무주의의 그림자! 한국 사회를 어둡게 숙명적으로 드리우고 있는 노예도덕으로서 한미동맹은 반드시 대결하고 넘어야 할 시대적 과제이다.

"내 눈에는, 모든 명령 속에는 어떤 시도와 모험이 있는 것처럼 보였다. 살아있는 모든 존재는 명령할 때 항상 자기 자신을 거는 것이다."[자기 초극에 대하여]

### 제4장 윤리에 대하여

일본의 사상가 우치다 타츠루는 "레비나스는 윤리의 근원적인 형태란 '먼저 하세요'라는 말에 집약된다"라고 했다. 문제인 정부 위정자들은 시종일관 거꾸로 자기를 먼저 내세웠다. 그것이 탁현민식 이벤트에 대한 중독으로 나왔다. 내로남불로 일컬어진 대중의 환멸로서 거대한 비윤리였다. 사회 저변을 혼탁하게 흐르는 불신도 남북관계가 파탄 난 것도 결국 사리사욕에 젖어 끝까지 자기를 먼저 내세운 어리석은 '무리' 사랑 때문이었다. 비겁과 굴종과 용기는 윤리의 문제이기도 하다.

"하나의 믿음을 그것이 관습이라는 이유 때문에 인정하고 받아들인다는 것은 정직하지 못한 것이고, 비겁하며 게으르다는 것을 의미한다! 그래서 정직하지 못함, 비겁함 그리고 게으름은 윤리(변화를 거부하는 당위로서 부정적 윤리)의 전제조건이 아닐까?"[니

체, 아침놀]

## 제5장 인간말종에 대하여

니체는 인간말종을 반면교사 삼아 그 반대편으로서 초인으로 가는 길을 제시했다. 인간말종은 우리 안의 오래된 노예도덕으로서 새로운 가치의 창조를 가로막고 관성에 안주하는 내부의 게으름이다. 그들은 그에 비례하여 끈질기게 값싼 동정을 구걸하면서 그들만의 초라한 권력에 안주하고자 새로운 시대를 향한 초인의 발목을 잡아 끌어내린다.

"도덕이나 집단의 힘으로 상대를 끌어내리는 이유는 자신들이 지배자 측에 서고 싶기 때문이다. 그러면서도 자신들이 착한 사람이라고 강조하며 도덕심을 내세운다. 스스로 힘을 길러서 맞설 생각은 포기하고 자신은 그럴 힘이 없는 약자라고 자조하면서 힘 있는 사람을 도덕적으로 비판한다. 그러면서 속으로는 지배자가 되려는 야망을 품고 있다. 이 얼마나 위선적인가!" [오카모토 유이치로, 니체의 마지막 선물]

참을 수 없는 존재의 가벼움으로써 "실로 인간은 오염된 강물이다. 오염된 강물을 받아들이지만, 자신이 오염되지 않기 위해서는 인간은 바다가 되어야 한다." 물고기가 물의 존재를 모르듯이 분단과 한미동맹에 젖은 채 휩쓸려 살아가는 인간들은 실로 오염된 강물이다. 오염된 강물을 받아들이지만, 오염된 강물을 극복하기 위해서 우리 인간은 더 큰 가치를 품는 바다가 되어야만 하는 것이다.

 각 장의 비겁, 굴종, 용기, 윤리, 인간말종으로 나눈 글들은 다르면서도 같은 주제이기도 하다. 분단체제 아래 한미동맹이라는 노예도덕의 병적인 그림자에 갇혀 더 큰 세상을 바라보지 못하는 한국 사회 위정자들과 그들의 동정 구걸에 감염된 무리 군중들의 그림자는 한국 사회를 여전히 깊고 어둡게 드리우고 있는 무거운 중력의 영(靈, 귀신)이자 상승을 위해 반드시 넘어서야 할 장벽이자 우리 시대의 한계이다.

 자유로운 영혼과 자존감을 남겨주고 먼저 가신 세상 둘도 없는 사랑하는 엄마와 새 시대를 살아갈 사랑하는 아들 한길 그리고 딸 한비, 한나에게, 또한 부끄럽지만 이 글이 기성세대의 굴종적인 도덕으로서 한미동맹에 맞서 새로운 시대를 향한 비전과 용기가 실리기를 간절히 바라면서!

저자 **김호**

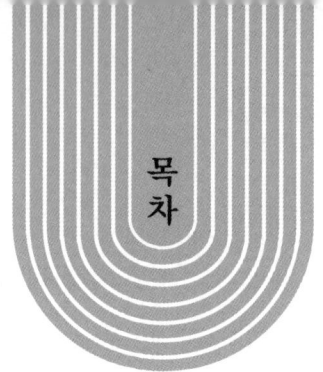

머리말 _ 4

## 제1장 비겁에 대하여

① 생의 철학자 니체가 바라본 병든 시대 _ 24
② 바그너의 경우 니체 대 문재인 _ 28
③ 바그너가 구원이란 말인가? 감염된 인간들 _ 31
④ 끝나지 않은 증오로서 문재인 대 윤석열 _ 36
⑤ 삶의 퇴락, 데카당으로서 문재인 이데올로기 _ 39
⑥ 우리는 왜 반복된 변명과 거짓에 치를 떠는가? _ 43
⑦ 지독한 인정욕구로서 피해자 코스프레 _ 46
⑧ 중용을 빙자한 어중간 _ 48
⑨ 병리적 인간들의 퇴행적 심보 _ 51
⑩ 친미국가인 한국에서 왜 니체가 가장 많이 읽힐까? _ 54
⑪ 동정을 구걸하는 자, "문재인입니다" _ 58
⑫ 사이비 종교와 열정페이 _ 61
⑬ 삶의 부정, 연민으로부터 자기 극복 _ 66

# 제2장 굴종에 대하여

- 01 문재인과 김정은, 영장류의 계략과 늑대의 욕망 _ 74
- 02 불안한 징조, 정상회담을 앞두고 터진 간첩 조작 사건 _ 77
- 03 국립외교원장 김준형, 문재인 정부의 대북제재 실토 _ 81
- 04 북한의 미국 핵에 대한 "두려움의 기억" _ 86
- 05 문재인의 입, 시인 신동호의 연설문을 바라보며 _ 91
- 06 '보기 드물게 뻔뻔스러운 사람' _ 94
- 07 문재인의 종교적 믿음 한미동맹! _ 97
- 08 되돌아보는 북방지강(北方之强) _ 100
- 09 결국 문재인의 눈치에 따를 남북관계 _ 104
- 10 전두환의 표창장을 자랑한 문재인 _ 107
- 11 초라한 문재인을 위한 변명 _ 111
- 12 왜 북한 비핵화가 미국이 아닌 한국의 국시인가? _ 114
- 13 마이동풍, 김정은의 서울 답방 _ 117
- 14 비전과 용기 _ 121
- 15 선조의 재조지은과 문재인의 숭고한 한미동맹 _ 124
- 16 우리의 의식을 규정하는 미군의 존재 _ 129
- 17 미래의 시각에서 지금의 친미를 살핀다면 _ 133
- 18 미군만 바라보는 한국과 국익만 바라보는 미군 _ 138
- 19 분단을 외면한 개혁과 민생이 가능한가? _ 142
- 20 분단체제 부의 양극화 _ 147
- 21 종전이벤트가 아닌 공동성명과 대면하기 _ 153

㉒ 숭고한 한미동맹이라는 '페스트' _ 157
㉓ 경항모에 대한 문재인의 결단력 _ 160
㉔ 핵 공멸이라는 불안의 효용 _ 165
㉕ 원인이 된다는 즐거움 그리고 북핵 _ 169
㉖ 분단시대 우리의 잃어버린 양심 未송환 장기수 _ 173
㉗ 탁현민이 밝힌 문재인의 안보 중독 _ 176
㉘ 늙은 바그너와 데카당에 빠진 김정은 _ 181
㉙ 도덕의 기원으로서 교환과 남북의 미래 _ 187
㉚ 개버린, 선택적 공감의 과잉과 타자에 대한 불감 _ 192
㉛ 문재인과 김정은 누가 누구를 증오했을까? _ 196
㉜ 논리적으로는 옳지만, 윤리적으로는 옳지 않은 사람들 _ 199
㉝ 민족을 가장한 "미국산 앵무새"들 _ 202
㉞ 문재인과 김정은의 실패 이후 '억압된 것의 회귀'(프로이트)로서 고조선의 '신시' _ 207

## 제3장 용기에 대하여

① 새는 알에서 나오려고 투쟁한다 _ 218
② 세월호 창문을 부수고 전원 생존한 탈북 학생들 _ 221
③ 사회적·문화적 유전자 밈(meme)으로서의 분단체제 _ 224
④ 일본의 지성이 바라보는 점령군으로서 주일미군 _ 228
⑤ 독립운동가의 시각으로 바라본 한미동맹 _ 233
⑥ 눈먼 증오가 아닌 사상으로서 한미동맹과의 전쟁 _ 236

- ⑦ 정신적 '감시'로서 한미동맹이라는 '판옵티콘' _ 240
- ⑧ 사상의 전사 니체는 왜 전쟁에 참여했는가? _ 244
- ⑨ 귀태(鬼胎) 문재인의 늪에 빠진 윤석열과 김정은 _ 247
- ⑩ 무술과 안보에 대하여 _ 253
- ⑪ 반일과 반북 그 부정적 힘의 반복 _ 255
- ⑫ 어리석은 독재자의 반복되는 '권력의 탕진' _ 259
- ⑬ 그리스도적 원죄의식으로서 '한미동맹' _ 263
- ⑭ 북핵은 악이고 미국 핵은 선이라는 변명 _ 267
- ⑮ 부정을 넘어 핵 무력이 사상이 되는 길 _ 272
- ⑯ 왜 거지들이 서로 쪽박을 깰까? _ 277
- ⑰ 21세기 반미 달러와의 전쟁 _ 280
- ⑱ 분단시대에 필요한 돈키호테의 모험과 용기 _ 283

## 제4장 윤리에 대하여

- ① 진보의 망설이지 않는 윤리학 _ 290
- ② 진보를 사칭하는 '나쁜 자아' _ 293
- ③ 남 탓과 유책감의 상실 _ 297
- ④ 부끄러움을 상실한 망각의 정치 _ 302
- ⑤ 카뮈의 〈이방인〉 무리냐 단독자의 길이냐 _ 305
- ⑥ 당신 안에 숨어 있는 어떤 괴물 _ 308
- ⑦ 남진과 나훈아, 니체와 소크라테스 _ 311
- ⑧ '타락한 천사' 민주당의 국보법 사용 메뉴얼 _ 314

⑨ 조국의 상징자산 진보의 패션으로 전락한 국보법 _ 317

⑩ 분단에 젖어 분단을 망각한 삶 _ 322

⑪ 위장의 한계를 넘어서는 뇌의 탐욕 그 범죄의 시작 _ 325

⑫ 행복의 질병에 빠진 진보 _ 328

⑬ 풍경에 가려진 한미동맹의 기원 _ 332

⑭ 진보를 가장한 도덕적 폭력의 몰락 _ 335

⑮ 현실과 죽음의 부정 '의전 마약' _ 339

⑯ 심문을 통한 응징으로서 소환된 검사 윤석열 _ 341

⑰ 탐욕에 감염된 인간들의 온정주의 _ 345

⑱ 저들의 권리, 우리의 의무로서 도덕 _ 348

⑲ 사회적 윤리의 상실과 김건희의 일탈 _ 352

⑳ 늙은 어린이들의 전성시대에 어른이 된다는 것 _ 355

㉑ 망각의 가해자 진보의 "내 새끼 지상주의" _ 359

㉒ '글러먹은 인물들'의 파시즘적인 정치 _ 363

㉓ 우울증에 대한 도피로서 무리 짓기 _ 366

㉔ 도덕적 폭력주의자들의 기억법 _ 370

㉕ 위선적 위아 對 극단적 위아 _ 375

㉖ 남과 북 "자기 속의 타자" _ 380

㉗ 국가 그리고 조작 _ 383

㉘ 조작 그리고 항소 이유 _ 385

㉙ 두려움을 뚫고 울려 퍼진 국보법 무죄판결 _ 388

## 제5장 인간말종에 대하여

- 01 신촌의 개들 _ 394
- 02 무능한 위정자들의 김대중 무릎 꿇리기 _ 395
- 03 강용석과 성재기, 분단이 허락한 여성 혐오 _ 398
- 04 민정수석 조국과 민정수석 우병우 _ 401
- 05 현실에 대한 도피이자 도취로서 조민 _ 404
- 06 빤스 목사 전광훈 _ 408
- 07 국보법 폐지에 경악하던 이인영 _ 412
- 08 보안법 폐지를 경제위기에 연동하는 진보 _ 415
- 09 전우원의 통렬한 사죄와 반일집회장에 어슬렁거리는 이인영 _ 419
- 10 국보법을 빗나간 철학자 최진석의 표현의 자유 _ 423
- 11 5.18 역사 왜곡에 대한 전우원의 사죄 _ 428
- 12 종북몰이 심상정의 업보로서 류호정과 장혜영 _ 431
- 13 김어준, 명랑을 가장한 삶의 퇴락 데카당 _ 435
- 14 반미를 검증하는 반미투사 김민석 _ 439
- 15 무능한 진보의 반면 반북 소년 안철수 _ 443
- 16 한국 사회를 떠도는 유령, 정용진의 '피해자 게임' _ 446
- 17 진보를 자처하는 빨갱이 사냥꾼 진중권과 조선일보 _ 449
- 18 원희룡에게 맞서 분신으로 지킨 인간의 자존심 _ 453
- 19 한동훈 법무부 장관의 反자본주의 _ 456
- 20 정경심은 진보를 믿는 희생자인가? _ 460
- 21 2024년 문재인의 복심 이낙연과 미 제국을 넘어 _ 464

제1장

……

# 비겁에 대하여

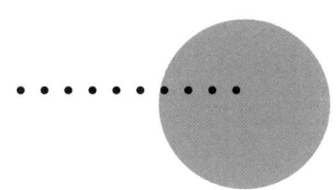

"그대도 잘 알고 있는, 걸핏하면 두 손을 모아 무릎에 놓고 안일하게 살고 싶어 하는 그대 내부에 있는 비겁한 악마, 이 비겁한 악마가 바로 '신은 존재한다'라고 그대를 설득하는 것이다."

"아, 성직자들이 지은 오두막을 보라! 그들은 달콤한 향기가 나는 그들의 동굴을 교회라고 부른다. 아, 날조된 빛이여! 퀴퀴한 공기여! 이곳에서는 영혼이 자신의 높이를 향해 날아오를 수 없다! 그들의 신앙은 오히려 '무릎을 꿇고 계단을 오르라, 그대들 죄인들이여!'라고 명령한다. 참으로 나는 수치심과 경건함으로 일그러진 그들의 사팔눈을 보기보다는 차라리 수치심을 모르는 파렴치한 자들을 보리라!" [성직자들에 대하여]

"그런데 이게 뭔가! 왜? 왜 주저하는가? 왜 마음속에 겁을 품는가? 왜 용기와 솔직함이 없는가?" [단테, 신곡, 지옥편 2곡]

# 01

# 생의 철학자 니체가 바라본 병든 시대

 니체가 생의 철학자라 불린 이유는 무엇인가? 바로 삶의 퇴락 데카당으로서 허무주의의 병적인 증상을 느끼고 단호하게 대결했기 때문이다. 그가 아버지처럼 존경하고 따르던 동시대인인 바그너와 결별한 이유도 그에게서 일순간 기독교적 허무주의의 역겨움을 느껴서다. 우리는 우리 시대를 대변하는 문재인에게서 어떤 병적 증상을 느끼는가?

· 바그너 ·

몸과 사상이 건강한 사람은 감염된 인간들의 병적인 냄새를 민감하게 맡는다. 하지만 감염된 이들은 병자의 냄새를 맡지 못하며, 썩는 냄새를 곁에 두고 무리 지어 살아간다. 중병에 걸리면 오히려 통증을 느끼지 못하듯이 시대가 중병에 걸리면 휩쓸려 살아가는 자신을 느끼지 못하기 마련이다. 문제의 인물들에게서 병든 냄새와 삶의 퇴조로서 역겨움을 온몸으로 느끼는 것이 이 시대 진보의 판별 기준이어야 하는 이유이다.

"병들어 죽어가는 자들이야말로 육체와 대지를 경멸하고, 천상적인 것들과 구원의 핏방울을 만들어낸 자들이었다."

"형제들이여, 차라리 건강한 육체의 소리에 귀를 기울여라! 그것이야말로 보다 정직하고 보다 순수한 목소리다."

2017년 7월 11일 북한은 '북남관계 개선에 역행해 나선 동족대결 행각'이란 《로동신문》 글에서 문 전 대통령을 향해 "이런 추악한 친미분자는 처음"이라고 비난했었다.

2020년 6월 13일에는 옥류관 주방장 '오수봉' 명의의 투고를 통해 "우리의 이름난 국수를 처먹을 때는 요사를 떨고, 돌아가서는 지금까지 한 일도 없다"라고 했다.

2020년 6월 17일 김여정은 "자기변명과 책임회피, 뿌리 깊은 사대주의로 점철된 남조선 당국자의 연설을 듣자니 저도 모르게 속이 메슥메슥해지는 것을 느꼈다"라고 조롱했다.

"항상 연단이나 촬영기, 마이크 앞에만 나서면 마치 어린애같이 천진하고 희망에 부푼 꿈같은 소리만 토사하고, 온갖 잘난 척, 정의로운 척, 원칙적인 척하며, 평화의 사도처럼 채신머리 역겹게 하고 돌아가니 그 꼴불견 혼자 보기 아까워 우리 인민들에게도 좀 알리자고 내가 오늘 또 말 폭탄을 터뜨리게 된 것이다"고 했다.

2020년 6월 20일 중앙통신은 대북 전단살포에 대해서 "여직껏(여태껏) 해놓은 짓이 있으니 응당 되돌려받아야 하며, 한번 당해보아야 얼마나 기분이 더러운지 제대로 알 수 있을 것"이라고 비꼬았다. 한마디로 문재인에 대해 추악하고, 처먹는 것도 꼴 보기 싫고, 속이 메슥거리고 역겹고, 기분이 더럽다는 것이다. 몸에서 반응되어 나온 생체적인 언어를 동원한 원시적 비난인데 개념과 명분과 표리부동과 내로남불에 젖은 우리의 언어습관에서 볼 때 거북하고 생소하지만 문제적 인물과 시대적 증상에 대해 역겨움과 구토를 자주 토로하던 니체와 다르지 않은 신체적인 반응의 한 형태라고 할 수 있다.

《"독으로 더럽혀진 샘, 악취를 내뿜는 불길, 더러운 꿈, 생명의 빵 속에 숨어 있는 구더기도 삶을 필요로 한다는 말인가?" 나의 증오가 아니라 나의 구토가 걸신들린 듯 나의 생명을 먹어치웠다. 아, 천민들의 정신도 활기에 차 있다는 것을 알게 된 나는 이따금 정신에 대한 혐오감을 느꼈다.》

신이 죽은 시대! 차라리 당나귀를 모시며 휩쓸리는 군중들 또한 퇴락에 대한 중독으로서 데카당을 병적으로 즐기듯 성찰을 외면한 자학적인 유희에 빠져있다.

인간은 감정의 동물이다. 남북관계 파탄과 문재인에 대한 환멸로서 윤석열의 탄생은 한마디로 기분이 더러워졌다는 데서 기인한다. 단순한 사실이다. 그러니 해결은 그 더러워진 기분을 풀어야 하는 것에 있다. 반성과 자아 성찰이라고 할 것도 없다. 문제는 왜 기분이 더러워졌는지 여전히 외면한다는 것이다. 표리부동한 언어의 유희 속에 자신들만 바라보는 그 해맑은 유아병적 증상에서 벗어나지 못하고 있기 때문이다.

"우리의 길은 위로 향하며, 종속으로부터 종속을 초월한 곳으로 올라간다. 그러나 '모든 것은 나를 위해서'라며 타락해가는 마음은 우리에게는 혐오의 대상인 것이다."

친북과 반북을 넘어 잃어버린 내 안의 타자를 통해 현실에 대한 민감함과 미래를 향한 열정과 비전을 상실한 채 감각적인 욕망으로서 각자위심에 젖어 살아가는 우리 시대를 비춰본 초라한 자화상이다. 하지만 어쩌면 의도하지 않았다 해도 그들과 무관하게 뜻하지 않은 의미가 우리 시대를 향해 하나의 선물로서 숨겨져 있을지도 모를 일이다.

## 02

# 바그너의 경우
# 니체 대 문재인

"사람들이 몰락의 징조에 눈을 뜨기 시작하면, 곧 도덕에 대해서도 이해하게 된다. — 사람들은 도덕이라는 가장 성스러운 이름과 가치형식 배후에 무엇이 숨겨져 있는지를 이해하게 된다. 빈곤한 삶, 종말에의 의지, 그리고 지독한 피로 등을 말이다. 도덕은 삶을 부정한다… 그러한 과제를 위해 나는 자기 훈련이 필요했다. — 바그너, 쇼펜하우어 그리고 근대의 '인간성' 전체를 포함해, 내 안에 있는 모든 병적인 것에 대항하는 일이 필요했다." [니체, 바그너의 경우]

니체가 아버지처럼 존경하던 바그너와 후기에 대결한 것처럼 자신 안에서 자신의 시대를 극복하는 것! 즉 시대를 초월하기 위해서 우리가 대결해야 할 대상은 누구인가? 우리는 무엇보다도 자신을 자신의 시대의 아들로 만드는 것과 대결한다. 나는 그리고 우리는 문재인만큼이나 이 시대의 아들이다. 그 대결을 통해서 나는 나를 만든 시대의 한계를 벗어나야만 하는 것이다. 말하자면 그 한계는 삶에 대해 저항하는 퇴화하는 본능이자 고통의 부정과 대결의 회피로서 모든 병적인 것 데카당이다.

"바그너가 도대체 인간이란 말인가? 오히려 그는 어떤 전염병이 아닐까?"

"문재인 그는 어떤 전염병이 아닐까?" 문재인은 대결의 산물이 아니라 노무현이라는 죽음으로 주어진 사제권력이자 정치를 종교로 만든 중우정치의 서막이다. 시대의 자식으로서 대결을 거부하고, 유사종교로서 음모론 뒤로 습관적으로 몸을 숨겨온 이유이다. 삶의 긍정으로서 몰락을 거부하고 2023년 스크린 "문재인입니다"로 돌아온 것이 단순한 해프닝이겠는가? 현실과의 대결을 꺼려온 시대의 반영이자 감염된 인간들의 잔상을 비추는 거울이다.

"인식하는 인간은 자신의 적을 사랑해야 할 뿐 아니라 자신의 친구를 미워할 줄도 알아야 한다."

니체는 〈바그너의 경우〉에서 "바그너는 근대성을 요약하고 있다. 별다른 방법이 없다. 우선은 바그너주의자가 되어야 한다…"고 했다. 문재인과 조국은 우리 시대의 근대성 즉 민주를 요약하고 있다. 즉 인류의 번영과 미래의 가치로 나아가지 못한 내 안의 병적인 요소로서 데카당이다. 안보를 빙자한 한미동맹과의 대결을 통해 기독교 문명이 타자에게 강요해온 노예도덕을 극복할 만도 되지 않았는가?

"중심의 상실, 자연적 본능에 대한 저항, 한마디로 말해서 '사심 없음(자기 상실)'이 이제까지 도덕이라고 불렸던 것이다… 〈아침놀〉과 함께 나는 처음으로 탈아(脫我)의 도덕에 대한 전투를 개시했다."

삶의 퇴락 데카당들은 거짓을 필요로 한다. 이렇게 '사심 없음'이라는 도덕을 빙자한 "병든 이기심은 남의 것을 약탈해서라도 자신만을 살찌우려는 탐욕스러운 이기심"일 뿐이다. "이러한 이기심으로 차 있는 사람은 사실은 내적인 공허감과 불안감에 사로잡혀 있다. 그는 재물이나 권력 혹은 명예에 의지하여 자신의 공허감과 불안감을 극복하려고 한다." [박찬국]

결국, 근대 이전의 사람들이 불안으로서 신을 경배했다면 현대인들은 안보를 빙자해 국가를 섬길 뿐이다. 병든 근대의 반영이자 민주를 빙자한 욕망에 감염된 인간말종들의 뜨거운 자화상이다. 그러니 몰락의 징조를 통해 시대의 한계를 극복할 것인가? 병든 눈물과 동정에 무릎 꿇는 감염된 인간으로 남을 것인가?

"언제나 제자인 채로 머문다면 그대들은 스승의 은혜를 저버리는 것이다. 그대들은 어찌하여 나의 월계관을 빼앗으려 하지 않는가? 이제 나는 그대들에게 명한다. 나를 버리고 그대들 스스로를 찾으라. 그대들 모두가 나를 부인할 때에야 비로소 나는 그대들에게 돌아오리라." 차라투스트라는 이렇게 말했다!

## 03

# 바그너가 구원이란 말인가?
# 감염된 인간들

"한 철학자가 처음부터 끝까지 한결같이 자기 자신에게 원하는 것은 무엇인가? 그것은 자신 안에서 자신의 시대를 극복하는 것! 즉 '시대를 초월하는' 것이다. 그렇다면 그가 격렬하게 대결을 벌이는 대상은 무엇인가? 그는 무엇보다도 자신을 자신의 시대의 아들로 만드는 것과 대결한다. 자! 나는 바그너만큼이나 이 시대의 아들이다. 말하자면 나는 한 사람의 데카당이란 말이다. 바로 이것이 내가 파악했던 것이고, 바로 이것이 내가 저항했던 것이다."

"바그너가 구원이라는 문제만큼 깊이 숙고한 것은 없다. 그의 오페라는 구원의 오페라이다. 어떤 사람은 항상 그에게서 구원을 얻길 바라고 있다. 때로는 어떤 청년이, 때로는 어떤 처녀가 말이다. 이것이 바그너의 문제인 것이다."

"이로써 바그너는 '너는 믿어야 하며 믿지 않으면 안 된다'라는 그리스도교적 관념을 대변하고 있다… 바그너적으로 말하면, '구원한다'는 숭고한 가르침을 설교한다."

"전형적인 데카당은 필연적으로 부패한 취향에서 감수성을 가지고 이 취향을 보다 높은 취향이라고 주장하고, 자신의 부패를 법칙으로, 진보로, 완성으로 관철시킬 줄 안다."

"바그너가 도대체 인간이란 말인가? 오히려 그는 어떤 전염병이 아닐까? 그는 그가 손대는 모든 것을 병들게 한다. — 그는 음악을 병들게 했다."

"독일 사람들이 바그너에 관해 속고 있다는 사실이 내게는 하나도 놀랍지 않다. 그 반대라면 나는 놀랄 것이다. 독일인들은 숭배할 만한 바그너라는 존재를 스스로 만들어낸 것이다… 바그너는 그들의 주연배우이자 그들 중 가장 위대한 인물이다… 사람들은 그를 구름 속으로 떠받들어 올림으로써 자신을 찬양하는 것이다. 사람들이 그에게 저항하지 않는다는 사실 그 자체가 이미 데카당스의 한 징표이다."

"해로운 것을 해롭다고 느끼고 해로운 것을 의식적으로 멀리할 수 있는 것은 젊음과 생명력의 징표이다. 해로운 것은 지쳐버린 자를 유혹한다. 채소는 채식주의자를 유혹한다. 병조차도 삶에 대한 자극제가 될 수 있다. 다만 이러한 자극제를 이겨낼 수 있을 정도로 충분한 건강을 갖고 있기만 하면 된다!"

"당신은 바그너가 어떤 사람인지 모른다. 그는 아주 대단한 배우이다! 극장에서 그보다 더 깊이, 더 무게감 있게 영향을 미치는 사람이 도대체 또 있을까? 이 젊은이들을 한번 보라. 움직이지 않고 창백하며 숨을 멈춘 듯한 모습의 젊은이들을 말이다! 이들은 바그너주의자들이다. 이들은 음악에 대해서는 아무것도 이해하지 못한다. 그럼에도 불구하고 바그너는 그들을 지배한다… 그는 음악의 역사에 속해 있기보다는 다른 분야에 속해 있다… 바그너는 극작가가 아니다. 속지 말아야 한다. 그는 '드라마'라는 용어를 사랑했다. 이것이 전부다. 그는 항상 아름다운 단어를 사랑했다."

"나는 바그너가 어디에 속하는지를 설명했다. 그는 음악의 역사에는 속하지 않는다. 그럼에도 불구하고 그가 음악사에서 갖는 의미는 무엇일까? 그것은 음악에서의 배우의 등장이라는 의미이다. 이것은 숙고하게 만들고 아마 공포감까지도 주는 중요한 사건이다."

"몰락하는 문화에서는, 대중의 손에 결정권이 주어져 있는 곳에서는 어디서나 진정성은 불필요하고 해로우며 무시당한다. 오직 배우만이 커다란 열광을 불러일으킨다. 이로써 배우에게는 황금시대가 도래한 것이다. 배우는 물론이고, 배우 유형과 유사한 모든 사람에게는 말이다."

"바그너가 우리 독일인들로부터 받았던 저항은 충분히 평가되거나 충분히 존중받지 못했다. 사람들은 마치 질병에 맞서 저항하듯이 바그너에게 저항했다. — 근거를 갖고 한 것은 아니다. 사람들은 질병에 대해서는 논박하지 않는다. — 오히려 사람들은 심리적인 압박감, 불신감, 불쾌감, 역겨움 때문에 저항한다. 그리고 그 안에 어떤 커다란 위험이 도사리고 있을 것 같다는 막연한 진지함 때문에 저항한다."

"그는 모든 허무적인 본능에 아첨하고, 이 본능을 음악으로 위장한다. 그는 모든 그리스도교의 정신에, 모든 데카당스의 종교적 표현양식에 아첨한다. 귀 기울여 들어보라. 황폐한 삶의 토양 위에 자라난 모든 것! 초월과 피안과 같은 날조된 모든 것은 바그너의 예술에서 가장 고상한 대변자를 얻는다."

"비교적 강한 종족이나 전형적으로 반시대적인 인간의 잔여가 유럽 어딘가에 여전히 남아 있을 가능성이 완전히 배제되지는 않는다. 이 사람들에게서 음악에서의 뒤늦은 아름다움과 완전성을 기대해볼 수 있을지도 모른다."

"한 시대가 상승하는 삶의 덕을 갖고 있다면 그 시대는 가장 근본적인 이유를 갖고서 하강하는 삶의 덕에 맞서 저항한다. 그렇지 않고 한 시대가 하강하는 삶 그 자체라고 한다면 그 시대는 하강하는 덕을 필요로 하고, 충만함이나 넘치는 힘으로부터만 정당화하는 모든 것에 맞서 증오심을 갖는다. 미학은 이러한 생물학적 전제들과 분리 불가능하게 결합되어 있다. 그래서 데카당스 미학이 있고, 고전주의 미학이 있는 것이다."

"그리스도교 도덕이 본능적으로 부정하는 것과 똑같이('신', '피안', '타락' 등은 오직 부정일 뿐이다), 주인 도덕은 본능적으로 긍정한다. 주인 도덕은 자신의 충만함을 사물들에게 발산한다. 주인 도덕은 세계를 신성화하고 미화하며 합리적으로 만든다. 그리스도교 도덕은 사물의 가치를 빈곤하고 창백하고 추하게 만들고 세계를 부정한다… 그리스도교는 데카당스의 가장 솔직한 표현양식이다."

"바그너가 '우리 안에서 살고 있다.' 이는 또 얼마나 놀라운 일인가? 내가 이유 없이 바그너를 근대성의 진열장이라고 불렀던 것이 아니다… 바그너의 경우는 철학자에게는 하나의 행운이다."

하나의 행운으로서 바그너를 문제인으로! 이어지는 또 다른 문제인으로… 음악을 정치로 '데카당'과 '구원'을 안보를 빙자한 숭고한 한미동맹으로! '고전주의 미학'과 '강한 종족', '반시대적 인간'을 분단체제를 넘어서는 고구려의 기상과 백제의 아름다움으로! "독자들이 듣고 있듯이, 이 글은 감사하는 마음속에서 얻은 영감의 결과이다…" [니체, 바그너의 경우]

## 04

## 끝나지 않은 증오로서 문재인 대 윤석열

 만일 당신이 돈을 사기당해서 못 받았는데 오히려 사기꾼이 뻔뻔스럽게 나온다면 당신의 감정은 어떻겠는가? 영화 〈밀양〉에서 아동유괴 살인범이 감옥에 면회 온 피해자 전도연에게 하나님으로부터 스스로 용서를 받았다며 평온한 얼굴로 뻔뻔스럽게 밥 잘 먹고 잘 살고 있다면 그대는 그 현실을 받아들이고 용서하겠는가?

 〈밀양〉에서 전도연은 하나님을 통해 구원받았다고 기름기 도는 얼굴을 한 채 야비한 미소를 지으며 능청을 떠는 살인자의 뻔뻔스러움에 극도의 혼란과 절망에 빠져서 다음과 같이 절규한다. "내가 용서하기도 전에 하나님이 용서하셨대. 어떻게 그럴 수가 있지?" 이후 전도연은 자신을 자학하는 이상행동에 빠져든다.

 일반적인 인간의 감정에 따르면 지옥이 그들의 죄를 징벌해주기를 바라거나 그렇지 못한 현실에서는 깡패를 동원해서라도 그 죗값을 받아내려 돈과 무관하게 그 뻔뻔스러움을 징벌하고자 할 것이다. 문재인을 바라보는 대중들의 증오라고 다르겠는가? 사기를 당하는 것은 몸이 당하는 통증과 같다고 한다. 그래서 셰익스피어의 소설 〈베니스의 상인〉에서 못 받은 돈에 대해서 그 대가로 피를 동일하게 요구했는지도 모를 일이다. 이와 비슷하게 우리는 배반당한 촛불에 대한 기억의 고통에서 여전히 벗어나지 못하고 있다.

그런데 더 큰 문제는 이런 채무자의 가슴속에 해결되지 않은 채 남은 '부채'를 넘어 행해지는 위정자들의 채무에 대한 부정과 가치 전도로서 그들의 채무자에 대한 증오이다.

《"예를 들면 '부담'이라는 어떤 도덕상의 중요한 개념은 '부채'라는 극히 물질적인 개념에서 유래하고 있다"라고 니체는 말한다… 내가 어떤 남자를 증오하는 이유는 그자가 내게 친절한데도 내가 그 녀석에게 가혹한 행위를 했기 때문이라고 도스토옙스키의 작중인물은 말한다. 이것은 돈을 빌려서 갚지 않은 사람이 빌려준 사람을 미워하는 경우와 다를 바 없다. 결국, 죄의식은 채무감이고, 증오는 그것의 부정이라고 하는 것이 니체의 사유이다.》
[가라타니 고진, 마르크스 그 가능성의 중심, 42쪽]

윤석열 정부가 들어선 이후 2023년 다큐멘터리 영화 〈문재인입니다〉에서 문재인은 촛불에 대한 부채는커녕 평온한 일상 속에 정치와의 무관함을 강조한다. 인간의 문제를 배제한 개사랑은 채무자의 행동이 아니라 채무에 대한 부정으로서 오히려 인간과 대중을 향한 증오를 표출한 것이다. 풍산개 파양도 동일한 심리의 다른 형태이다. 배반당한 기억의 고통을 벗어나지도 못한 우리를 향해 오히려 염장이 저질러진 것이다.

부끄러우면 감춰야 하는 법이다. 그래서 그들은 대중을 향한 그들의 증오를 감추기 위해 김건희를 소환한다. 그러나 대중들이 윤석열을 찍은 것은 그 채무불이행에 대한 증오이지 그들을 몰라서가 아니다. 배반당한 기억에 대한 증오와 고통이 윤석열을 향한 증오로써 대체되겠는가? 서로를 향한 증오의 배설이 반복될 뿐이다.

· 김여정 북한 노동당 부부장 ·

2020년 6월 4일 김여정이 "나는 원래 못된 짓을 하는 놈보다 그것을 못 본 척하거나 부추기는 놈이 더 밉더라"라고 했듯이 원래 못된 짓을 하는 놈보다 자기 잘못을 못 본 척하면서 남의 잘못만 가리키며 능청 떠는 인간이 더 밉기 마련이다. 문재인 정부가 도덕적으로 타락한 이유도 남북관계가 파탄 난 이유도 다른 데 있지 않다.

## 05
# 삶의 퇴락,
# 데카당으로서 문재인 이데올로기

"17세기 독일 예수회의 수도자 키르허를 통해 널리 알려진 슈반더의 실험이 있다. 둥근 선을 그어 그 안에 닭을 가두어보는 실험이었다. 그랬더니 닭은 자신이 선에 갇혀 있다는 망상에 사로잡혀 한동안 죽은 듯 꼼짝하지 않았다. 그러다가 얼마 후 손짓을 하자 닭은 그때야 부스스 깨어나 그 자리를 떴다. 일종의 최면 효과로, 도덕의 세계에 흔히 있는 일이다." [니체 해설서, 정동호]

문재인은 데카당으로서 우리 시대의 허무주의를 대변하는 하나의 이데올로기 현상이다. 우리 안에 스며있는 체계 속에 강고하게 녹아있는 오래된 습성으로서 노예도덕이자 오래된 사제권력이다. 문재인을 넘어섰다면 윤석열은 드러나지 않았을 현상이다. 드러난 현상으로서 그 본질을 착각한다면 초라한 문재인과 윤석열을 시계추처럼 반복해서 오갈 것이다. 한번은 희극으로 한번은 비극으로…

문재인은 바로 우리 자신을 비춰주는 거울이다! "실로 인간은 오염된 강물이다. 오염된 강물을 받아들이지만, 자신이 오염되지 않기 위해서는 인간은 바다가 되어야 한다." 결국, 우리 스스로가 도덕의 세계에 흔히 있는 최면에 걸린 닭처럼 둥근 선을 넘어 드넓은 바다가 되는 수밖에 없다.

한때의 정의감에 젖어 대중을 향한 도덕적 채무를 요구할수록 의식은 가벼워지고, 진영을 가르는 구호는 요란해지며, 자신들을 향한 찬양의 목소리는 높아만 간다. 비례해서 땀 냄새 나는 구체적인 삶의 터전을 역겨워하며 지나온 자신의 역사마저 거부한다. 한때의 감수성으로서 자신의 의식을 규정하는 기만과 게으름을 벗어나지 못할수록 대중을 향한 초라한 변명과 동정 구걸은 짙어 가는 것이다.

마르크스는 존재가 의식을 규정한다고 했다. 구체적 현실이 아닌 삶을 비껴간 의례를 먹고 사는 사제권력의 만연은 그만큼 한국 사회가 삶과 유리된 의식으로 과잉되어 있다는 방증이다. 한때 우연히 주어진 의식이 자신이라는 착각과 "나는 생각한다. 고로 존재한다"라는 전도된 가치 속에 존재를 상실한 채 그 전도된 의식이 종교처럼 싹튼 것은 아닌가? 그래서 그들은 무기의 그늘 아래 '안보'와 '아멘'을 외치며 삶을 부정하는 것인가? 한미동맹이라는 신성동맹 아래 스스로 무릎을 꿇은 채.

· 마르크스 ·

"그러므로 사변이 멈추는 곳! 즉 현실적인 생활에서 실제적이고 긍정적인 과학, 인간의 실천적 활동 및 실천적 발전과정에 대한 기술(記述)이 시작된다." [마르크스, 독일 이데올로기]

천상병 시인은 "막걸리는 술이 아니고 밥이나 마찬가지다. 밥일 뿐만 아니라 즐거움을 전해주는 하느님의 은총인 것이다"라고 했다. 귀신을 향한 향불 앞에 무릎 꿇은 사제권력을 벗어나 삶의 터전, 드넓은 광장에서 축제를 위한 막걸리를 심어야 한다. 동정구걸을 넘어서는 디오니소스적 축제는 막걸리와 함께 시작된다.

"병들어 죽어가는 자들이야말로 육체와 대지를 경멸하고, 천상적인 것들과 구원의 핏방울을 만들어낸 자들이었다… 허구를 만들어내고 신을 갈구하는 자들 중에는 병적인 자들이 많이 있다… 형제들이여, 차라리 건강한 육체의 소리에 귀를 기울여라! 그것이야말로 보다 정직하고, 보다 순수한 목소리이다. 건강하고 완전한 육체는 보다 정직하고, 보다 순수하게 이야기한다. 그리고 이 육체는 대지의 참뜻에 관해 이야기한다." 짜라투스트라는 이렇게 말했다!

## 06
# 우리는 왜 반복된 변명과 거짓에 치를 떠는가?

세상은 처한 환경과 보는 사람의 입장에 따라 다르게 보이지만 그럼에도 불구하고 뻔한 사실을 우기면서 사슴을 말이라 거짓말하고, 이에 대한 변명을 반복하면서 말이 또 다른 변명을 만들어 그 진실에 대한 접근 자체를 혼미하고 혼란스럽게 할 때 사람들은 이에 대해서 더는 말로 대응하기를 포기하고 온몸으로 혐오를 느끼며 치를 떤다.

"그것은 맞는 말이기는 한데 듣다 보니 닭살이 돋았다든지, 속이 쓰리다는 비판밖에 할 수 없는 거죠. 이렇게 포스트 모더니즘에 의해 진실이 사라진 상황에서 우리가 기댈 수 있는 곳은 그런 지극히 신체적인 반응밖에 없습니다." [우치다 타츠루]

• 우치다 타츠루 •

　자신의 말로서 그 변명과 거짓을 감당하거나 넘어설 수 없다고 생각이 들면 인간들은 그 분노를 표출할 수단이나 인물로서 자신의 신체적 반응을 만족시킬 차도 살인을 찾아 나서고, 원한의 감정으로서 이성을 분노에 위탁시켜 사태를 관망한다.

　하지만 그 당사자와 무리들은 치가 떨리는 혐오의 대상이 됐다는 사실을 알면서도 모르는 채 시간의 흐름에 몸을 기대어 원한으로 내세워진 위정자의 실정을 부각하며 대중의 망각 속에 또다시 자신들을 숨기고 다음 권력을 향한 피해자 코스프레를 한다.

　지록위마(指鹿爲馬)의 진실성을 따져봐야 지금의 현실에서는 사슴이나 말이나 둘 다 동류일지 모를 일이다. 인간을 개돼지로 보며 대중을 향한 스피커에 열중하는 유사 종교적 현상으로서 음모론에 휩쓸려 존재를 망각한 채 사건을 바라보는 자신들의 감정만이 다를 뿐!

결국, 진실이 사라져버린 포스트 모더니즘의 세상에서 싫은 것은 싫다고, 참을 수 없는 것은 참을 수 없다는 신체적 반응만이 치가 떨리는 혐오를 넘어서서 진실로 가는 유일한 길인지도 모를 일이다. 영장청구 위조와 간첩 조작 사건은 국보법을 적극적으로 외면한 문재인 정부에서 사노맹에 대한 처벌로 출세가도를 달린 민정수석 조국 아래 발생한 사건이다.

강준만은 윤석열 정권에 대한 비판 속에 문 정권 사람들의 부족주의와 원리주의의 폐해가 다시 한번 부각돼 양쪽 모두가 공멸한다면 국가적 차원에선 슬퍼할 일만은 아닐지도 모르겠다며 칼 마르크스의 다음과 같은 말을 인용했다.

"지금 세대의 사람들은 모세가 사막으로 이끈 유대인과 마찬가지다. 이 세대는 새로운 세상을 정복하는 데 그치지 않고 몰락해야만 한다. 그래서 이 세상에 알맞게 성장한 새로운 인간들에게 자리를 내주어야 한다."

동시대인인 니체는 짜라투스트라를 통해 다음과 같이 말했다. "인간의 위대함은 그가 다리일 뿐 목적이 아니라는 데 있다. 인간이 사랑스러울 수 있는 것은 그가 건너가는 존재이며, 몰락하는 존재라는 데 있다. 나는 사랑한다. 몰락하는 자로서 살 뿐 그 밖의 삶은 모르는 자를. 왜냐하면, 그는 건너가는 자이기 때문이다."

## 07

## 지독한 인정욕구로서
## 피해자 코스프레

사회적 존재인 인간이 무리 속에서 인정을 받아야만 생존에 유리하다는 것은 식욕과 번식욕에 이은 본능에 가까운 처세술이다. 우리는 싸움을 해도 스스로 정당함을 세우기보다 남들에게 자신이 피해자라는 명분을 알리려는 이유로서 남을 향해 소리 높여 싸움하곤 한다.

휩쓸리는 무리 속이 아닌 스스로 명령하며 자기 극복을 부여한 자는 보이기 위한 싸움 자체를 할 필요가 없기에 싸움 자체를 비켜설 것이고, 어려운 처지에 있는 사람은 그 어려운 처지에 대한 호소를 통해 정당성을 얻고자 무리를 향해 더 큰소리를 외칠 것이다. 이것은 거칠더라도 사회적 정의를 위한 정당한 피해자 호소이다.

문제는 권력자들의 피해자 코스프레이다. 무릇 위정자라면 스스로 명분을 세우고, 그 힘으로서 세상을 바꿀 비전을 제시하고 실천해야 하거늘 작금의 위정자들은 서로가 피해자를 자처하며 대중을 향한 동정을 구걸하기에 여념이 없다. 나팔 불 때는 나서고 어려우면 대중 뒤에 숨는다.

강준만은 "현실 세계에서 순교자는 그 어떤 장점에도 불구하고 순교하지 않는 사람을 낮춰 보는 독선으로부터 자유롭지 못하다"라며 "민주당이 살려면 지금까지 해온 '가짜 순교자 정치'에서 탈출해야 한다"라고 했다.

봉하마을을 순례하듯 찾아가는 "가짜 순교자 정치"는 노무현의 자살 이후 형성된 세계적으로도 유례를 찾아볼 수 없는 극심해진 한국 팬덤정치 지형의 일면이지만 노무현의 자살은 순교가 아니며, 사제로서 문재인 또한 그 피해자가 아니다.

19세기 중엽 마쓰라 세이잔은 "불가사의한 승리는 있어도 불가사의한 패배는 없다"라고 했는데 문재인처럼 왜 이겼는지 알 수 없는 승리는 있어도 윤석열에게처럼 왜 졌는지 이유를 알 수 없는 패배는 없는 것이다. 너무도 뻔한 패배로 등장한 윤석열에 대한 책임이 있다면 상실감에 빠진 국민에 앞서 신선 놀이에 빠진 문재인과 그 무리에게 가장 큰 책임이 있지 않겠는가? 하지만 그들은 동정 구걸과 연민 뒤로 언제나처럼 숨어 다시 한번 망각의 힘을 도모한다.

## 08

# 중용을 빙자한 어중간

'착한 사람', '가축의 무리'는 중간을 늘 최고의 가치로 평가한다. 이들은 그 무리를 늘리는 숫자에 호소하지 가치에 호소하지 않는다. 가보지 못한 금단의 영역을 감히 넘어서려 하지 않는다. 두려움을 애써 정당화해 보려고 하지만 결국 드러날 비겁함이기에 또다시 도망칠 수 있는 만반의 자기변명과 무력함을 갖춘 채 조심스러운 자기 보존처만을 찾아다닌다.

이 어중간하고 나약한 중간 영역을 정의와 화합으로 자평한다. 착한 사람에 의한 이와 같은 '중간' 포지션으로서 우리는 신사적이고 선비적인 이미지로 '중용'을 떠올리지만, 동서고금을 막론하고 중용처럼 마타도어 되는 단어와 의미도 없을 듯하다.

중용은 이도 저도 아닌 중간이 아니다. 벽에 걸려 정지해 있는 것처럼 보이는 활이 실은 그 안에 팽팽한 긴장을 유지하며 공명하고 있듯이 참을 수 없는 그 '역동적 균형'의 힘을 중용이라고 한다. 영역으로는 Dynamic Equilibrium이라는 표현이 쓰이는 이유이다.

군자시중이라 했다. 중용은 치열한 내재적 긴장 속에서 끊임없는 가치판단과 선택의 용기가 필요하다. 중간이 아닌 역동적인 균형 속 그 지점을 항상 찾아가야 하기 때문이다. '착한 사람', '가축의 무리'는 이를 중간이라 칭하고 가치를 전도시켜 반복되는 동정 구걸에 안주하게 한다.

반복되는 이런 중간놀음을 간파하고 염증을 느낀 예외적 인간은 서서히 삶의 긴장을 그리워하기 시작한다. 언젠가 태고적 야생의 본능 속에서 느낀 것 같은 힘! 그 금단의 영역을 넘어서고자 과감하게 도전하고 나쁜 선택을 하던 그 야생의 힘 말이다.

그런데 가축의 무리로 길들여진 세월이 너무 오래인지라 야생처럼 보이지만 사실은 '덜 착한 가축'의 무리를 선택해 버린다. 이마저 야생의 힘과 직감이 아닌 분노의 감정으로 휘둘려 저지르는 선택이어서 그 사이를 왔다 갔다 할 뿐이다. 널려있는 그 '덜 착한 사람'들과 '착한 사람'들의 동정 구걸을 보라!

'착한 사람'과 '덜 착한 사람'은 "내가 천민이면 너 역시 천민이어야 한다"라며 그들의 도덕을 넘어서는 야생으로 일컬어지는 '예외자'를 공통의 적으로 해서 그 증오만큼의 깊은 원한과 비겁한 협력으로 이들을 배척시켜 나간다. 자기 보존만을 선택한 순치된 예외자들도 이들의 적극적인 협조자가 된다.

　그 금단의 선이 바로 주인 정신을 가로막는 한미동맹이라는 외세를 향한 굴종이다. '착한 사람'과 '덜 착한 사람'은 모두 그 두려운 선! 노예의 선 앞에서 기겁하고 오금을 저리며, 그 비겁만큼 예외자를 향해 증오를 배설하고 연대하며 추방시킨다! 그 어중간한 중간의 이름으로 진보를 가장한 채…

## 09
## 병리적 인간들의
## 퇴행적 심보

"내가 천민이면 너 역시 천민이어야 한다." [니체, 우상의 황혼]

이것이 지금 대중 사회 위정자들의 심보이자 무리 동물들의 본능이다. 그들은 하향 평준화를 통해서 촛불을 넘어 상승하고자 하는 자의 발목을 붙잡고 늘어지며 자신의 퇴행을 무리 동물 뒤로 숨겨 역사의 진보를 희석시키고자 한다.

"우리는 우리와 동등하지 않은 사람 모두에게 복수를 하고 욕을 퍼부으려 하지. 평등을 추구하는 의지 — 이것이 이제 덕을 일컫는 이름이 되어야 한다. 힘을 갖고 있는 자 모두에 반대하며 우리는 목청을 높이리라. 이렇게 타란툴라(인간의 의지를 마비시키는 독거미)의 심보는 다짐한다."

불변하는 하나의 영원한 진리는 없다. 그러나 미국에 대한 도덕적 가치를 영원불변한 진리라고 믿는 소아병적인 통치자의 저열함은 굳어진 시스템을 깨고 그 너머를 염원하는 사람들의 의지를 꺾어 중력의 영처럼 자신에게로 끌어내린다.

자유를 감당할 수 없는 노예는 해방을 맞이하기보다는 차라리 종속과 퇴행을 선택한다. 엄마 젖을 떼기 두려운 아이들의 퇴행적인 생떼와 동일한 현상이다. 그 현상에 대한 무슨 심오한 뜻이 있다고 떠들어대는 오두방정은 그저 벌거벗은 임금님 행차에 나팔 불며 잔치밥을 얻어먹으려 몰려든 붉게 드러난 내장(內腸)들일 뿐이다.

"박근혜 사면은 문 대통령의 포용력에 의한 결정이다. 그 결정을 비판적인 시각으로 바라볼 수는 있다. 그러나 거칠게 비틀지는 말자. 우리가 정작 주시해야 할 것은 박근혜의 향후 행보이다. 자신의 과오를 어떻게 평가하고, 얼마나 진실하게 반성하는지 지켜보자는 거다." [안도현, 트위터, 2021. 12. 25.]

병든 통치권자에게서 병든 무리 동물들이 생길 수밖에 없음이다. 광장에서의 촛불정신은 어디로 사라진 채 거칠게 비판하지 말자며 그의 행보를 지켜보자고 한다. 하지만 "퇴화하고 있는, 그리하여 고작 '모든 것은 나를 위해!'라고 말하는 그런 구차한 마음은 우리에게 혐오의 대상이다."

시종일관 자신만을 위하는 위정자들과 그 동물 무리들의 구차함은 우리에게 구토와 혐오의 대상이 되어야만 한다. 니체는 건강한 개인이 건강한 국가를 만들고, 병리적 개인이 병든 국가를 만든다고 했다. 혐오를 구토 삼아 병리적 인간의 맞은편에서 날아오를 건강한 개인을 우리는 초인이라 부른다.

## 10
# 친미국가인 한국에서
# 왜 니체가 가장 많이 읽힐까?

스스로 명령하는 철학자 니체는 이미 100년 전 대중 사회의 격류 속에 가축의 무리로 전락할 나약하고 영혼 없는 인간들에게 스스로 대지에 발을 딛고 자유롭게 춤추는 초인으로 살아가기를 원했다. 아이러니하게 어느 시대, 어떤 나라보다 종속화되어 있는 한국 사회에서 가장 많이 읽히는 철학자가 바로 니체다.

우리는 왜 니체에 열광하는가? 눈치로 살아가는 내 안의 경멸에 대한 소리 없는 신음이자 부끄러움일지 모를 일이다. 초인이기 전에 인간으로서 스스로 자유롭지 못하고, 누군가의 명령을 받고 복종해야만 하는 그 복종이 내재화된 한국 사회의 종속성에 대한 소리 없는 절규이다. 하지만 깨트려서 나오지 못할 부끄러움은 숨겨야 한다. 기독교를 내세운 인간말종들은 사랑을 가장한 돈 뒤로, 위정자들은 안보를 가장한 숭고한 한미동맹이라는 노예근성 뒤로, 시인은 별이 내려앉은 쌀이 아닌 밥그릇 뒤로.

공동성명 이행이 지지부진한 가운데 문재인 대통령은 미국에 할 말은 해야 한다는 재야의 목소리를 앞에 두고 한순간의 망설임도 없이 버럭 화를 내며 자기 내면에서 터져 나온 성급한 목소리를 가감 없게 드러냈다고 한다. 나서야 할 이슈에 침묵으로 일관해온 스타일로 봤을 때 극히 이례적이다. 그 어떤 가치에 앞서는 의지로서 한미동맹에 종속돼온 내면의 목소리와 그 초라한 민낯이 드러난 현상이 아닐 수 없다.

제국을 운영했지만 철저하게 몰락한 일본은 오히려 니체를 곱씹어서 또다시 스스로 명령하는 자, 자신의 힘으로 도는 바퀴이고자 한다. 반면 우리는 대륙에 발을 딛고 휘감던 역동성조차 망각하고 반백 년에 불과한 숭고한 한미동맹이라는 예속성을 한 치도 벗어나지 못하는 초라한 현실로서 니체의 주변을 자기계발로써 겉돌며 핥고 있다. 자신의 무력함에 대해 좌절한 초라한 자기변명으로서.

"고귀한 자는 새로운 것을, 새로운 덕을 창조하려고 한다. 선량한 자는 낡은 것을 원하고, 낡은 것이 보존되기를 바란다. 그러나 고귀한 자에게 위험한 것은, 그가 선량한 자가 될지도 모른다는 점이다."

니체는 신의 죽음을 선포했다. 이로써 니체는 신으로 포장되는 낡은 도덕의 속박과 굴레에서 벗어나 스스로 명령하는 자, 대지 위에 자유롭게 춤추는 인간을 위해 그들에게 다가가 끊임없이 독려하고 깨우치려 했다. 인간들은 그 사실을 부인하지 못했기에 니체의 가르침에 열광했다. 하지만 오래된 습관은 언제고 과거로 돌아가려 했고, 결국 그들은 틈만 나면 낡은 도덕의 속박으로 스스로 몸을 던졌다.

그렇게 죽은 신을 벗어나지 못했던 인간 무리들은 차라리 당나귀를 모시기로 했다. 신이 없는 허무주의를 감당할 수가 없었기 때문이다. 부끄러웠던 그들은 당나귀가 신은 아니지 않냐며 자신들은 신을 모시는 것은 아니라는 변명을 내세웠다. 니체가 경멸한 당나귀는 "I~A" 소리를, 한국의 당나귀는 "이~야" 하는 소리를 냈을 뿐, 그 소리에 의미를 부여한 것 또한 인간 무리지 당나귀는 아니었다. 신이 없는 세상에 그들은 형태가 없는 신을 숭배하기보다는 차라리 당나귀라는 신을 숭배하겠다고 했다.

"그대도 잘 알고 있는, 걸핏하면 두 손을 모아 무릎에 놓고 안일하게 살고 싶어 하는 그대 내부에 있는 비겁한 악마, 이 비겁한 악마가 바로 '신은 존재한다'라고 그대를 설득하는 것이다."

당나귀를 모시기로 한 것은 인간 무리였지만 정작 당나귀의 관심은 예나 지금이나 자신의 안위만이 유일한 관심사다. 당나귀도 자신을 모시기로 한 인간 무리의 탐욕과 어리석음을 모를 정도는 아니기에 먼 산을 바라보며 뭔가 있는 척 "이~야" 소리를 내지르며 자신의 길을 갔을 뿐이다. 아이의 눈에도 다 보이는 이런 현실을 외면한 채 벌거벗은 당나귀를 찬양하며 어리석은 이야기로서 대중의 귀를 간지럽힌다.

둥근 선을 그어 그 안에 닭을 가두었더니 닭은 자신이 선에 갇혀 있다는 망상에 사로잡혀 한동안 죽은 듯 꼼짝하지 않았다는 17세기 독일 예수회 크러허의 슈반더 실험처럼 스스로의 최면에 걸려 도덕적 굴종의 길을 자처한 것은 문재인 자신이다. 금만 그어놓고 지켜보던 미국조차 한번 마음대로 남북관계를 해보라고 했다는 트럼프조차 저렇게까지 바보처럼 완벽하게 스스로 얽매여 꼼짝도 하지 않을 줄은 차마 그들도 몰랐을 일이다. 부정의 의지로서 오래된 노예도덕의 승리가 아닐 수 없다.

"자신의 옳음을 고집하는 것보다 자신의 그릇됨을 인정하는 사람이 더 고귀하다. 자신이 옳을 경우에는 더욱 그렇다." 이것이 그대의 의지인가? "그렇다, 나의 벗들이여! 그대들로 하여금 바보가 거짓말쟁이들에게서 배운 낡은 언어에 혐오감을 느끼도록 하기 위해 짜라투스트라가 온 것이다."

## 11

# 동정을 구걸하는 자,
# "문재인입니다"

도올조차 망각했겠지만 불과 1년 전 무너진 대중들의 심정은 다음과 같았다. "다시는 문재인과 같은 대통령이 이 땅에서 태어나지 않도록, 다시는 그런 일이 없도록 우리가 빌어야 해요." [김용옥, 2022. 3. 21.]

2023년 망각을 넘어 이를 비웃듯이 "문재인입니다"라는 다큐멘터리 영화로 문재인이 대중들에게 되돌아왔다. 이 영화의 출연으로써 바라는 것은 무엇일까? 대중들로부터 동정 구걸이다! 그리고 보여주고 싶은 것은 지독한 자기 연민이다. 반복되는 문재인의 동정 구걸은 비판하는 사람조차 질리게 할 정도로 참으로 지독하다.

영화 포스터에서 "당신을 알고 싶습니다. 당신을 이해하고 싶습니다"라는 선전 문구가 눈길을 사로잡는다. 나는 이미 문재인을 부정적인 힘으로서 하나의 허무주의적인 이데올로기로 파악했다. 바로 니체가 〈도덕의 계보학〉에서 말한 노예도덕이다. 강자에 대한 눈치와 상승의 시기로서 발목을 잡아 자신을 향한 하향 평준화로 끌어당기는 어두운 중력의 그림자! 약자 코스프레를 통해 지배자가 되고자 하는 야망으로서 퇴행적인 권력의지이다.

"니체는 약자든, 강자든 모든 사람이 힘에의 의지를 갖고 있다고 본다. 약자가 강자에게 르상티망(원한, 질투)을 품고 노예도덕을 통해서라도 끌어내리려고 하는 것 역시 그런 의지의 표현이지만 결국 스스로 힘을 갖는 것은 부정한다. 결코, 성실한 태도가 아니며, 이런 왜곡된 생각을 버려야 진정한 강자가 된다는 게 니체의 사고관이다."[오카모토 유이치로, 니체의 마지막 선물, 153쪽]

영화개봉이 논란이 되자 문 전 대통령은 4월 18일 겸손은 힘들다는 멘트로 시작하는 "김어준의 다스뵈이다"를 통해 "자연인으로서 잊혀질 수 없는 것이지만 현실정치 영역에서는 이제 잊혀지고 싶다는 뜻을 밝혔던 것인데 끊임없이 저를 현실정치로 소환하고 있다"라면서 "그 꿈도 허망한 일이 됐다"라고 밝혔다. 매클루언은 "미디어는 메시지"라고 했다. 얼굴이 명함인 사람이 있듯이 위정자 문재인 자체가 개인이 아닌 미디어이자 메시지이다.

스크린 뒤에 숨어 대중을 향해 보내는 전직 대통령 문재인의 메시지에서 절망스러운 시대를 초래한 반성을 넘어서는 성찰이 느껴지는가? 퇴행적으로 반복되는 부정적 힘으로서 약자의 의지가 느껴지는가? "문재인입니다"가 바라는 것이 지나간 시간에 대해 광장에서 온몸으로 자신을 드러내는 혹독한 자기비판과 성실한 극복이겠는가? 아니면 대중을 향한 또 다른 변명과 동정 구걸이겠는가? 그 환멸의 결과로서 윤석열이 내세워진 것을 진정 망각한 것인가?

문재인에 대한 좌절과 절망으로서 대중은 그 반대를 바라봤지만, 지금과 같은 태산명동서일필의 사태를 바라볼 수밖에 없는 이유는 테제(正) 자체가 워낙 초라했기에 그 안티테제(反)도 시원찮을 수밖에 없는 초라한 현실을 부른 것이다. 공히 "숭고한 한미동맹"이라는 이름 아래 안보를 가장한 노예도덕으로써!

"안타깝구나! 인간이 더 이상 별을 탄생시키지 못할 때가 다가오고 있다. 더 이상 자신을 경멸하지도 못하는 가장 경멸스러운 인간의 시대가 다가오고 있다."

그렇다면 대중을 향한 동정 구걸로서 문재인과 "짐승의 무리"가 가진 노예도덕에 대비되는 고귀한 인간의 도덕은 무엇일까? 자신의 약함을 감추고 정당화하는 태도를 혐오하며 초인을 가르치려 한, 자신의 머리를 딛고서라도 인간은 극복되어야 할 무엇이라고 절규한 니체는 〈선악의 저편〉에서 다음과 같이 이야기한다.

"고귀한 인간은 자신 안에 존재하는 강자를 존중한다. 이러한 강자는 자신을 제어할 힘을 가지고 있으며, 말하고 침묵하는 법을 알고 있고, 자기 자신을 엄격하고 혹독하게 다루는 데서 기쁨을 느끼며, 엄격하고 혹독한 모든 것을 존경한다."

# 12

# 사이비 종교와 열정페이

"참으로 나는 수치심과 경건함으로 일그러진 그들의 사팔눈을 보기보다는 차라리 수치심을 모르는 파렴치한 자들을 보리라!"
[니체, 짜라투스트라는 이렇게 말했다]

사람들은 파렴치한 자들을 보면서 상심하지는 않는다. 보이는 적은 맞서 싸우면 되니까. 힘이 부족하면 감옥 갈 각오로 대항하면 되니까. 적이 사나워도 다 방법이 있기 마련이었다. 그래서 미문화원도 점거하고 공권력을 향해 화염병도 던졌지 않았겠는가? 그렇게 저항하는 자의 결기의 눈빛을 보는 순간 파렴치한 놈들도 몸을 움찔하며 물러서기 마련이다.

문제는 도덕적이지도 않으면서 도덕적이라는 착각 속에 동냥 받는 것을 당연시하며 눈만 끔뻑거리는 위정자들과 속으면서도 속는지도 모르고 서로의 살결을 비비며 위로받는 인간말종들의 이웃사랑이다. 긍지와 힘을 상실한 이들은 겸손을 가장한 무리도덕을 내세우며 타자에 대한 좀도둑질을 정의라고 주장하며 예수도 모를 십일조를 그들의 당연한 권리로 내세운다. 훌륭한 사기꾼이 그렇듯이 우선 자기를 철저하게 속이며 스스로를 믿는다. 속는 자도 반복해서 속는다면 피해자가 아닌 어떤 형태로든 이해관계가 얽혀있다는 반증일 뿐이다.

《박수진(가명) / 피해자 "JMS 정명석같이 성 착취를 하는데 다 큰 성인만 하는 게 아니고 저희는 어렸을 때부터 13살, 14살부터 시작해서 성 노리개처럼 살아가게 됐었고, 목사 앞에서 알몸으로 스트립쇼를 춘다든지, 개처럼 기어 다닌다든지…"》 [임명찬, MBC, 2023. 4. 23.]

참으로 희한한 일이 아닐 수 없다. 어떻게 목사라는 타이틀을 달고 저런 가학행위를 요구하고, 신도는 목사의 요구에 스트립쇼를 하고 개처럼 기어 다니는가? 사이비이기 때문에? 종교라는 이름으로 저런 행위를 한다는 것은 기독교라는 것 자체가 병리적이라는 반증이지 않겠는가? 동일하게 권력과 부를 움켜쥔 위정자들은 왜 가난한 시민들에게 열정페이를 요구하고, 시민들은 푼돈을 모아 목돈을 갖다 바치는 걸까?

문재인 전 대통령이 책방지기로 일하는 경남 양산 평산책방이 '열정페이' 논란을 부른 자원봉사자 모집을 2023년 5월 8일 철회했다. 사이비 종교에 현혹돼 개처럼 기어 다니면서 착취당한 것과 유사종교로서 음모론에 휩쓸려 자신의 처지와 인간으로서의 존재를 망각하고 열정페이라는 미명 아래 개돼지처럼 휩쓸리는 것은 어떤 차별점이 있는가?

• 평산책방 내부 모습 •

　여론을 의식해서 철회했다지만 문제는 그런 발상 자체다. 이런 사고가 가능한 구조는 자신은 도덕적이고 이타적이기에 자신의 사익추구는 명분이 있다는 착각에 빠져 바늘도둑 소도둑 되는지 모르고 가랑비에 옷 젖듯이 그들의 사고가 도둑처럼 도덕적으로 젖어 들어갔기 때문이다. 표창장 위조가 그렇고, 사모펀드와 코인 투기에 대한 중독이 그렇다. 문제가 될 것 같으면 잠시 고개를 숙이고 자성이 아닌 기만의 시간을 가지는 척하지만 반복되는 병리적 현상이 아닐 수 없다.

결국, 사이비 무당정치와 사나운 사냥개의 차이점이라면 보이지 않는 정신적인 독이 퍼졌음에도 불구하고 인지하지 못한다는 것이며, 그 병리적 상태에 대한 문제 제기에 대해 적반하장으로 오히려 버럭 화를 내며 '똥 묻은 개가 벼 묻은 개'를 가리키며 무리도덕을 정당화하고, 주인보다 더 사납게 떼거리로 짖어댄다는 것이다. 그래서 자신이 도덕적이라고 착각하는 상대는 감당하기 힘들다. 그게 감염된 인간말종들의 삶의 이유이자 열정이자 존재 이유이기 때문이다. 니체가 썩은 정신을 향해 왜 망치를 들었겠는가?

신이 죽은 뒤 도래할 니힐리즘의 시대! 즉 그 감당할 수 없는 허무주의를 대신해 인간들은 차라리 당나귀를 모셨고, 이어 파시즘과 국가사회주의 그리고 유사종교로 전락한 국가를 우상으로 모셔왔다. 없는 것보다는 하여튼 뭔가를 모시는 게 허전함을 달래주기 때문이었을 것이다. 참을 수 없는 존재의 가벼움에 빠진 한국의 진보는 보이지 않는 도덕으로서 '숭고한 한미동맹'이라는 우상을 받드는 위정자를 모셔왔다. 차라리 당나귀를 모셨다면 원숭이로 바꿔보는 시도라도 해보지 않았겠는가? 분단 조국, 인류의 평화를 위해 참으로 안타까운 일이 아닐 수 없다!

니체가 〈이 사람을 보라〉에서 "루터, 이 재앙이라고 할 만한 수도사가 (가톨릭) 교회와 이것보다 천 배나 나쁜 그리스도교를 재건했던 것이다. 그것도 그리스도가 붕괴하던 그 순간에… 그리스도교! 삶에의 의지에 대한 부정이 하나의 종교가 되어버린 저 그리스도교!"라고 루터에게 절규했다면 한국에서는 보이는 독재보다 천 배나 나쁜 자발적인 사대를 진보라는 이름 아래 재건한 '재앙이라고 할 만한' 위정자와 그 무리들이 그러하다! 누구를 향해 사이비 종교를 운운하는가? 2023년 5월 10일 스크린으로 재림하신 주 예수 그리스도의 이름으로 아멘!

## 13

# 삶의 부정,
# 연민으로부터 자기 극복

"니체는 근대 국가를 개미 떼와 같은 것으로 묘사하고 있다. 거기에서 우두머리와 권력자들은 자신들의 저열함에 의해서, 자신의 저열함과 광대 짓을 전염시킴으로써 승리하는 것이다." [들뢰즈의 니체, 질 들레즈]

문재인은 우리의 근대적 질병을 대표하는 현상으로서 극복의 대상이지 사사로운 감정과 원한의 대상으로서 개인이 아니다. 문재인과 조국으로 대표되는 그들의 동정 구걸과 연민은 우리 시대를 깊고 어둡게 드리우고 있는 하나의 거대한 허무주의 즉 기독교적 니힐리즘이다. 문재인과 그 무리들은 모모의 생의 시간을 빼앗는 무리인 회색 신사들과 다르지 않게 우리의 용기와 건강한 가치관을 빼먹고 살아가는 좀비 즉 회색 인간들이다.

건강한 사람들의 시간 도둑 회색 신사처럼 우리의 이웃들에게 '아프니까 청춘이다'와 같은 삶을 부정하는 기독교적인 현실 도피로서 도둑고양이처럼 반복적으로 다가와 우리의 용기를 빼앗는 그들에게서 건강한 사람들은 서늘한 냉기를 느낀다. 동정과 연민에 빠져 서로의 온기와 온정을 나누는 그들의 엷은 미소에서 일어나는 냉소는 삶으로 충만하고자 하는 사람들의 온몸을 회색 안개처럼 감싸고 시나브로 어둡고 축축하게 적셔간다. 이렇게 그들은 모든 힘이 반동적인 것으로 생성하도록 이끈다. 바로 '퇴화'인 것이다.

"쇼펜하우어가 '삶은 연민에 의해서 부정되고, 더 부정할 만한 것이 된다'라고 말했을 때 그는 정곡을 찌른 셈이다. 연민은 니힐리즘의 실천인 것이다. 다시 한번 말하자면, 그렇게 의기소침하고 전염적인 본능은 삶을 보존하고, 삶의 가치를 드높이려고 하는 본능들과 충돌한다. 그것은 비참함을 곱절로 만드는 것이며, 비참한 모든 것을 보존하는 것으로서 데카당스(삶의 퇴락)를 증대시키는 주요한 도구 중의 하나다." [들뢰즈의 니체, 질 들뢰즈]

• 쇼펜하우어 •

제1장 비겁에 대하여

이처럼 삶의 가치를 드높이는 본능과 충돌하는 의기소침하고 전염적인 회색 인간과 그 무리들은 우리 시대를 어둡고 깊게 드리우고 있는 하나의 거대한 허무주의 즉 니힐리즘으로서 극복되어야 할 시대의 절박한 과제이자 질병이다. 그들에게서는 삶은 그저 하나의 퇴락으로서 생을 부정하는 부정적인 힘이자 반동으로서 데카당일 뿐이다. 따라서 우리 시대를 어둡게 드리우고 있는 허무주의와 마주 서기 위해서 우리는 어린아이 모모와 같은 건강함과 용기가 필요하다.

니체는 병에서 건강에 대한 하나의 관점을 보며, 건강에서 병에 대한 하나의 관점을 본다. "병자에게서 더 건강한 개념들, 더 건강한 가치들을 관찰하는 것, 그 후에 역으로, 풍요롭고 넘쳐나며 자신을 확신하는 생명의 고지(高地)로부터 쇠퇴의 본능의 은밀한 작동을 꿰뚫어 보는 것! 이것이야말로 내가 가장 자주 나 자신을 단련시켜 온 실천이다…" [니체, 이 사람을 보라]

우리 시대를 서늘하게 감싸고 있는 전염병을 느끼지 못한다면, 그 고통을 자각하지 못한다면 치유는 불가능하다. 고통은 살아있다는 방증이기도 하기 때문이다. 니체가 병에서 건강을 보고, 건강에서 병을 보았듯이 윤석열은 전염병이 안겨준 하나의 고통이다. 넘어서면 위대한 항체가 될 것이고, 증오에만 머문다면 회색 인간들과 더불어 살아도 산 것 같지 않은 움직이는 시체 좀비로 살아가야 할 것이다. 그렇게 윤석열은 허무주의와의 대결을 위해 주어진 하나의 시련이자 선물이다.

이동에서의 경쾌함이야말로 건강의 징표이듯이 우리는 반복되는 연민에서 벗어나 병을 병으로서 느끼고 '위대한 건강'을 향해 경쾌한 이동을 해야 한다. 연민이라는 곰팡이를 작열하는 태양 아래 태워야 한다. 그 시점에서 항체는 '관점의 이동'과 새로운 '가치들의 전환'을 선사할 것이다. 모르겠는가? 윤석열이라는 경멸의 반사체는 지금도 보란 듯이 당신의 나약한 연민을 즐기고 있다는 사실을! 이제 우리가 '관점의 이동' 속에 항체를 즐겨야 할 때이다. 경쾌하게!

제2장

⋮

굴종에 대하여

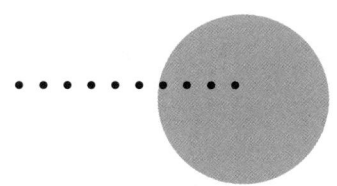

"그들에게 덕이란 겸손하고 잘 따르도록 하는 것이다. 그리하여 그들은 늑대를 개로 만들고, 인간 자체를 가장 온순한 가축으로 만든다."

"그대들은 자신들의 적을 찾아내어 자신들의 전쟁을 수행해야 한다. 그대들의 사상을 위해! 그리고 그대들의 사상이 패배할지라도 그대들의 정직함만은 그것을 넘어서 승리를 외쳐야 한다! 이웃사랑보다는 전쟁과 용기가 위대한 일을 더 많이 했다. 지금까지 불행에 처한 사람들을 구해낸 것은 그대들의 동정이 아니라 그대들의 용감함이었다…"[전쟁과 전사들]

"우리의 공포를 불러일으키는 것을 적으로서 만나길 원하는 도전적인 용기, 즉 자신의 힘을 시험해볼 수 있는 호적수로서 만나기를 원하며, 이 적에게서 '두려워한다'라는 것이 무엇인지를 배우기를 원하는 가장 날카로운 눈초리를 가진 도전자의 용기는 존재하는가?"[자기비판의 시도]

# 01
# 문재인과 김정은,
# 영장류의 계략과 늑대의 욕망

"계약은 그 특성상 사기꾼에게 유리하다. 이것은 깊고 구조적인 계약의 특성이다… 인류는 계약 때문에 문명인이 되었지만, 동시에 사기꾼도 되었다… 인간의 문명, 궁극적으로 인간의 지능은 군비경쟁과 같은 경쟁의 산물이며, 이 경쟁의 핵심에 거짓말이라는 탄두가 있다." [마크 롤랜즈, 철학자와 늑대, 173쪽]

• 철학자와 늑대 •

영장류의 가장 큰 특징이라면 속임수와 책략이라고 한다. 이는 자신의 이익과 미래를 위해서 타인을 기만하고, 타인의 노고와 희생을 선점하려는 것으로 나타난다. 그래서 끊임없이 서열을 매기고, 이를 확인하며, 기어오르려는 의도가 보이면 명분을 내세운 폭력으로 응징을 한다. 스스로 눈치를 보는 숭고한 한미동맹이라는 위계가 이러하다.

힘과 속임수의 하나로 서로에 대한 견제수단을 위해 만들어낸 것이 바로 계약과 협정이다. 자기의 이익을 중심으로 산술적 계산을 해서 세상을 보는 영장류에게 계약은 또 다른 속임수이고, 요식행위이다. 결국, 자신의 이해관계를 중심으로 격변할 것이며, 그 기저는 힘과 또 다른 속임수에 기반할 것이다. 이를 영장류 자신이 누구보다 잘 아니까 그 이면에 폭력의 수단을 키워가는 것이다.

"영장류의 속임수와 계략은 자신보다 강한 영장류를 자신보다 약하게 만드는 데 목적이 있다. 우리 안의 영장류는 언제나 다른 영장류를 약화시킬 가능성을 모색한다. 그리고 항상 악을 행할 기회를 엿보고 있다." [마크 롤랜즈, 철학자와 늑대]

지금까지 북미 간의 공동성명은 힘과 속임수의 연장이었다. 결국, 미국의 이해가 더 절박하게 나서고 상대를 향한 속임수가 통하지 않을 때 진정한 관계 정립이 가능할 것이다. 미국의 이해관계는 무엇일까? 미·중 패권경쟁을 용납하지 않겠다는 것이다. 이를 위해 북이 전략적으로 유리하다고 생각되면 전격적 관계개선이 이뤄질 가능성을 배제할 수 없을 것이다.

북은 어느 길을 갈 것인가? 늑대의 길을 갈 것이다. "늑대는 변명을 하지 않는다. 그저 할 일을, 해야 할 일을 하고 결과를 받아들인다." 그렇다면 그 길이 향하는 곳은 어디일까? 현재를 사는 늑대는 순간에 충실하며, 본능적 감각에 기반한 생존을 도모해갈 것이다. 즉 "인간과 달리 늑대는 감정을 쫓지 않는다. 그들은 토끼를 쫓는다."

우리는 어느 길을 갈 것인가? 자신의 판단과 선택의 길이 아닌 눈치의 길을 갈 것이다. 판단이 아닌 눈치가 우리의 풍향계이다. 그래서 좌우를 너무 살핀 영장류의 눈빛은 날이 서지 않고 중심을 잃고 흐려진 눈빛이다. 상대에게 노출되는 동공의 움직임과 날 선 눈빛으로서 자신의 마음을 드러내지 않기 위함이다. 특히 자존감이 모자란 위정자일수록 동공에 힘이 없으며, 그 눈빛은 흐려지고 그에 비례해서 허공에 날리는 도덕을 내세울 것이다.

순간을 사는 야생의 늑대와 문명의 시간을 사는 영장류! 늑대는 눈앞의 욕망에 충실할 것이고, 영장류는 먼 미래의 욕망을 던져 늑대를 길들이려 할 것이다. 2018년 바야흐로 역사의 도전 앞에 선 김정은의 순간 문재인의 시간이다.

## 02
# 불안한 징조,
# 정상회담을 앞두고 터진 간첩 조작 사건

　경찰은 2018년 8월 9일 김호 씨를 국가보안법 위반(자진 지원) 등 혐의로 체포했다. 이후 검사에게 구속영장 청구를 신청하면서 "피의자가 조사받던 중 변호인에게 전화한다며 조사관 경위의 휴대전화를 이용해 특정 번호로 증거를 인멸하라는 듯한 알 수 없는 내용의 메시지를 발송했다"라고 썼다. 핵심 구속 사유인 '증거인멸 가능성'을 강조한 대목이다.

　이런 내용은 검사가 법원에 낸 구속영장 청구서에도 그대로 포함됐고, 결국 지난 12일에 영장이 발부됐다.

　"Sorry, room 205. To repair the air conditioner 3 pm on July 22. I am going to visit your house around 4."
　"I am really sorry that the air conditioner technician could not visit yesterday."

황당하게도 이 메시지는 사건과 전혀 상관없는 사람이 해당 경찰관에게 잘못 보낸 문자 메시지였다. 구속영장이 발부된 후 해당 경찰관이 담당 검사에게 실토하면서 알려졌다. [이상 손지은, 오마이뉴스, 2018. 8. 16.]

국가보안법 위반혐의를 사는 대북사업가 김호 씨(46)가 자신의 재판에 처음 모습을 드러내 "한국 공안은 간첩 잡는 조직이 아닌 민간인을 괴롭히는 조직"이라며 결백을 주장했다. 검경의 증거조작 논란이 있었던 이 사건은 증거가 공개되는 재판에서 진위가 가려질 전망이다. [이상 손가영, 미디어오늘, 2018. 10. 8.]

"검찰은 행정부인 이상 대통령의 철학과 정책을 수행해야 한다. 이것은 정책의 중립과 관련이 없다. 정치적 중립보장이란 정치 권력의 사적인 이해관계로부터 검찰을 보호해야 하는 것을 말한다. 민주적 정당성을 갖는 정치 권력의 정당한 정책집행을 거부하기 위해 정치적 중립이 있는 것은 아니다. 대통령의 철학과 정책을 수행하기 위한 방법은 역시 인사권과 지휘권밖에 없다." [문재인, 김인회의 검찰을 생각한다, 2011년, 120쪽]

"검찰총장은 대통령과 정치철학이 같은 사람이어야 합니다. 정권의 말을 잘 듣는 사람이 아니라 검찰개혁을 하겠다는 정치세력의 몇 가지 철학과 맞아떨어지는 사람이 맡아야지요. 이를테면 수사의 독립, 정치적 중립, 인권 옹호 등의 철학을 갖추고 있는 사람이지요. 그 점에서 송광수 총장이 적임자였다고 하기 어렵습니

다."[같은 책 112쪽]

문재인이 밝히고 있듯이 대통령과 정치철학이 같아야 하는 검찰총장으로서 윤석열은 서울중앙지검장과 이어 검찰총장으로 임명되었다.

"위기조성의 가장 비열한 방법은 간첩 사건 조작이다. 국가가 보호해야 할 국민을 간첩으로 만들어 정권 유지에 활용한 것이다."[같은 책 47쪽]

2018년 8월 17일 당시 윤석열 서울중앙지검장은 구속영장 청구위조에 대한 피고인 변호사들과의 항의면담에서 "김호 씨 구속에 아무런 문제가 없다"라며 검사 특유의 거드름을 피우며 큰소리를 쳤다. 2018년 이후 윤석열은 서울중앙지검장에서 고검장을 뛰어넘어 검찰총장으로 전무후무한 고속 승진을 하였다.

서울중앙지검과 고검에 이어 2019년 12월 24일 대검찰청(조상준 검사)은 국가보안법 사건 구속영장 청구위조에 대한 고소에 또다시 무혐의처리를 내리며 최종 불기소처리를 하였다. 동일한 시기 2019년 8월 9일 조국이 법무부 장관 후보로 지명되면서 10월 14일 사퇴할 때까지 이른바 조국 사태가 시작되었다. 명백한 검찰의 인권유린을 외면하던 문재인 정부에서 조국 사태 이후 내세운 검찰개혁의 구호가 결국 자신들을 향한 정치적 수사에 불과했다는 반증이다.

자신을 향한 행사중독과 더불어 희화화돼 버렸지만 2018년 9월 19일 평양에서 민족자주와 민족자결의 원칙을 재확인하며 문재인과 김정은이 합의한 공동선언은 다음과 같다.

"양 정상은 민족자주와 민족자결의 원칙을 재확인하고, 남북관계를 민족적 화해와 협력, 확고한 평화와 공동번영을 위해 일관되고 지속적으로 발전시켜 나가기로 하였으며, 현재의 남북관계 발전을 통일로 이어갈 것을 바라는 온 겨레의 지향과 여망을 정책적으로 실현하기 위하여 노력해 나가기로 하였다."

## 03

# 국립외교원장 김준형, 문재인 정부의 대북제재 실토

국립외교원 김준형 원장이 2019년 10월 29일 김어준의 뉴스공장에서 우리 정부 내부적으로 유엔제재보다 대북제재를 더 잘 지킨다는 증거로서 이를 어필하기 위한 수단으로 중간에 '선박환적 사건'과 '금강산관광 개인 불허'를 해왔다고 밝혔다.

**김준형** 중간에 선박환적이라던지 이런 데서 한국 정부가 느슨한 것 아니냐?

**김어준** 그러니까 제재… 북한에 대한 제재 의지가 약한 것 아니냐?

**김준형** 우리 내부에서 오히려 우리는 유엔제재 수준보다 훨씬 더 제재를 잘 지킨다는 한 증거로서 금강산까지 막는 거라는 것을 굉장히 어필하는 수단으로써 사용했습니다.

**김어준** 미국 강경파들이… 특히나 일본을 등에 업은, 일본과 손을 잡은 강경파 목소리를 차단하기 위해서 봐라, 우리는 유엔제재가 아닌 금강산 개인 관광까지도 철저히 통제하고 있지 않느냐? 우리 제재 의지를 의심하지 말아라. 어필하는 수단으로 사용했다는 거네요…

즉 미국의 눈치를 살펴 오히려 미국에게 대북제재의 의지를 과시하려고 더욱 적극적이고 충실하게 이행했다는 실토이다. 북한 석탄에 대한 선박환적 사건은 2018년 8월 9일 필자에 대한 간첩조작 사건이 터지기 이전에 2018년 7월 17일에 발생했다. 이후 해당 사건은 2018년 8월 10일 불구속 기소 의견으로 검찰에 송치됐다. 단순하게 우발적으로 잇달아 발생한 사건이 아니라 대북제재를 과시하기 위해 연달아 터진 사건이라는 반증이다.

김준형 원장의 발언에서 비치듯이 일련의 사건들은 대북정책에 있어 미국의 눈치를 살핀 정부의 실태를 반영한 것으로서 미국에 앞서 자발적 공조를 일관되게 유지해왔음을 알 수 있다. 그렇다면 문재인은 전 민족의 환호 속에 2018년 9월 공동성명에 사인했을 때 대북제재를 넘어서는 공동성명 이행을 위한 구체적인 구상과 계획은 과연 존재했겠는가? 공동성명 이후 그 실행보다는 이벤트성 행사만 앞세운 문재인 정부의 행보는 일관됐다. 찬반을 떠나 친북과 반북을 넘어 그의 북에 대한 관점, 통일의 관점을 살펴보자.

"또 하나는 북한에 시장경제를 전해서 북한을 우리에게 의존하게 만드는 겁니다. 그래야 평화통일이 되죠. 햇볕정책이 그동안 추구했던 목표는 그런 것입니다. 북한에 시장경제를 퍼트리고, 북한을 중국이 아닌 우리에게 의존하게 만들어야 해요. 실제로 김대중, 노무현 정부 동안 상당히 진척됐었습니다. 그런데 이명박, 박근혜 정부가 이 모든 것을 끊어버리고 북한을 중국에 의존하게 밀어붙였지요. 이제는 북한에 급변사태가 생기면 북한이 어디에 손을 내밀겠습니까? 중국에게 의존하고, 중국에게 SOS를 치겠죠. 북한에 친중 정권이 들어선다면 우리가 그 급변사태를 무슨 수로 민주평화통일에 활용할 수 있겠습니까? 오히려 점점 통일로부터 멀어지는 겁니다. 북핵 문제도 이런 관점에서 풀어야 합니다." [문재인, 대한민국이 묻는다, 191쪽]

· 문재인, 대한민국이 묻는다 ·

자발적 대북제재와 그 연장에서 정부의 대미 종속성, 역대 최대 군비증강, 인권을 무시한 간첩 조작 사건은 결과적으로 연속된 사태였음이다. 공동성명 이행에 대한 지도자의 철학이 확고했다면 우연을 가장한 이러한 일련의 사태가 연달아 일어났겠는가?

자고로 사대에 찌든 위정자들은 외세와 강자에 비굴하고, 약자에 비열했다는 것은 동서고금을 넘어서는 만고불변의 진실이다. 그래서 미국으로부터 결국 어떤 대우를 받았는가?

공동선언과 배치되는 일련의 사태를 애써 외면하고 변명하는 이들은 현실을 있는 그대로 보기보다는 어쩔 수 없는 외부의 영향력 또는 문재인에게서 그 어떤 숨겨진 의도나 선의가 있을 것이라 보고 싶은 것만 바라보며, 제 나름대로 판단하고 좋은 쪽으로 옹호했지만, 이는 더 큰 불행과 퇴락을 낳았을 뿐이다.

"문재인에게 확고한 고집만 있을 뿐 유연한 적응력이 없다. 더 큰 문제는 그 고집을 소신으로 착각하고 있다는 점이다. 물론 강성 지지자들이야 확고한 고집에 열광하겠지만, 문재인은 그런 사람들로 구성된 부족의 수장이 아니라 전 국민의 대통령이 아닌가. 한번 입력된 과거의 경험에 몰입하면서 변화를 거부하는 대통령의 소신 또는 아집이 안타깝다." [강준만, 더 인물과 사상, 101쪽]

2018년 8월 공동성명을 바로 앞두고 간첩 조작 사건이 일어난 그 시기에 경찰, 검찰, 국정원 등 권력기관을 감시하는 민정수석 조국은 공안검사 출신 이인걸을 감찰반장 등 요직에 앉히고 본인은 부인하지만, 그 부인은 내부정보를 이용한 사모펀드에 연관된 사건으로 사사로운 이익추구에 정신이 팔려있었다. 그들이 적폐라 비판한 논리에 의하면 조국은 그 부인과 경제공동체로서 연루되어 있었다. 이후 이인걸은 조국 부인 정경심의 변호인으로 내정

되었다. 국보법을 피해 상징자산으로 출세가도를 달린 그가 오히려 국보법의 칼날을 휘둘렀을 때 그를 둘러싼 진영의 무리들은 그를 내세워 검찰개혁을 이야기했다. 짙게 드리운 불행의 징조이다.

## 04 북한의 미국 핵에 대한 "두려움의 기억"

인간사냥의 극한 맛은 바로 일방적인 사냥의 짜릿함을 즐기는 것이다. 그런데 오히려 자신들이 그 인간사냥의 대상이 될 수도 있다면? 이는 즐거움이 아니라 한 하늘 아래 즐거움이 전율스런 공포의 세계로 전환되는 것이다. 기소불욕 물시어인(己所不欲 勿施於人)! 자기가 죽기 싫으면 남도 죽기 싫어한다는 것을 느끼는 것! 남의 고통이 자기 고통이 될 수도 있다는 것! 즉 역지사지가 인류의 보편적인 황금률이 될 수밖에 없는 이유일 것이다.

강대국의 핵이 바로 그러하다. 자기들은 가지고 있어야 하지만 남이 가지면 절대로 안 되는 병기이다. 남이 가지는 순간 그가 즐겨오던 일방적인 인간사냥이 끝나기 때문이다. 표면적인 이유는 인류의 평화이다. 하지만 상대국이 가지면 인류의 평화에 대한 심각한 도전이다. 그 규칙은 누가 세우는가? 가진 자가 세운 규칙일 뿐이지 인류의 불편부당하고 보편적인 이유는 될 수 없다. 단지 미국은 힘이 세고, 북한은 약하기 때문일 뿐이다.

남북관계의 모든 틀이 북핵에 연동된 현실이다. 왜 미국 핵은 연동돼 있지 않은가? 미국 핵은 사람을 살리는 핵이고, 북핵은 사람을 죽이는 핵인가? 역사상 처음으로 히로시마와 나가사키에 떨어진 핵은 평화의 핵이었나? 대개의 한국 사람들은 그렇게 생각됨을 강요받는다. 자기 스스로의 생각은 아니다. 누구에 의해서? 제국의 횡포와 내 안의 사대에 의해서.

북핵이 문제라면 실질적인 위협으로서 미국 핵도 같은 기준으로 지켜봐야 하건만 늘 그렇듯이 우리는 미국 앞에서 외눈박이다. 모든 남북관계를 북핵에 연동시키는 것은 남북관계 진전에 대한 몰이해이며, 자신의 무능을 드러낼 뿐이다. 한반도 비핵화는 미국의 제국주의적인 횡포와 연동된 문제이기 때문이다. 이에 대한 복잡한 정세분석이 무슨 의미가 있겠는가. 적어도 자기 죽기 싫으면 남 또한 그러하다는 것을 인정하면 해결될 일이다.

미국의 진보학자 노암 촘스키가 지성인 중에서도 지성인인 것은 전쟁 비즈니스의 심장 MIT의 한복판에서 그 누구보다 미 제국주의와 전쟁과 제국의 횡포를 비판하기 때문이다. 스스로 외로운 변방의 길을 자처해왔기 때문이다. 오히려 한국의 위정자들과 지식인들이 북핵위협, 북한인권 등을 운운하는 것이 얼마나 자위적인지는 촘스키가 바라보는 북핵에 대해서 살펴보자.

• 노암 촘스키 •

"2018년 연말에 촘스키는 다른 지식인들과 함께 대북제재와 미국인 방북 금지를 해제하고 종전선언을 하거나 평화협정을 체결하라고 주장했기 때문이다. 촘스키는 오래전부터, 즉 북한의 핵 개발이 시작된 1980년부터 그런 주장을 했다. 미국이 북한을 침략하지 않겠다고 약속하면 핵 개발을 하지 않겠다는 북한의 발언은 지극히 상식적인 것이라고 지금까지 변함없이 주장해왔다. 미국 정부만 아니라 미국의 주장에 부화뇌동하는 한국을 비롯한 세계의 언론계와 학계, 심지어 일반 여론까지 비판해왔다."[박홍규, 노암 촘스키, 더 인물과 사상 2]

촘스키나 박홍규나 북한을 찬양해서가 아니다. 역지사지(易地思之)와 기소불욕 물시어인(己所不欲 勿施於人)을 되돌아보면 될 일이다. 그것이 지성이 아니겠는가?

"북한 정부에 대해서는 좋게 말할 것도 별로 없고, 아니 전혀 없습니다. 하지만 그들이 누구든 간에 가령 마하트마 간디 같은 사상을 갖고 있더라도, 그들은 가상의 공격을 두려워할 입장에 있습니다. 왜냐하면 미국은 적어도 1960년대 말까지 핵무기로 북한을 위협해왔기 때문입니다. 결국, 미국이 과거에 이 나라에 저지른 일을 기억할 필요가 있습니다. 북한을 완전 폐허로 만들었던 것입니다. 미국 사람들은 미국이 그들에게 저지른 짓을 잘 모르지만, 그들은 생생하게 기억하고 있습니다… 북한 사람들은 많은 것을 기억하고 있고, 그것을 두려워하고 있는 겁니다. 물론 그 사실이 북한의 핵무기 보유를 정당화해주는 것은 아니지만, 이런 그들의 심리상태는 우리가 기억해야 할 배경의 일부인 겁니다."

"또 다른 것은, 북한이 지금 당장 절박한 상황에 놓여 있다는 점입니다. 그들은 정치적으로 고립되어 있고, 그 고립에서 벗어나기 위해 열심히 노력하고 있습니다. 그들은 자유무역 지대를 설정하고, 국제경제 시스템 안으로 들어가려 애쓰고 있으며, 기타 국가부흥을 위해 애쓰고 있습니다. 핵무기 보유도 그들이 시도하는 여러 방법 가운데 하나입니다. 그것은 총명한 일도 정당화할 수 있는 일도 못 되지만, 그들을 움직이는 동기들 가운데 하나이고, 우리는 적어도 그런 상황을 이해하려고 노력해야 합니다." [이상 노암 촘스키, 세상의 물음에 답하다 3, 95~98쪽]

촘스키만큼 치열하게 전쟁과 핵을 반대해온 한국인이 얼마나 있는지 모를 일이지만 "미국이 북한을 침략하지 않겠다고 약속하면 핵 개발을 하지 않겠다는 북의 발언은 지극히 상식적인 것"이라는 주장을 상기하며 모든 남북관계를 북핵에 연동시키기는 것이 결국 상대의 입장을 전혀 고려하지 않는 것임을 되돌아볼 일이다. 핵 개발로서 북이 바라는 것은 국가부흥을 위한 여러 방법 가운데 하나이며, 우리가 핵을 통해서 바라봐야 하는 것도 모든 관계를 핵에 연동하는 미국의 시각과 전략을 벗어나 남북을 가로지르는 민생이어야 한다.

## 05

# 문재인의 입,
# 시인 신동호의 연설문을 바라보며

2019년 8월 15일 문재인이 읽어내린 광복절 연설문을 보면서 저는 그 연설문에서 신촌에서 그리고 평양에서 함께 술잔을 기울이던 시인 신동호 특유의 감성과 유려한 문체를 읽고 과거를 떠올렸었습니다. 그리고 이를 영혼 없이 읽어 나가는 문재인 대통령도 지켜보았습니다. 사람들이 잘 모르지만 문재인 정부 연설비서관 신동호는 감수성이 넘쳐나는 시인이지요.

"지난 6월 말의 판문점 회동 이후 3차 북미 정상회담을 위한 북미 간의 실무회담이 모색되고 있습니다. 아마도 한반도의 비핵화와 평화구축을 위한 전체 과정에서 가장 중대한 고비가 될 것입니다. 남북미 모두 북미 간의 실무협상 조기개최에 집중해야 할 때입니다… 불만이 있다면 그 역시 대화의 장에서 문제를 제기하고 논의할 일입니다. 국민들께서도 대화의 마지막 고비를 넘을 수 있도록 힘을 모아주시기 바랍니다. 이 고비를 넘어서면 한반도 비핵화가 우리에게 성큼 다가올 것이며, 남북관계도 큰 진전을 이룰 것입니다."

저는 광복절 연설문을 보고 북에서 나올 부정적 반응을 예상하고 오히려 북을 자극하는 언사라는 의견을 2019년 8월 15일 페북에 게재하고, 대북사업 경험상 이런 이율배반적이고 노회한 정치적 언사는 상대방을 오히려 더 자극하게 할 뿐이라고 비판하고 전망했습니다.

비서관님의 연설문을 살펴보니 북이 "남북대화가 아닌 조미대화"로 풀겠다고 했으니 당국은 "고비"를 지켜보겠다는 것이며, 유라시아 대륙의 꿈, One Korea 등 아름다운 말을 남기고 "북미대화 진전"과 "국민 뒤로" 숨어버렸습니다. 현실을 피하고 공허한 정신승리의 길로 가버렸던 것입니다.

아니나 다를까 연설문 다음날 16일 바로 나온 북의 반응을 보니 "아랫사람들이 써준 것을 그대로 졸졸 내리읽는 남조선 당국자가 웃기는 사람", "정말 보기 드물게 뻔뻔스러운 사람", "북쪽에서 사냥 총소리만 나도 똥줄을 갈기는 주제에" 등 막말에 가까운 반응을 얻었습니다.

제가 이처럼 시인 신동호를 밝히며 공식적 문제를 제기하는 것은 연설문의 작성자로서 '아랫사람들'이라고 구체적으로 공론화되었기 때문입니다. 이미 우리는 벌거벗은 임금님 문재인 대통령을 지켜보고 있었습니다. 알면서 다들 쉬쉬하는 여론 속에 누군가

"임금님이 벌거벗었다"라고 외치면 모른 척하던 대중들이 서로 민망할 상황이 언젠가는 올 것이라 조마조마해 왔습니다.

뜻있는 청와대 보좌관들이 문재인 대통령을 진심으로 보좌하고 걱정한다면 자신을 향한 탐욕과 제국을 향한 눈치로 흔들리는 중심을 잡아주고, 때로는 뜨거운 비판으로 견인해야 하지 않았을까요? 그렇지 못한 나쁜 결과가 이처럼 더욱 큰 공개 망신을 자초하였습니다.

지금이라도 문재인 대통령과 청와대 보좌관들이 판문점 선언과 평양 공동성명의 민족자주와 민족자결의 정신으로 다시 한번 중심을 잡고 대책을 수립해 나가야 합니다. 실수를 인정하는 것은 부끄러움이 아니라 용기입니다. 저희는 그 용기를 응원할 준비가 되어 있습니다.

## 06

## '보기 드물게 뻔뻔스러운 사람'

공동성명에서 밝힌 민족자주와 민족자결은 북에 대한 추종이 아니라 일제 식민지와 외세에 의한 분단 이후 분단체제의 횡포로 상처받은 민족적 자존심과 울분이다. 우리는 제국의 횡포에 맞서 미국에 당당한 더 큰 세상을 그려왔던 것이 아니었을까?

분단 이후 역대 어느 정권보다 외세의 횡포에 스스로 굴복하는 문재인 정부에 대한 냉소가 내외에서 넘쳐 흐른다. 민족자주와 민족자결을 부인하고 외세에 굴종한 지소미아 사태는 분단을 넘어 새로운 세상을 꿈꾼 이들에게 냉소를 넘어 체념을 안겨주었다.

2019년 8월 15일 광복절 경축사에 대해 남조선 당국자가 보기 드물게 뻔뻔스러운 사람이라며 분노를 표출하던 북도 문재인 대통령의 한-아시안 특별정상회의 초청에 대해서는 11월 21일 조선중앙통신을 통해 문재인 대통령의 일관된 초라함에 대해 체념한 듯 다음과 같은 냉소로 일관했다.

"남측이 친서가 온 후에도 몇 차례나 국무위원장(김정은)이 못 오신다면 특사라도 방문하게 해달라는 간절한 청을 보내왔다"라며 김 위원장의 특사파견을 요청했다는 사실을 공개하면서 "아이들이라면 철이 없어 소뿔 위에 닭알(계란) 쌓을 궁리를 했다고 하겠지만 남조선 사회를 움직인다는 사람들이 물 위에 그림 그릴 생각만 하고 있다"라며 "이치도 모르는 상대와 열백 번을 만난들 어떻게 좋은 결과가 나올 수 있겠는가"라고 했다.

• 북한 김정은 국무위원장 •

행성의 소란스러운 전파가 분단의 장벽이라고 어찌 가려지겠는가? 최소한의 자존심이 있다면 본질을 외면하면서 반복해서 행사에만 치우치려 드는 그 위정자들의 경박스러움과 공동선언 이행과정에서 발생할 수밖에 없는 대결을 회피하고자 하는 눈치와 그 비겁이 눈에 들어오지 않을 수 없을 것이다.

공동성명에서 밝힌 민족자주는 친북이 아니라 외세 굴종을 넘어서는 우리들의 더 큰 가능성이다. 그 핵심은 제국의 경제봉쇄가 반증하듯이 경제 협력과 교류이다. 정치권에서 이야기하는 비핵화와 연동한 대북제재는 미래의 가치를 반복된 과거의 종속적 습관에 연계시키는 사태이자 제국의 분열 프레임을 벗어나지 못하는 우매한 사태이다. 관광이건 경제사업이건 학술교류이건 다양한 교류를 상호 열어나가야 한다. 개문발차의 자세로 작은 실천이라도 해봐야 하지 않겠는가?

"사람은 무언가가 잘못된 게 아닐까 하는 의심이 들더라도 거기에 벌써 말려 들어가 있으면 무의식중에 자기 자신에게도 그 의심을 은폐하려고 애쓰는 경우가 있다." [모비딕, 158쪽]

눈 가리고 아웅 한다고 하늘 아래 함께 서명하고 내외에서 환영받던 눈앞의 뻔한 길을 두고 자신도 믿지 못하는 의심스러운 짓을 반복하며 실책을 은폐하려 애쓴다고 가려질 하늘이겠는가?

## 07 문재인의 종교적 믿음 한미동맹!

문재인에게서 한미동맹은 어떤 의미일까? 2019년 6월 6일 제64회 현충일 추념식 추념사에서 문재인은 한미동맹의 중요성을 강조하면서 "이 땅의 자유와 평화를 위해 가장 큰 희생을 감내한 나라는 미국"이라며 "한미동맹의 숭고함을 양국 국민의 가슴에 새길 것"이라고 했다.

2020년 2월 9일 '주미대사관-전미주지사협회(NGA) 공동개최 리셉션' 영상 메시지에서는 "지난 70년 양국은 함께 한반도의 평화와 동북아의 안전을 지켜왔고, 이제 우리는 평화를 완성해야 하는 숭고한 과제 앞에 서 있다"라며 "피로 맺어진 한미동맹은 안보를 넘어 경제와 글로벌 협력까지 포함하는 위대한 동맹이 됐다"라고 밝혔다. 문재인의 복심이라는 양정철은 2021년 4월 28일 미국 전략국제문제연구소(CSIS)에 게재한 기고문에서 "한미동맹은 두 나라가 피를 나눈 동맹관계를 바탕으로 지혜롭고 현명하게 이를 헤쳐나갈 수 있을 것이라는 믿음이 필요하다"라며 또다시 피와 믿음을 밝히고 있다.

서양의 종교와 철학은 선악 이원론적 사유에 기반한 독단론이다. 현세가 아닌 저 하늘 너머 형이상학적인 절대자를 믿는다. 동양철학은 상식에 기반한다. 독단적인 신, 격노하는 인격신은 존재하지 않는다. 오심즉여심(吾心卽汝心)과 인내천, 홍익인간이 우리의 몸에 새겨진 상식이다. 인격을 가진 신에 대한 존경도, 믿음도 존재하지 않는다. 허공에 뜬 믿음의 존재로서 '숭고한 대상' 자체가 없는 것이다. 이 답답함으로써 니체는 신의 죽음을 선포한 것이다!

문재인에게 한미동맹은 절대적인 존재자로서 그의 사고를 지배하고 있는 우상이다. '숭고한 한미동맹'은 그러한 종교적인 믿음이다. 문재인에 대한 찬반과 호불호를 떠나서 한번 스스로 '대한미국'을 자신의 입 밖으로 내뱉어 보시라! 그게 자연스럽거나 가능한 언사인지 말이다. 기독교 하나님 앞에 저절로 무릎 꿇는 통성기도가 아니고서는 터질 수 없는 방언이자 망발이다.

2017년 6월 29일 백악관에서 "한미동맹, 평화와 번영을 위한 위대한 여정!" '대한미국 대통령 문재인'이라고 방명록에 사인한 것이 단순한 오기겠는가? 서한 말의 양웅(陽雄)은 "말(言)은 마음의 소리이고, 서(書)는 마음의 그림(言心聲也 書心畵也)"이라고 했다. 글씨는 단순한 형상이 아니라 마음의 상태를 표현한다는 것이다. [김용옥, 동경대전 2, 308쪽]

여야를 떠나 위정자들에게 숭고한 한미동맹은 전략, 정세, 철학의 문제가 아니라 종교적인 믿음이다. 때리는 시어머니보다 말리는 시누이가 더 밉다고 초록이 동색인 민주당은 상대적인 진보의 상징을 누리기 위해 척양이 빠진 동학의 죽창가와 토착 왜구를 소환하지만 '숭고한 한미동맹'에 무릎을 꿇은 나약한 변명일 뿐이다. 한미동맹의 본질은 결국 친일이자 친미이기 때문이다!

척왜면 동시에 척양이다(斥倭洋倡義). 본질을 가리는 정신을 좀먹는 세균과 같은 선동이기에 뻔히 보이는 악행보다 더 해악적인 이유이다. 하지만 반복되는 이 덫에서 벗어나지 못하고 우매하게 휩쓸리는 현실이다.

니체가 신의 죽음을 선포했듯이 우리는 숭고한 한미동맹이라는 노예도덕을 버려야 한다. 그것이 공동선언 이행의 길이자 우리 민족이 다시 개벽하는 유일한 길이다! 잘못된 믿음은 새로운 사유로 바꿔야 한다. 니체가 신의 죽음을 선포하던 시절 동방의 땅에서 살아 숨 쉰 동시대인 수운 최제우의 동경대전에서 함께 터져 나온 동학의 인내천 정신이다. 귀신이 아닌 사람이 하늘이고, 안보와 도덕이 아닌 민생이 하늘이다. 망각을 넘어 동학 주문처럼 반복하면 열릴 길이다.

"시천주조화정 영세불망만사지(侍天主造化定 永世不忘萬事知)!"

# 08 되돌아보는 북방지강(北方之强)

　1968년 1월 23일, 북한이 원산 앞바다 영해를 침공한 미국의 첩보함 푸에블로호를 나포했다. 이를 구출하기 위해서 미국이 시도해보지 않은 방법은 없었다. 미국은 소련뿐만 아니라, 미국과 우호관계에 있던 공산국가 유고슬라비아의 티토 대통령과 루마니아의 차우셰스쿠 대통령을 평양까지 가게 해서 김일성을 설득했다.

· 티토 대통령 ·

티토는 "미국이 정말 북한에 대한 전쟁을 할 결심이다. 원자탄을 사용할 용의가 돼 있는 것으로 본다. 그러니 약한 북한으로서는 미국의 요구를 듣는 것이 안전할 것이다"라고 설득했다. 이러한 미국의 직간접적인 압력에도 불구하고 10개월 동안 북한은 눈 하나 까딱하지 않았다.

"영해를 침범했으니까 침범 사실을 시인하라. 시인만 하면 석방하겠다"라고 했다. 결국 10개월 동안의 온갖 전쟁 위협과 외교적 수단으로서 뜻을 이루지 못한 미국이 소련을 통해 북한 영해를 침범했다는 사실을 시인하는 문서에 서명하고야 82명이(유해 1구) 석방되어 휴전선을 넘었다. [리영희의 대화 중, 370쪽]

남쪽의 경제발전과 냉전 시대의 공산권 교역의 붕괴 등 당시와 비교할 수 없는 변화는 있지만, 외세의 압력에 대한 북한의 자세를 엿볼 수 있는 역사적인 실화이다. 외부 압력이 전혀 들어가지 않는 나라라는 것이다. 게다가 지금은 미국 본토를 위협하는 수소탄이 장착된 대륙간탄도미사일과 SLBM을 보유한 상태이다.

우리가 미국과 한미동맹이라는 미명 아래 독립적 주체성을 상실하고 먹고사는 문제에 천착하며 자존심을 상실한 채 살아온 동시대 같은 공간에 다르게 공존해온 스파르타와 같은 북이라는 존재는 우리에게 굉장히 거칠고 이질적으로 와닿을 것이다.

북한 선전매체 '조선의 오늘'은 2020년 2월 16일 "외세에 구걸해 무엇을 얻겠다는 것인가"라는 제목의 기사를 통해 "남조선 당국이 외세에게 빌붙어 북남관계 문제를 풀어보려고 무던히도 분주탕을 피우고 있다"라며 다음과 같이 밝혔다.

"얼마 전 청와대 안보실 2차장을 비롯한 당국자들은 미국에 날아가서《대북개별관광》과 관련한 모의판을 벌려놓았다. 상전에게 가서 저들의 주제넘은 제안을 시시콜콜히 설명하면 그 무엇을 이룰 수 있다고 생각하는 것이야말로 외세의존, 친미사대에 찌들 대로 찌든 매국노들만이 고안해낼 수 있는 발상이 아닐 수 없다. 북남관계 문제, 민족 문제에 외세가 끼어들 명분도, 자리도 없으며, 역대로 우리 공화국은 민족 내부 문제에 대한 외세의 간섭을 절대로 허용하지 않았다."

그런데 사실 동북아의 역사를 되돌아보면 외세에 저항하는 용기는 우리 몸속 DNA로도 직감적으로 알 수 있다. 바로 유목민족의 힘 북방지강(北方之强)이다! 세계 최대의 제국을 일군 칭기즈칸 그리고 대명제국을 멸망시키고 중원을 통일한 소수 여진족의 수장 누르하치! 이들의 공통점은 바로 북방 유목민족으로서 북방지강의 최고 정수였다는 점이다.

칭기즈칸의 후예인 몽골족이 건설한 마지막 유목 왕국이었던 준가르가 청에 의해 멸망한 이후 동북아의 전통으로 이어져 온 최후의 유목민족 DNA가 프로이트가 이야기한 '억압된 것의 회귀'로서 우리에게 억눌린 기억으로 분명히 존재할 것이다.

중용 10장에서 자로가 강에 관하여 공자님께 여쭈었다. 공자께서 대답하시었다. "그대가 묻는 것이 남방의 강을 가리키는가? 북방의 강을 가리키는가? 그렇지 않으면 그대 자신이 지향하는 강을 가리키는가? 너그러움과 유순함으로써 가르쳐 주고, 무도함에 보복하지 않는 것이 남방의 강이니, 군자가 이에 거한다. 병기와 갑옷을 입고 전투에 임하여 죽더라도 싫어하지 않는 것은 북방의 강이다." [김용옥, 중용 인간의 맛]

거칠지만 북을 반면교사 삼아 외세의 횡포에 자발적으로 굴종해온 자신의 과거와 대결하여 우리의 아름다운 힘으로서 남방지강(南方之强)을 회복해야 한다. 남방지강은 관류함 속에 숨겨진 강함이자 아름다움이다. 공자는 용기를 중용의 맥락 속에서 규정하고 있는데 남방지강의 힘과 북방지강의 힘이 함께 손을 잡고 화이불류(和而不流)의 새 시대를 열어가길 기원한다.

## 09
## 결국 문재인의 눈치에 따를 남북관계

    2020년 개성공단 연락사무소가 폭파됐다. 어쩌다 6.15 선언 이전으로 돌아가는 파국적 관계를 자초했을까? 왜 이런 파국적 결과를 예측하지 못했을까? 문재인이 살아온 인생과 철학의 부재에서 기인한다. 문재인의 향후 남북관계는 오로지 문재인의 눈치로서만 예측할 수 있다. 철학과 통치술이 아니라 상하좌우 습관화된 눈치에 따른 결과를 누가 예측하겠는가?

    지금의 상황에 대한 구조적인 분석과 정세평가를 한다는 것처럼 허망한 일도 없을 것이다. 오로지 문재인의 눈치가 어디를 향할 것인가를 지켜보면 된다. 그 눈치란 무엇인가? 본인에게 유리하냐, 불리하냐가 기준일 뿐이다. 소위 철학의 문제가 아니다. 여론의 향배 속에 자기에게 무엇이 유리한가를 지켜볼 것이다.

    예견됐던 2020년 6월 16일 개성공단 연락사무소 폭파 후 6월 17일 김여정은 성명에서 "2년이라는 긴 시간 동안 한두 번도 아니고 제집에서 벌어지는 반공화국 전단살포를 못 본 체 방치해 둔 것은 누가 보기에도 남조선 당국의 책임이라는 것이 명명백백하다"라고 했다. 그들의 주장과 별개로 이에 대해서는 이명박, 박근혜도 군을 동원해서 적극적으로 막았던 행동이다.

• 연락사무소 폭파 장면 •

이미 북은 2018년 공동선언 이후 그해 연말부터 이러한 문재인과 상대하는 것을 접었고 대화가 단절된 상태이다. 사람 질리게 하는 재주가 있다는 문재인에 대해서 질려 한다고 한다. 이는 국정원이 2019년 4월 24일 보고한 통일전선부장이 실세 김영철에서 역대 최고급으로 가장 무력하다는 실무 하급자 장금철로 교체된 사실에서도 증명된다. 그 의미를 국정원과 문재인이 모르겠는가?

6월 13일 김여정의 담화에서 이미 연락사무소 폭파 등을 경고

했음에도 불구하고 6월 15일 문재인은 겁 많은 평소 스타일과 다르게 그 어느 때보다 태평스럽게 평화 대화 운운하며 보란 듯이 상대방의 염장을 질렀고, 6월 16일 우리는 그 파국을 지켜봤다. 결과적으로 이런 파국까지 일어날지 몰랐기에 당황해서 김연철 통일부 장관 꼬리 자르기로 책임을 전가했지만 결국 이 또한 눈치의 결과이고, 반복되는 책임의 회피일 뿐이다!

"항상 연단이나 촬영기, 마이크 앞에만 나서면 마치 어린애같이 천진하고 희망에 부푼 꿈같은 소리만 토사하는" 벌거벗은 임금님 문재인이 제국을 향한 눈치를 벗어나 최소한의 자기 결정을 내리는 길로 갈지, 뻔히 보이는 파국의 길로 갈지 안타까운 나날이 아닐 수 없다.

## 10

# 전두환의 표창장을 자랑한 문재인

2017년 대선후보 토론회에서 문재인 후보는 뜬금없이 전두환 장군으로부터 표창을 받기도 했다며, 그 시절 찍은 공수부대 사진을 자랑하며 "내 국가관과 안보관, 애국심은 대부분 이때 형성된 것"이라고 밝힌 바 있다. 문 후보의 발언에 최성 후보는 "전두환 장군 표창은 버려야지 왜 가지고 계시냐"고 면박을 줬었다.

2017년 취임하자마자 광주에서 진행된 5.18 기념식에서는 "헬기 사격까지 포함하여, 발포의 진상과 책임을 반드시 밝혀내겠습니다"라며 강력한 수사 의지와 처벌 의지를 밝힌 바 있다. 하지만 불구속기소로 재판에 넘겨진 전두환은 2019년 3월 11일 광주 법정에 서서 꾸벅꾸벅 조는 등 공소사실을 부인했다. 2020년 4월 27일 다시 열린 재판에서도 전두환은 김정훈 부장판사가 공소사실에 대한 본인의 입장을 묻자 "내가 알기로는 당시 헬기에서 사격한 사실이 없는 것으로 알고 있다"라면서 공소사실을 다시 한번 부인했다.

"그들의 얼굴을 보고 싶다. 잠든 그들의 눈꺼풀 위로 어른거리고 싶다. 꿈속으로 불쑥 들어가고 싶다. 그 이마, 그 눈꺼풀들을 밤새 건너다니며 어른거리고 싶다. 그들이 악몽 속에서 피 흐르는 내 눈을 볼 때까지. 내 목소리를 들을 때까지. 왜 나를 쐈지, 왜 나를 죽였지."

"여러분, 지금 나와주십시오. 계엄군이 들어오고 있습니다. 너를 데리고 가려 하자 너는 계단으로 날쌔게 달아났다. 겁에 질린 얼굴로, 마치 달아나는 것만이 살길인 것처럼. 같이 가자, 동호야. 지금 같이 나가야 돼. 마지막으로 눈이 마주쳤을 때, 살고 싶어서, 무서워서 네 눈꺼풀은 떨렸다." [한강, 소년이 온다]

• 광주 시민과 계엄군의 대치 상황 •

2020년 5.18 기념사에서 "발포 명령자 규명과 계엄군이 자행한 민간인 학살, 헬기 사격의 진실과 은폐조작 의혹과 같은 국가 폭력은 반드시 밝혀내야 할 것"이라고 다시 한번 강조했지만, 취임식에서 밝힌 진상규명이 강력한 의지로 추진됐는지는 여전히 의문이다.

군사독재를 지나온 우리는 광주의 저항에 생명의 빚을 지고 살아왔다. 그 희생에 빚을 지고 힘겨운 숨을 쉬며 버텨왔다. 하지만 살인마 전두환이 자신의 살상을 부인하고 세상을 야유할 때 위정자 원희룡은 그에게 세배하러 갔고, 문재인은 그로부터 받은 표창장을 자신의 안보증명을 위한 자랑으로써 흔들어댔다. 피비린내 나는 독재의 기억을 망각했는지 안보 앞에서 그들의 영혼이 너무나 해맑고 태연스럽다.

안보! 한국에서의 안보란 과연 무엇인가? 자신의 국민을 총으로 쏴 죽이고 불태우고 고문하고 짓밟던 살인마 전두환에게 무릎 꿇거나 그로부터 받은 상장을 흔들면서 병졸로서의 알량한 용맹을 과시하며 증명해야 하는가? 그 군대가 겨누던 총칼은 지금 누구를 겨누는가? 누구의 명령을 받는가? 분단체제 대결의 습성은 전두환에 대한 분노를 넘어서 전두환의 만행을 인준한 한미동맹을 넘어서지 못한다.

한미연합사 소속 20사단은 1980년 5월 20일 광주로 이동을 했으며, 지금은 기밀 해제된 당시 육군본부 정기작전보고서에서는 "미국은 치안 유지에 반대하지 않는다"라고 밝히고 있다. 애써 외면하고 있지만, 전두환의 살인을 묵인하고 지원한 것이 그들이 숭고하다고 모시는 미국이었다는 역사적 사실이다.

2020년 7월 31일 "문재인 대통령 지시로 군 당국이 독자적인 북한 핵심시설 정밀타격 시나리오를 작성 중인 것으로 확인되면서 한국군의 정밀타격 및 감시정찰 전력확충과 북한 지휘부를 겨냥한 한국군 특수작전부대 창설 등에 속도가 붙을 것으로 예상된다"라고 문화일보가 보도했다. 이어 8월 2일에는 "카메라 앞에서 자유롭게 말할 수는 없지만, 세계 최고 수준 탄두 중량을 갖춘 탄도미사일을 성공한 그것에 대해서도 축하 말씀을 드리고요"라고 밝혔다.

2020년 5.18 기념사에서 "5.18 진상규명은 처벌이 아닌 올바른 역사를 기록하는 일"이라고 매가리 없고 초점 잃은 눈빛으로 풀칠한 것처럼 부르튼 딱지를 입에 그대로 붙인 채 연설할 때는 그렇게 안쓰럽게 보이더니 8월 2일 현무4 탄도미사일 성공을 자랑할 때는 얼굴에 홍조와 화색이 돌아 그렇게 해맑아 보일 수가 없다. 안보놀이와 군사놀이가 회춘과 정열을 불러오는 것인지 필부로서는 도무지 알 수 없는 일이다.

## 11

# 초라한 문재인을 위한 변명

문재인의 문제는 참된 진리 앞에서 죽음도 기쁘게 받아들인 소크라테스와 달리 항상 자신의 보존을 먼저 앞세워 왔다는 것이다. 그 보존을 위한 인정 투쟁조차 당당하고 결단에 찬 것이 아니라 피해자 코스프레를 하며 대중의 동정을 구하는 비루한 방식이었다. 탁현민식 이벤트에 감춰진 허장성세가 이를 반증한다!

공동성명에서 전 민족 앞에 선언한 민족자주 민족자결의 외침이 미국의 폭압 앞에 무너지고 나아가지 못하는 현실이라면 이를 적극적으로 대중 앞에 공개했어야 했다. 골목에 갇혀 동네 깡패 같은 미국에게 당하는 폭행과 이를 알리면 더 혼날 거라는 협박의 상황이라면 끙끙 앓으며 이를 모면하겠다고 상대방의 비위를 맞춰 굴복하지 말고 적극 공론화해야 한다.

어린 시절 희미해진 기억 속에 동네 골목 양아치의 괴롭힘이 생각난다. 그 괴롭힘 뒤에 남기는 사악한 한마디가 있다. "조용히

해라! 누구한테 알리기만 해봐! 더 혼날 거니까…" 이 공갈에 끙끙 앓으며 미래의 걱정까지 지금 현재 짊어지며 말 못할 괴로운 고통의 나날을 보내는 것이다.

하지만 어리니 괴롭힘을 당하는 것이 부끄러운 일이 아니다. 그 부당함을 참는 것이 오히려 화를 키울 뿐이다. 이때 그 순간의 비겁을 떨쳐버리고 일어나서 "이 새끼가 괴롭혀!" 하고 골목을 벗어나 외치면 된다. 골목 안에서 두렵던 양아치의 공갈은 광장에서는 희극이 돼버린다. 그 외침과 동시에 두려웠던 세상은 순간에 바뀌게 된다. '숭고한 한미동맹'은 양아치가 씌운 공포의 상흔일 뿐, 복잡해 보이는 국제관계도 결국 동네 양아치의 공갈일 뿐이다.

문재인 정부는 그 공갈에 겁먹고 끙끙 앓으면서 허세 속에 자신을 숨기지 말고 전 민족 앞에 솔직하게 외치면 된다. "전쟁 운운하는 미국의 공갈 때문에 괴로워서 살 수가 없다!"라고 말이다. 그러면 광장에 있는 사람들이 나서서 손을 잡아주기 마련이다. 그 외침만 있으면 어두컴컴한 골목의 족쇄에서 벗어나 자유로운 세상을 만나게 된다. 지금 문재인 정부에 대한 냉소와 비난은 뻔히 보이는 그 족쇄를 아닌 척하며 허세 뒤로 몸을 숨기는 비겁함에 기인하는 것이다.

2020년 10월 10일 열병식에서 김정은은 "사랑하는 남녘의 동포들에게도 따뜻한 이 마음을 정히 보내며 하루빨리 이 보건위기가 극복되고, 북과 남이 다시 두 손을 마주 잡는 날이 찾아오기를 기원합니다"라며 다른 한편으로 ICBM과 SLBM을 선보였다.

• 대륙간탄도미사일(ICBM) 발사 장면 •

분단체제를 볼모 삼아 무지한 패악질을 일삼던 깡패조차 머리털이 섬뜩하게 설 경악스러운 현실이 아닐 수 없다. 이를 빌미로 저쪽 무기는 나와 무관하다고 오히려 "이 새끼가 괴롭혀서 더는 못 살겠다"라고 외치기만 하면 된다. 그 순간 세상이 바뀐다. 전략국가를 향한 비상의 문이 열릴 것이다. 피해자 코스프레 뒤에 숨어 은근히 제국의 공갈을 함께 즐기는 것이 아니라면…

## 12

# 왜 북한 비핵화가
# 미국이 아닌 한국의 국시인가?

2020년 11월 4일, 서훈 청와대 안보실장은 국회 국정감사에서 바이든 후보가 김정은 북한 국무위원장과의 조건부 대화 가능성을 시사하면서 내건 "'핵 능력 축소'라는 선제조건의 정확한 의미"를 묻는 이용빈 민주당 의원의 질문에 "민주당 정권이나 공화당 정권이나 저희 정부나 다름과 관계없이 항상 일관된 목표는 북한의 완전한 비핵화"라고 말했다.

이에 대해 박한식 미국 조지아대 교수는 "…우선 대한민국에서 북한 비핵화를 이야기 많이 하는데 북한이 비핵화되면 좋은 게 뭡니까? 득이 되는 게 뭡니까? 미국한테 좋고 미국에는 득이 많이 되지요. 대한민국에서 북한의 비핵화를 무슨 국시로 한다는 것은 아주 상식 밖이라고 생각합니다. 더구나 조 바이든이 대통령이 되면 절대 북한의 비핵화를 전제조건으로 나오지 않습니다. 지금 서 실장이 말하는 것처럼 조 바이든이 나오지 않을 것입니다…"

"비핵화 국시로 하는 것도 보안법과 적지 않은 관계가 있을 것입니다. 국보법을 하루빨리 국민 여론으로 없애야 합니다." [11월 16일 주권방송 인터뷰 중]

미국의 이익인 북한 비핵화가 보안법과 적지 않은 관계가 있다는 박한식 교수의 지적은 노학자의 깊은 통찰이 아닐 수 없다. 북한 비핵화가 국시라는 위정자들의 사대주의는 결국 북이 적이어야만 하는 보안법에 기반하고 있는 것이다. 이로써 ICBM 능력을 갖춘 북핵이 미국에 대한 위협이 아니라 우리의 위협과 국시가 되는 것이다. 민주화 시대를 넘어 사대주의로서 국보법이 존재하는 이유이다.

한국 위정자들의 생각을 지배하고 있듯이 북한 비핵화가 국시라면 이의 연장으로 강력한 대북제재와 이어진 대북사업에 대한 간첩 조작 사건은 자연스러운 결과로 귀속된다. 결국 숭고한 한미동맹에 기반하여 미국의 이익을 앞세우며 북한을 적으로 보는 것이 우리의 국시라는 위정자들의 사대주의가 보안법을 악용하게 만드는 구조인 것이다.

2020년 11월 26일 문재인 대통령은 중국 왕이 외교부장을 만나 한반도 평화 프로세스에서 중국이 보여준 역할과 협력에 감사한다고 밝히며, 우리 정부는 중국을 포함한 국제 사회와 함께 한반도 비핵화를 위한 노력을 이어갈 것이라고 덧붙였다. 이에 왕이 외교부장은 중국의 한반도 비핵화 목표는 변함이 없다고 강조했다고 한다. 중국에까지 북핵 문제 해결을 구걸하고 있는 대통령부터 서훈 실장에 이르기까지 위아래 부끄러운 우리의 민낯이다.

· 왕이 외교부장 ·

반북이라는 틀 안에 우리의 사고를 가로막고 있는 보안법의 족쇄가 없다면 북한 핵은 한반도에 대한 위협이 아니라 민족의 미래 자산으로서 미국이 핵무기의 위협을 높일수록 전 세계의 비핵화라는 새로운 시각을 제시할 것이다. 냉혹한 국제정치를 국익을 중심으로 바라보게 하는 안목도 넓혀줄 것이다.

숭고한 한미동맹에 대한 숭배를 벗어나지 못하는 한 보수도, 진보도 각자의 이름과 변명으로 사이비일 뿐이다. 하나는 성조기 아래, 하나는 허공을 가르는 반일 죽창가 아래…

## 13 마이동풍, 김정은의 서울 답방

강준만 교수는 신간 〈권력은 사람의 뇌를 바꾼다〉에서 문재인 정권의 내로남불 사례들을 일일이 정리하다가 중도에 그만두고 말았다며 다음과 같이 비판한다.

"권력자는 비판에 의연할 필요가 있다는 점에서 후안무치는 어느 정도는 필요악이거나 미덕일 수도 있지만, 문제는 늘 과유불급이다. 권력자가 어떤 비판이 쏟아지건 마이동풍 식으로 넘겨버리는 건 의연한 것도 아니고 '강한 멘탈'도 아니다. 파렴치한 후안무치임을 잊지 말아야겠다"라고 한다. 공동성명 불이행에 대한 후안무치 또한 그러하다.

2021년 새해 기자회견에서 문재인은 "김정은 위원장의 남쪽 답방은 남북 간에 합의된 상황입니다… 저는 언제 어디서든 김정은 위원장과 만날 용의가 있고, 그리고 남북 정상 간의 만남이 지속되다 보면, 그렇게 신뢰가 쌓이게 되면 언젠가 김정은 위원장이

남쪽으로 방문하는 답방도 이루어지게 될 것이라고 믿습니다"라
고 한다.

시도 때도 분간하지 못하고 언제나 자신만 바라보는 마이동풍
의 반복이다. 공동선언 이행의 분위기가 조성되면 이뤄질 서울 정
상회담인데 상대가 '특등 머저리들' 운운하는 지금과 같은 상황에
서 답방을 기대할 수 있겠는가? 공동성명 이행이 아니라 여전히
권력자 문재인의 이벤트만을 염두에 둔 욕망에 젖어 빠져나오지
못하고 있다.

"종전선언은 우리가 이루어야 하는 진정한 목표가 한편으로 비
핵화이고, 그다음에 비핵화가 완전히 실현된다면 그때는 북미 간
에, 또 남북 간에 또는 삼자 간에 평화협정 체결을 통해서 평화가
완전히 구축되면서 북미관계가 정상화되는 이런 과정인데…"와
관련해서도 미국 조지아대 박한식 교수가 밝혔듯이 북에 대한 비
핵화가 미국의 이익이고 국시이지 우리와 무슨 상관인가? 비핵화
가 완전히 실현된 뒤에 평화협정이 이뤄지겠는가? 풀 뜯어 먹으
며 개발한 핵을 바보도 아니고 그렇게 허무하게 포기하겠는가 말
이다. 보고자 하는 것만 바라보는 어리석은 욕망 너머 북은 우리
가 생각하는 것 이상으로 독한 상대이다!

북이 대남정책을 뒷순위로 미뤘다는 평가에 대한 네티즌의
질의에 대해서는 "우선 뭐 저로서는 처음 제가 대통령에 취임한
2017년도 한반도 상황을 생각하면 정말 전쟁의 먹구름이 한반도

상황을 가득 덮고 있다고 할 정도로, 정말 평화가 위협받는 그런 상황이었습니다. 그런 상황에서 벗어나서 지금까지 평화를 잘 유지해온 것은 큰 보람이라고 생각합니다. 남북 간에 있어서도 판문점 선언이나 평양 선언 등을 통해서 크게 발전시킬 수 있었습니다"라고 했다.

• 분노Rage •

이와 관련 미국 특종기자 밥 우드워드의 신작 〈분노Rage〉를 통해 살펴보면 2017년 7월에서 9월 두 달간 북한과 미국은 핵전쟁 코앞까지 갔었다고 기록한다. 그런 상황을 벗어난 것과 관련 밥 우드워드는 "그 답은 매티스 국방부 장관이 보여주었다며 당시 핵전쟁에 대한 공포로 워싱턴 국립대성당 2차 세계대전 추모 예배실을 여러 번 찾아 기도를 올렸다. 북한은 국가 핵 무력을 완성했고, 미국은 이를 감당할 수 없었던 것이다"라고 밝힌다. 이것이 문재인 정부가 이룬 보람이겠는가?

2017년 취임 이후 국내에서의 인권상황은 어떠했는가? 국보법에 의한 기소는 여전히 넘쳐난다.

"문재인 정부가 들어선 이후인 2017~2018년까지 국가보안법 혐의로 조사를 받은 사람만 583명이다. 지금도 우리 주변의 누군가는 이 악법으로 고통받고 있다. 멀쩡하게 당국의 승인을 받고 남북경협을 추진하던 사업가가 졸지에 간첩으로 몰려 패가망신하는 일이 벌어지고 있고, 당국의 승인 아래 진행한 일을 두고 10년도 넘게 지난 지금 경찰에 불려가 취조를 당하는 북한 연구자도 있다." [2021년 1월 17일, 통일뉴스, 평화철도 사무처장 정용일]

강준만의 〈권력은 사람의 뇌를 바꾼다〉에서 제기된 국내정치에 대한 비판 하나하나가 토씨 하나 다르지 않게 남북관계에서도 그대로 적용된 현실이 역대 어느 정부보다도 처참한 남북관계 파탄을 자인했다. 안에서 새는 바가지 밖에서도 그대로 새고 있었던 것이다.

## 14

# 비전과 용기

중앙대학교 김누리 교수는 "문재인 정부는 남아 있는 2년 동안 비전과 용기, 이 두 가지를 가졌으면 좋겠어요. 앞으로 뭘 할지 분명한 비전을 가지고, 그걸 관철하기 위한 용기가 필요한 거죠. 기존 질서를 바꾸는 건 기존 질서에 기득권을 가진 사람들과 필연적으로 부딪친다는 거예요. 용기 없이는 할 수 없어요"라고 2020년 5월 17일 UPI 뉴스에서 밝혔다.

도올 김용옥은 자신의 책에서 용기의 의미에 대해서 다음과 같이 규정하고 있다. "인격적 훌륭함이란 습관의 축적된 결과로서 생겨나는 것이다. 용감한 사람이 되는 것은 용감한 행위를 계속해 버릇함으로써 그러한 습관이 생겨나고, 그러한 상태가 형성된다는 것을 의미한다." [중용, 인간의 맛, 56쪽, 2011년 출판]

최근 5.24 조치 해제 여부와 관련 문재인 정부의 졸렬함이 또다시 반복되고 있다.

2021년 5월 20일 통일부 여대변인은 5.24 조치 시행 10년을 앞두고 정부의 견해를 묻자 "5.24 조치는 역대 정부를 거치면서 유연화와 예외조치를 거쳐왔다"라면서 "사실상 그 실효성이 상당 부분 상실됐다"라고 밝힌 바 있다.

그런데 22일에는 5.24 조치 해제와 관련 "현 단계에서는 (지난 2020년 5월 20일 있었던) 5.24 조치 관련 발표에 이어 또 다르게 발표할 사항은 없다"라면서 "통일부가 사용한 표현 그대로 이해해 달라"고 말했다.

위 메시지는 결국 꽉 막힌 남북관계를 민간을 통해 열어가길 바라는데 5.24 조치 해제에 대한 정부의 결단은 미루면서 이로 인한 리스크와 책임은 정부가 아닌 민간이 사실상 책임지고 나서라는 것이다.

참으로 졸렬하고 비겁한 정부의 처사가 아닐 수 없다. 통일부 장관을 포함하여 실무자가 누구의 눈치를 보겠는가? 5.24 조치 해제와 관련 2019년 12월 문재인 대통령이 직접 추천한 책에서 김용옥은 5.24 조치와 관련 아래와 같은 답답함을 호소하고 있다.

"우선 풀어봐야 소용없다는 말을 하지 말고 이명박이 만들어 놓은, 남북의 빗장을 꼭꼭 닫아버린 5.24 조치 같은 것부터 빨리 풀어야 합니다… 깡다구 한번 제대로 못 부리는 대통령을 훌륭한 정치인이라 말할 수 있습니까? 문재인 대통령에게도 윈스턴 처칠의 호소력이 필요해요. 나 혼자 이런 답답함을 호소해봐야 아무 소용이 없어요."

문재인 대통령이 직접 읽었다며 2019년에 추천한 책 〈통일 청춘을 말하다〉에서의 도올의 일성이다. 추천한다는 문재인은 도올의 책을 안 읽었고, 추천받은 도올은 기가 찰 일이다. 임금님 놀이에 도낏자루 썩는 줄 모르더니 임기가 끝나가는 마지막까지 자신의 결단은 외면한 채 정치 이벤트로만 일관할 모양이다.

## 15

# 선조의 재조지은과
# 문재인의 숭고한 한미동맹

　1592년 4월 13일 발생한 임진왜란은 중국과 일본 간의 국제전쟁이었다. 일본의 명분은 명을 치려 하니 길을 내달라는 가도정명(假道征明)이었고, 명은 본토가 전쟁터가 되는 것을 막고자 항왜원조(抗倭援朝)의 명분 아래 조선 땅 안에 그 전쟁을 국한시키고자 파병을 한 것이었다. 동서고금 순수하게 남의 나라를 돕기 위해서 참전하는 전쟁은 존재하지 않는다. 중국은 1950년 한국전쟁 참전을 항미원조(抗美援朝)라고 공식 명칭한다.

　1592년 4월 이후 파죽지세로 서울을 향해 돌진하던 일본군은 곧이어 6월 평양성을 점령한다. 1592년 12월 이여송(조선족 장수)이 이끄는 5만 1천 명의 명군이 평양성의 고니시 유키나와를 격파하고 육지에서 최초의 승전을 이룬 뒤 파주로 진격했지만, 벽제관 전투에서 일본군에게 패배한 이후 종전을 위한 강화협상이 시작된다. 강화협상은 1593년 4월 조선을 배제한 채 서울 용산(현재 미군 주둔)에서 명과 일본 사이에 비밀리에 진행됐다. 본토 방어선을 명의 국경 너머로 밀어냈으니 더 이상 싸울 이유가 없었던 것이다.

어느새 군권을 상실한 조선이 이여송에게 진격을 요청하자 "그대들은 우리한테 변변하게 군량조차 대주지 않으면서 싸우라고 강요하는가? 오늘 당장 군법을 시행하겠노라"라며 이여송은 유성룡, 호조판서 이성중, 경기감사 이정형을 불러 뜰 아래 꿇어앉히고 군법에 의해서 처리하겠다고 큰소리로 꾸짖었다. 이에 유성룡은 간곡히 사죄하면서 눈물을 흘리며 나라가 이 지경이 된 것을 비통해했다. [유성룡, 징비록 중]

이후 명의 심유경과 일본의 고니시 유키나와는 조선을 배제하고 4년이 넘는 강화협상을 진행하였다. 이 과정에서 외국군에 의한 민생 유린과 살육은 처참했다고 한다. '명군은 참빗, 일본군은 얼레빗'이라고 민간에서 회자될 정도로 명군이 더 극심했다고 한다. 이처럼 임진왜란은 조선 땅에서 일어난 강대국 간의 국제전쟁이었으며, 조선 땅은 그 대리 전쟁터였던 것이다.

자신의 백성을 믿지 못하고 곽재우 등 의병장들과 이순신에 대한 열등감에 사로잡힌 선조는 이들을 탄압하면서 명군은 오히려 천군(天軍)이라 칭하며 전적으로 의존했고, 이는 명에 대한 재조지은(再造之恩)으로 표출된다. 나라를 구해주고 다시 시작하게 해준 것에 감사하는 도덕적인 종속에 스스로 빠진 것이다. 명의 참전은 자국이 전쟁터가 되는 것을 피하고자 하는 목적이었는데 이에 대한 조선의 도덕적 굴복이 이후 병자호란을 불러들인 원인이 된다.

"독자들이 잘 알고 있다시피, 철학자들에게 내가 요구하는 것은 선악의 너머에 서라. — 도덕적 판단이라는 환상을 자기 발아래에 내려보라는 것이다. 이러한 요구는 나에 의해서 처음으로 정식화된 하나의 통찰, 즉 도덕적 사실이란 도대체가 존재하지 않는다는 통찰에서 따라 나온다. 도덕적 판단은 종교적 판단과 마찬가지로 존재하지도 않는 실재를 믿는다." [니체, 우상의 황혼 중]

· 니체 ·

한국전쟁 또한 강대국이 자신들의 이익을 위해 우리 땅에서 벌린 대리전이자 국제전쟁이다. 총탄을 누가 먼저 쏘았느냐는 본질을 외면하는 것이다. 일본의 식민지 이후 강대국에 의해 동서냉전으로 분단된 과정에서 발생한 동족 간의 참극이자 국제전쟁이다.

전범국이자 패전국인 일본이 동일본과 서일본으로 나누어져 받아야 할 총알을 우리가 일본을 대신해 총알받이로 받게 됐고, 그 전쟁특수로 일본은 기사회생하게 된다. 1905년 일본과 미국이 조선과 필리핀을 교차로 먹자고 협약한 카스라-태프트 밀약의 연장인 것이다.

2021년 문재인 정부에서 미국이 부여한 미사일 사거리 제약에서 벗어났다고 애국주의 열풍에 휩쓸리는 것은 미·중 간의 패권경쟁 속에서 벌어지고 있는 위험 속에 숨겨진 본질을 바라보지 못하는 우매함이다. 사거리 제약 해제가 한반도를 벗어나는가?

한국전쟁 이후 70년 넘는 강화협상(휴전협정)에서 위정자들이 지닌 숭고한 한미동맹은 미국에 대한 재조지은으로서 도덕적 노예성을 벗어나지 못하는 굴종이다. 재조지은의 도덕적 종속이 임진왜란 이후 벌어진 호란의 원인이 됐듯이 숭고한 한미동맹은 한국전쟁 이후 또 다른 전쟁의 불씨일 뿐이다. 이에 반해 우리의 땅 안에서 더 이상 강대국 간의 전쟁을 용인할 수 없다는 송곳이 바로 핵 무력에 기반한 ICBM의 존재라는 것은 부인할 수 없다. 전쟁의 범위를 강대국으로 넘겨버린 것이다.

국민의힘 나경원은 2021년 5월 21일 "틀어진 한미관계와 느슨해진 한미동맹, 근거 없는 낙관론에 사로잡힌 '김정은 수석대변인' 대북정책으로 우리 안보역량은 크게 후퇴했다", "섣불리 대북제재 완화를 꺼내선 안 된다. '김정은 수석대변인' 소리가 또 나와선

안 된다는 것"이라며 "제재를 풀면 북한이 비핵화한다는 건 문 대통령의 착각일 뿐"이라고 주장했다. 서로가 서로에게 무슨 소리를 하는지 모를 일이다.

전쟁사는 기억에 대한 투쟁이라고 한다. 이를 푸코는 '압제된 앎'이라고 표현했다. 압제된 앎으로써 강요된 미군(천군)에 대한 숭고한 한미동맹, 하나님에 대한 믿음과 동일한 도덕적 믿음에서 벗어날 때 끝나지 않은 임진왜란에서 잉태된 강대국 간의 대리전에 대해 종지부를 찍고 마침내 우리 민족의 새로운 시대가 열릴 것이다!

동학의 2대 교주 해월 최시형은 언제 새로운 세상이 오느냐는 질문에 "만국 병마가 우리나라 땅에 왔다가 후퇴하는 때이니라"라고 했다. 이제는 재조지은과 숭고한 한미동맹이라는 노예도덕에서 벗어나자. 국가 간의 사이에 도대체 도덕이 존재할 이유가 무엇인가?

\*임진왜란의 성격과 관련 명지대학교 사학과 한명기 교수의 유튜브 강의 '임진왜란' 참조

## 16. 우리의 의식을 규정하는 미군의 존재

마르크스는 〈독일 이데올로기〉에서 "그들이 어떤 존재인가 하는 것은 그들의 생산, 즉 그들이 무엇을 생산하고 또 어떻게 생산하는가 하는 것과 일치한다"라는 말을 남겼다.

인간이 어떤 존재인가 하는 것은 그 존재자의 선한 의도가 아니라 그 존재자의 행동의 결과가 그 사람을 가리킨다. 그 사람의 타고난 심성 — 알 수 없는 일이다. — 이나 세간에 화자되는 평가가 어떻든지 어쩌다가 선행을 했다 하더라도 그것이 좋다면 결과적으로 좋은 사람이라는 것이다. 아무리 근본이 선량해도 나쁜 짓을 하면 악인이다.

그런데 살면서 보면 스스로 선량하다고 생각하며 말은 번지르르하게 내뱉지만, 이기적이고 나쁜 행위를 주저하지 않는 경우가 있다. 아무리 비열한 행위를 하더라도 스스로 선량하다고 생각하기에 이들에게 행위는 부차적이며, 그 결과에 대한 어떤 죄책감도 느끼지 못한다.

마르크스는 같은 책에서 "의식이 생활을 규정하는 것이 아니라 생활이 의식을 규정한다"라고 했다. 동일하게 선한 의도가 행동을 규정하는 것이 아니라 행동이 의식을 규정하기 마련이다. 문재인이 전두환 표창장으로 안보를 자랑하고자 한 선한 의도였을지 몰라도 나쁜 행동이다. 숭고한 한미동맹에 무릎을 꿇은 대북제재는 전두환의 표창장을 자랑하던 행동의 연장이다. 문재인의 행동이 그의 의식을 규정한다. 잘못된 행동에 대한 비판이 아닌 선한 의도에 대한 변명과 옹호가 그의 몰락을 불렀다.

이재명 경기도지사는 2021년 7월 1일 있었던 "대한민국은 친일세력들이 미(美) 점령군과 합작했다"라는 자신의 발언을 놓고 논란이 확산하는 것에 대해 "대한민국 정부 수립 전 미 군정기의 해방공간에서 발생했던 일을 말한 것"이라고 밝혔다.

이 지사는 이어 3일 오후 자신의 페이스북에 올린 글에서는 "저는 지난 1일 오후 이육사 문학관에서 친일세력들이 미 점령군과 합작해서 지배체제를 그대로 유지했지 않나"라며 "깨끗하게 나라가 출발되지 못해서 이육사 시인 같은 경우도 독립운동하다가 옥사하셨지만 나중에 보상이나 예우가 부족하다. 친일잔재가 완전히 청산되지 못하고 여전히 남아 있다"라고 했다며 오해와 왜곡이 있다고 그 발언에서 물러섰다.

• 이육사 문학관 •

그 틈을 비집고 하태경이 오랜 관습으로서 미 점령군을 옹호하며 사과하라 한다. 우리를 둘러싼 오래된 도덕을 넘어서지 못한 이재명의 비겁한 변명은 결국 퇴보를 낳았다. 비겁이 변명을 부르고, 용기 있는 행동이 대결을 넘어 더 큰 미래를 낳기 마련이다.

일본의 철학자 우치다 타츠루에 따르면 "어떤 것을 모르고 있는 이유는 대개 적극적으로 알고 싶지 않기 때문"이라고 한다. 즉 자기가 무엇을 '알고 싶어 하지 않는지'에 대해 생각하는 것을 원하지 않기 때문이다. 단순한 지식의 결여가 아니라 '알고 싶지 않다'라는 마음가짐을 갖고 한결같이 노력해온 결과가 바로 무지이다. 친일과 친미의 연속성을 알고 싶지 않은 한결같은 노력의 결과가 현실에서 미군의 역사와 그 횡포에 대해 굴종적으로 눈을 돌리는 것이다.

니체는 비주체적으로 휩쓸리는 군중을 '짐승의 무리'라고 했다. 짐승의 무리는 타인과 동일하게 행동한다는 유일한 행동에 젖어 누군가 특별하거나 탁월한 것을 싫어하고 끌어내린다. '미 점령군' 발언은 미군을 절대 도덕과 유일신으로 모시는 여야 '짐승의 무리'들의 믿음을 벗어나 점령군 사령관 맥아더의 포고문을 역사적 사실로 되돌아봤을 뿐이다. 그마저 눈치로 뒷걸음질을 해서 결국 초라한 퇴보를 자초했다.

· 맥아더 장군 ·

미국의 세계 지배는 미국 민족주의 산물로서 그들의 입장에서는 한국에 대한 점령을 포함 자랑스러운 역사일 것이다. 그들은 이를 세계화라고 부르며, 지배 이데올로기화 해왔다. 그런데 미국의 민족주의가 아닌 피지배 약소국들이 미국에 의한 종속을 세계화라고 부르짖으며 자신의 의식을 규정하는 것은 자신의 존재를 부정하는 지독한 자기 경멸일 뿐이지 않겠는가?

## 17

# 미래의 시각에서
# 지금의 친미를 살핀다면

문재인 정부 시대의 곤란한 유산은 바로 미국에 대한 공포 즉 공미이다. 상대를 숭고하다고 칭하는 것 자체가 상대에게 무릎 꿇고 도덕적으로 굴종하는 행위이다. 방미 방명록에서 남긴 '대한미국'은 그런 두려움과 떨림의 흔적이 무의식적으로 표출된 것이다. 나라다운 나라를 원한 촛불의 염원으로 탄생했지만 문재인 정부가 남긴 시대적 한계이자 대한민국의 한계이다.

우리는 우리가 생각하는 것처럼 자유롭거나 주체적이라고 생각하지만, 시대의 소산이자 시대의 한계에 갇힌 나로서 살아갈 수밖에 없는 구조에 갇힌 존재들이다. 이러한 착각을 파헤친 것이 구조주의이다. 분단 이후 지금까지 우리의 인식을 감싸며 한국 사회를 가두고 있는 울타리, 그 시대를 규정하고 있는 지배 이데올로기는 바로 재조지은으로 받들어져 온 친미이다.

우리는 한미동맹이라는 미명 아래 현대 국가 주권의 핵심인 군권을 쥐고 주권을 간섭하는 미군의 존재를 공기와 같은 상수로 여기며 자연스럽게 살아가고 있다. 그렇다면 우리를 자연스럽게 감싸고 있는 미군의 존재는 시대를 떠나서 언제나 자연스러운 존재인가? 우리를 둘러싸고 있는 지금의 시대를 벗어나 잠시 일본강점기로 타임머신을 타고 일본강점기를 살아간 시대의 사람들의 시각으로 우리의 몸과 시선을 던져보자.

· 일본강점기 시대 훈련 모습 ·

리영희 조선인 학생과 일본인 학생들은 몇 년을 같이 지내다 보면 싸울 때도 있지만 보통은 스스럼없이 서로 어울려서, 일본인이라든가 조선인이라는 의식을 잊은 채 지내곤 했어요. 흔히 해방 후세들이 상상하는 것처럼, 일본인과 조선인이 한 공간에서 살면서 불구대천의 원수처럼 밤낮 주먹질하고 싸우면서 산 것은 아니에요…

**임헌영** 중학생으로 8.15를 맞았던 선생님과 비슷한 연배의 분 중에 이름을 대면 알 만한 인사는 엉엉 울었다는 이야기를 들었어요. 이제 나라가 망했다고 말입니다. 해방됐다는 소식을 듣고도 그랬다고 합니다.

**리영희** 그래요? 하기야 그런 사람도 있었겠지. 아니 많았을 거야! 통계적인 정확성을 기할 수는 없지만, 해방되던 그때 적어도 조선인의 절반 정도는 일본인이 되었다고 말하는 것이 옳을 거요. 그러니까 그중에서 일본 천황의 항복 방송을 들으면서 울었거나 눈물 흘린 사람도 결코 적지 않았으리라고 생각해요. 그런 사람들은 완전히 일본인이 된 이광수나 그 밖의 적극적인 친일파와 같은 상부계층의 조선일들뿐만 아니라 하층 조선인들 사이에도 많았어요. [리영희 대담 임헌영, 대화, 68쪽]

일본강점기 일본인의 의식으로 살아간 사람들이 지금의 시각에서 불편해 보인다면 우리가 당연하다고 생각하며 인지하지 못하며 살아가는 한미동맹과 미군의 주둔 또한 미래의 시각에서는 불편하기 마련일 것이다. 그렇다면 2021년 대한민국 위정자들의 말을 살펴보자.

홍준표는 2021년 7월 6일 페북에서 "지금 이 시점에 점령군 운운은 반미운동을 부추기는 부적절한 발언임이 분명합니다"라고 밝혔다.

청년 정치인 이준석도 2021년 7월 5일 오전 국회에서 열린 최고위원회의에서 "이 지사가 대한민국 정부 수립에 대해 (미 점령군과) 친일세력의 합작이라고 단정을 지은 것은 매우 부적절하다"라고 했다. 6일에는 "해방 이후의 공간에서 우리가 아직까지 역량을 축적하지 못한 상태에서, 아주 기술적인 위치에 있는 일부 친일파를 기용했던 것은 아주 안 좋은 길이었지만 불가피한 선택이었다"라고 했다. 알고 하는 소리일까?

윤석열은 4일 페이스북 글을 통해, "이 지사의 언행은 우리 스스로의 미래를 갉아먹는 일"이라며, "이념에 취해 국민의식을 갈라치고 고통을 주는 것에 반대한다"라며 "국정 최고책임자인 대통령이나 청와대가 어떠한 입장 표명도 없다는 것이 더 큰 충격"이라고 말했다.

우리를 둘러싸고 있는 도덕적 본질은 이처럼 한미동맹으로 포장된 친미이다. 마르크스와 니체는 각각 다른 방식으로 그 시대의 초월적 본질을 부정하는 실존으로서 형이상학 극복의 새로운 길을 열어나갔다. 그러나 하이데거는 "형이상학적 명제를 뒤집은 것도 여전히 형이상학적 명제다"고 했다. 즉 친미를 극복하려는 반미 또한 미국의 명제 안에 사로잡힌 또 다른 명제라는 것이다. 친미와 반미를 넘어서는 문명사적 전환이 필요하다는 것이다.

마르크스가 대세인 시절에 마르크스를 비판하기 위해서는 마르크스의 용어나 개념을 사용해야 했다. 이데올로기가 '지배적이다'라는 것은 그런 것이라고 한다. 우치다 타츠루에 의하면 "마르크스주의의 경우는 '이제 그런 말은 그만 썼으면 좋겠다'라는 생각이 집단의 이해에 도달했을 때 지배적인 이데올로기의 자리에서 내려왔다"라고 한다.

니체는 무엇인가를 격렬하게 혐오한 나머지 거기에서 벗어나고 싶다고 열망하는 것을 '거리의 파토스'라고 불렀다. 그리고 그 혐오감이 바로 '자기 초극의 열정'을 제공해준다고 했다.

서양의 개벽사상가 D. H. 로런스는 예술의 본질적 기능이 피를 바꿈으로써 머리를 바꾼다고 했다. 지난 수십 년 이상 친미건 반미건 미국에 대한 지식과 저항이 부족해서 우리의 머리와 현실이 그대로겠는가? 지금 우리에게 필요한 것은 자기 초극의 열정으로서 종미에 대한 혐오, 그를 추종하는 위정자들에 대한 격렬한 혐오로서 피를 바꿔 머리를 바꾸는 일이다. 그 혐오와 열정이 반미와 친미를 넘어서는 후천개벽의 문명사적 전환을 불러올 것이다.

## 18

# 미군만 바라보는 한국과
# 국익만 바라보는 미군

"'틀려도 좋다'고 생각하는 사람만이 '무조건 옳아야 한다'라는 유형의 주장을 한다. 만약 '틀리면 죽는다'라는 조건이 붙는다면 사람은 '정답을 맞히기 위해 어떻게 할 것인가'가 아니라, '틀리지 않기 위해 어떻게 할 것인가'를 먼저 생각할 것이다."

일본인이 리스크 헤지라는 기술을 잊어버리고 오로지 옳은 해법만을 선택해야 한다는 터무니없는 말을 하는 것은 '틀려도 좋다'는 근거 없는 낙관이 전 국민의 머릿속에 깊숙이 박혀 있기 때문이다. 오늘날 일본인은 그 정도로 무방비하고 허술하다. 그 이유는 어렵지 않게 댈 수 있다. 전후 60년간 전쟁을 해보지 않았기 때문이다." [우치다 타츠루, 하류지향]

2007년 일본의 철학자 우치다 타츠루가 〈하류지향〉에서 주장한 내용이다. 휴전 이후 안보를 빙자해 사사로운 이권과 자신들을 향한 욕망을 앞세운 한국의 상황도 무방비하고 허술하긴 마찬가지다. 친북이건 반북이건 보수건 진보이건 자기들의 주장이 얼마나 터무니없는지 모른 채 반북과 북한 비핵화에 매몰되어 아니어도 그만인 '무조건 옳아야 한다'는 주장만을 반복한다.

"나는 지배자들이 오늘날 무엇을 일컬어 지배라고 하는지를 알고 그들에게 등을 돌렸다. 그들이 말하는 지배란, 천민을 상대로 하는 이권(利權)과 권력을 위한 흥정이었던 것이다."

최근 빈센트 브룩스 전 주한미군 사령관은 2021년 7월 29일 미국의 외교전문지 '포린 어페이서'에 '북한과의 일괄타결'이라는 제목의 기고문에서 북한을 동맹국으로 만들자는 주장을 했다. 재미있는 것은 그 내용을 자기들 입맛에 맞게 편집한 기사들인데 동아일보의 제목은 "한국 포퓰리즘 대선후보들, 반미에 기대고 있어"로, 문화일보는 "한국 포퓰리즘 대선후보들, 반미 반동맹에 기대고 있다"로, 조선일보는 "한국 포퓰리스트 후보들, 벌써 반미정서에 기댄다"로 거의 동일하게 뽑았다.

보수가 반북만으로 세상을 보더라도 브룩스는 당연히 자국의 입장에서 바라보는 미군이다. 미군에게는 친북, 반북이 있는 것이 아니라 자국의 국익이 있을 뿐이다. 미군이 반미동맹에 기댄다는 것이 가당키나 하겠는가? 국익의 관점에서 볼 때 북한을 동맹으로 재편하는 전략적 고민이 중국을 견제하고 자신들의 패권을 유지하는 측면에서 유리할 수도 있기에 하나의 리스크 헤지 차원에서 그런 기고를 한 것이다. 우리 입맛에 맞춰 왈가왈부할 여지가 존재하지 않는다.

"리스크 헤지는 변함없이 외교 분야에서 중요한 위치를 차지하고 있다. 나라와 나라의 이익이 충돌하는 외교에서는 불확실한 요소가 너무나 많기 때문에 '옳은 정책만을 선택하는' 일은 아무리 현명하고 통찰력이 뛰어난 위정자라도 불가능하다… 그러므로 리스크 헤지를 마음에 두는 사람은 자기가 기안한 'A 계획이' 반드시 잘 될 거라고 소리 높여 외치기보다는 A 계획이 잘 안 될 경우들을 총망라하여 목록으로 작성하고, 그에 따른 대비책을 준비해 놓는 일을 우선적으로 고려해야 한다. 그런데 이런 방향으로 머리를 쓰는 사람은 오늘날 일본에는 거의 존재하지 않는다. 정치가뿐만 아니라 대중매체에 등장하는 지식인 대부분은 '내가 옳다'고 주장하는 일에 매우 열심이다." [같은 책]

내가 옳다고 목소리만 높이는 약자에게는 선택지가 없다. 즉 강자는 다양한 선택지를 갖는다는 것이고, 약자는 자신도 모른 채 주어진 선택을 강요받는다는 것이다. 홀로 리스크를 떠안는 존재는 자기 결정, 자기 책임이라는 미명 아래 벌거벗은 개인이 무대책하게 고립무원으로 맞선다는 것을 의미한다. 고립은 자립을 의미하는 것이 아니다.

자존감이 결여된 아이들이 자신감을 느끼게 되는 경우는 그들이 속하는 사회집단에서 지배적인 가치관에 동조될 때라고 한다. 이 집단에서 자신감을 갖고 싶어 하는 아이들은 자기가 속한 집단의 이데올로기에 지나치게 순응할 가능성이 커진다. 즉 학교를 벗어난 뒷골목에서 뒤늦게 배운 담배를 더 멋있게 보이려고 뻐끔뻐끔 구름 모양을 만들어내며 자기들 속에서 뻐겨대는 행동과 다르지 않다. 우리에게 강요된 선택으로서 반북이라는 휩쓸림이 그러하다.

리스크 헤지라는 외교의 변함없는 중요한 위치에서 바라보면 하나의 선택이라는 것이 얼마나 어리석고 자신감 없는 아이의 행동에 불과한지 되돌아볼 일이다. 강자인 미군에게는 구상유취에 불과한 지나치게 순응적 이데올로기인 반북 혹은 절대적인 선결조건으로서 북한 비핵화는 존재하지 않는다. 다양한 계획이 있을 뿐이다. 이제 우리도 자체의 다양한 계획 속에 용기 있고, 결단 있는 선택을 할 때가 됐다.

ың

# 19

# 분단을 외면한
# 개혁과 민생이 가능한가?

　폴 케네디가 저서 〈강대국의 흥망〉에서 "군사력을 유지하는 데는 항상 부가 필요하며, 부를 획득하고 지탱하는 데는 군사력이 필요하다. 그러나 국가자원의 너무 많은 부분이 부의 생산에서 빼돌려져 군사 목적에 쓰인다면 장기적으로는 국력이 약화된다"라고 밝힌 것처럼 제아무리 경제 대국이라고 해도 국가의 군비가 증가돼서 감당 못할 수준에 이르러 경제력과 군사력 간의 균형상태가 깨지는 시점에서 국가는 쇠퇴하기 시작한다. 즉 민생과 군비증강은 반비례이다.

• 폴 케네디 •

동양의 고전 논어(論語) 안연(顏淵)편에서 자공이 정치에 대해서 묻자 공자가 답하길 "먹을 것을 넉넉하게 해주고, 군비를 풍족하게 해놓고 백성들이 윗사람을 믿게 하는 것"이라고 했다. 자공이 "어쩔 수 없이 이 세 가지 중 버려야 할 것이 있다면 어떤 것을 먼저 버려야 합니까?"라고 묻자, 공자는 가장 먼저 "군비를 채우는 것"을 포기해야 한다고 했다.

그렇다면 문재인 정부에서 한국의 치국은 어떠했는가? 군축을 협의한 판문점 선언을 내오고서 오히려 이와 반대로 갔다. "국방부가 내년도 국방예산을 올해보다 4.5% 늘어난 55조 2,277억 원으로 편성했다. 이로써, 문재인 정부는 임기 5년 동안 국방비를 36.9%나 증액하는 등 역대 어느 정부보다 군비증강에 적극 나선 정부로 기록되게 됐다." [길윤형, 한겨레, 2021. 8. 31.]

보수 정부에서라면 결코 간과하고 넘어갈 수 없는 상상도 못할 일이 벌어진 것이다. 문재인 정부는 강한 안보라는 미명 아래 오히려 이를 과시하고 자랑했다. 증액만큼 개혁과 민생은 빈곤한 철학과 위선 속에 허우적거리며 시궁창에 빠진 채 어둡고 답답한 세월을 지나올 수밖에 없었던 것이다.

개혁과 평화를 입에 올린 채 천문학적인 군비증강을 추진하고도 부끄러움을 모른다면 최소한 개혁과 민생을 입에 담을 수는 없다. 한 달 벌어 한 달 먹고 살며, 그다음 한 달을 걱정하며 연명하는 민생이다. 코로나 19로 더 극단적인 상황으로 몰렸다. 피로 맺은 한미동맹이라는 도덕적 사대주의 아래 혈세를 축내지 않고 판문점 선언만 이행했어도 한결 가벼워졌을 억울한 민생이다. 위정자의 무책임과 종교적 지지와 열정이 낳은 한계이지만 우리가 넘어서야 할 조건으로 직시하게 한 경고는 불편하지만 2019년부터 외부에서 터져 나오기 시작했다.

2019년 8월 문재인 대통령의 광복절 경축사가 나온 지 만 하루도 안 된 8월 16일 오전 대남기구인 조국평화통일위원회(조평통) 대변인 담화를 통해 "정말 보기 드물게 뻔뻔스러운 사람", "아랫사람들이 써준 것을 그대로 졸졸 내리읽는 남조선 당국자", "북쪽에서 사냥총 소리만 나도 똥줄을 갈기는 주제에…" 등 문 대통령을 향해 원색적인 비난을 쏟아내며 문 대통령이 설파한 '평화경제'에 대해서 "지금 이 시각에도 남조선에서 우리를 반대하는 합동 군사연습이 한창 진행되고 있는 때에 대화 분위기니, 평화경제니 하는 말을 과연 무슨 체면에 내뱉는가"라고 반박했다.

　타성에 젖은 일상을 살아가는 인간은 늘상 서 있던 자리, 자기가 속한 공간에서는 그 익숙함이 주는 편안함에 자신을 제대로 바라보지 못하기 마련이다. 청춘의 시절 자주와 민주를 한 묶음으로 여기며 외치던 구호는 잊힌 채 어느새 진보와 민주라는 허울 아래 차마 시인의 입에서조차 굴욕의 상징인 숭고한 한미동맹을 입에 올리며 극복해야 할 남북관계의 조건을 미국이라는 타자를 바라보면서 자신을 한계 지운다. 무책임과 눈치로 숨겨지지 않을 비겁한 변명일 뿐이다.

　자기의 터전을 떠나 이색적인 공간으로 떠나는 것을 여행이라고 한다. 모르는 곳으로, 모르는 사람들과 시간을 향한 색다른 경험을 통해 자신을 새롭게 볼 수 있는 사색과 성찰의 시간을 갖는 것이다. 일상의 타성에 젖은 자기를 버리고 잠시나마 새로운 무아를 위해 우리는 떠나고 싶어 한다.

　여행은 이처럼 낡은 습관을 버리는 생명의 충전이다. 우리에게 북이라는 타자가 그렇다. 북은 우리에게 여행이자 살아있는 야성(野性)이다. 떠났어야 할 그 여행을 멈칫한 순간 우리의 망각된 자아이자 타자인 북으로부터 경고가 울려왔다. 하지만 우리는 2019년 9월 28일 제1차 조국 수호 촛불집회를 시작으로 기나긴 종교적 열정과 타성에 깊게 빠져들어 갔다. 그렇게 윤석열은 잉태되어 왔다.

· 조국 수호 촛불집회 모습 ·

　대지를 딛고 살아가는 인간에게 공간은 숙명이다. 분단된 한반도라는 닫힌 공간 속에서 대결적이고 소모적으로 살아가는 우리에게 분단된 공간은 우리에 갇힌 짐승처럼 우리의 성격에 신경질적인 영향을 미칠 수밖에 없다. 분단의 타성에 젖어 지나온 세월을 잠시 비켜서서 대륙을 향한 여행을 떠나보자. 생기발랄하고 두려움을 모르던 우리의 젊음 속에서 터져 나오던 생명의 목소리가 울려 퍼질 것이다. 잠시 비켜서면 들려올 우리 안의 목소리이다.

# 20

# 분단체제 부의 양극화

부의 분배는 역사적으로 그리고 현재 가장 널리 논의되고, 가장 많은 논란을 일으키는 문제 중 하나이다. 부의 분배와 관련 현재 한국 사회 이슈로 떠오른 것은 분단체제와 군사문화 아래에서 극단적으로 내몰린 경쟁과 스트레스로 인한 세계 최악의 인구감소, 그 결과로서 고용 없는 경제성장과 부동산값 폭등으로 인한 자산 불평등이다.

인공지능의 시대 일자리 감소와 소득 격차의 대안으로서 기본소득이 나서고 있지만 부동산값 폭등으로 인한 불평등 문제는 폭력적 약탈보다 나쁘고, 더 심각한 합법적 약탈이다. 폭력적 약탈을 저지른 자의 정체는 분명하고 처벌의 대상이 명백하지만, 시스템에 가려진 합법적인 약탈에는 지목할 행위 주체가 보이지 않기 때문이다. 지난 1930년 미국의 대공황 시절 땅을 빼앗긴 농민들이 보이지 않는 약탈자에게 다음과 같이 절규할 수밖에 없었던 이유이다.

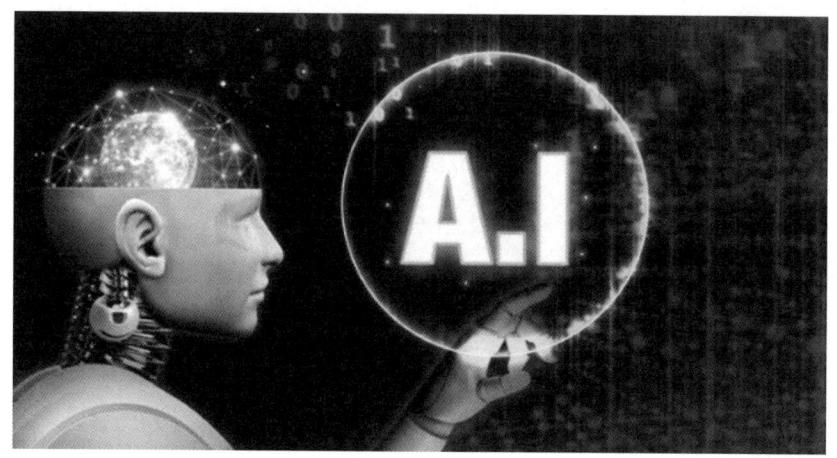

· 인공지능의 시대 ·

"땅의 주인은 숫자가 적힌 서류가 아니라 피땀 흘려 땅을 지킨 우리"라고 절규하는 소작농들에게 대자본의 대리인들은 "우리도 이런 일을 하고 싶지 않아요. 하지만 지금 괴물이 아프거든요. 괴물은 공기를 호흡하지도 않고 고기를 먹지도 않아요. 그들은 이윤이 있어야 숨을 쉰다는 말입니다. 밥 대신 이자를 먹고 살아요. 공기가 없거나 고기가 없을 때 당신들이 죽는 것처럼 그들도 이윤을 얻지 못하면 죽는단 말입니다. 기다려줄 수가 없어요. 그 괴물은 계속 자라지 못하면 죽어버려요." [존 스타인벡, 분노의 포도]

토마 피케티는 그의 저서 〈21세기의 자본론〉에서 소득 불평등의 문제보다 자산 불평등의 문제가 더 심각한 불평등을 초래하고 있다고 주장한다. 'r 〉 g'의 공식으로 요약되는데 여기서 r은 연평균 자본수익률을 뜻하며, 자본에서 얻는 이윤, 배당금, 이자, 임대료, 기타 소득을 자본총액에 대한 비율로 나타낸 것이다. 그리고

g는 경제성장률, 즉 소득이나 생산의 연간 증가율을 의미한다.

• 토마 피케티 •

개인이건 나라건 부를 늘리는 방법은 일해서 버는 근로소득(g)과 부동산이나 펀드 등 자산소득(r) 두 가지인데 한국의 현실에서는 임금노동이나 기업의 생산보다도(g) 부동산 투기나 사모펀드(r) 등으로 인한 소득의 불평등으로 인한 격차가 더 크다는 징표로 분석된다. 즉 근로소득 증가율은 큰 변화가 없는데 부동산과 자산 폭등으로 인한 불평등 문제가 더 심각하다는 것이다. 부동산 값 폭등은 기본소득을 넘어서 청년들 그리고 봉급자들의 삶의 의욕을 떨어뜨리는 주범이다. 진보가 부동산 문제를 외면한다면 사이비라고 비판받을 수밖에 없는 이유이다.

"부동산 문제에 대해서는 그냥 멍한 상태죠. '무관심당'이 아니라 '무심당'이에요. 전대협 한총련 출신 그룹은, 통일 운동 민주노총 출신 그룹은 기업별 노사활동에 주력하지 부동산은 관심 밖입니다. 한국의 진보는 아직도 추억 속에서 벗어나지 못하고 있어요"[손낙구, 경향신문, 2007. 3.]

김인환은 〈형식의 심연〉에서 "민족주의를 내세워 일본을 무조건 미워하는 것은 폐쇄적 민족주의이다. 일본강점기를 경험한 사람들은 친일을 최소한도로 한정하였다. 일본강점기를 경험하지 않은 사람들이 친일을 최대한도로 확대하여 규정하는 것은 늦게 태어난 자의 횡포이고, 진정성이 결여된 무병신음(無病呻吟)이다"라고 했다. 즉 병도 아닌데 괴로워 앓으며 엄살을 부린다는 것이다. 독재에 대한 기억도 마찬가지이다. 광주학살 때 자행된 헬기 기총소사에 대한 수사 운운하던 문재인 정부 출범 초기의 호기는 사라진 채 역사의 추억으로 넘기자는 변명으로서 전두환이 천수를 누리는 현실이 무병신음을 반증한다.

추억은 현실에서 나서는 사안에 대한 도피이자 회피지만 이해관계가 치열하게 대립하는 부의 양극화에 대한 개입은 구체적인 생존과 그 미래가 걸린 현실의 문제이다. 거대담론이 아니라 삶의 영역으로 내려가는 문제일수록 대립하는 진영의 욕망이 충돌할 수밖에 없기 때문이다. 이미지 정치와 추억을 즐겨오던 문재인 정부가 구체적인 사안을 앞에 두고서는 반일과 정의, 평화 등 두리뭉실한 의제를 던지며 판단을 피해온 이유이다.

기본소득제는 인공지능 시대라 일컬어지는 고용 없는 성장이 초래할 미래의 문제이고, 공적 정보를 악용한 부동산 비리에 대해서는 엄하게 처벌하고, 그로 인한 불로소득에 대해서는 당장 세금을 투명하게 집행할 문제라면 과도한 국방비 지출을 줄이는 것은 분단체제를 넘어서 민생으로 전환해야 하는 결단의 문제이다. 평화와 진보를 자처한 문재인 정부의 가장 심각한 문제는 민생에 역행하는 국가안보에 대한 개탄 없는 결단과 이에 대한 대중들의 망각이다.

"국방부가 내년도 국방예산을 올해보다 4.5% 늘어난 55조 2,277억 원으로 편성했다. 이로써, 문재인 정부는 임기 5년 동안 국방비를 36.9%나 증액하는 등 역대 어느 정부보다 군비증강에 적극 나선 정부로 기록되게 됐다." [길윤형, 한겨레, 2021. 8. 31.]

그런데 오히려 그 분단의 위계적인 폭력 속에서 자본을 축적한 자본가들은 그 분단체제의 희생양인 듯 과도하고 극악스런 피해자 코스프레를 한다. 정용진 신세계 부회장은 2021년 11월 인스타그램에 올린 '공산당이 싫어요'란 게시물에서 "멸공은 누구한테는 정치지만 나한테는 현실"이라며 "왜 코리아 디스카운팅을 당하는지 아는가"라면서 "사업하면서 얘네(북한) 때문에 외국에서 돈 빌릴 때 이자도 더 줘야 하고, 미사일 쏘면 투자도 다 빠져나가는데 당해봤나?"라고 했다.

군대를 기피한 그와 달리 정작 군대를 갔다 오고, 그로 인해 경제활동과 자기계발의 시간을 빼앗기고 오히려 감정적인 남혐과 여혐에 휩싸여 민생으로 전환되어야 할 세금이 군비에 탕진되는 자신의 문제와 구조에 대해서는 망각한 채 '아프니까 청춘이다'라는 피해자를 수익의 대상으로 하는 감정마케팅에 노출된 채 분단체제에 길들어져 살아간다. 최소한 자본가 정용진만큼의 분노를 잊지 말아야 선명하게 드러날 분단체제이지 않겠는가?

## 21

# 종전이벤트가 아닌
# 공동성명과 대면하기

문재인 대통령이 2021년 9월 22일 유엔총회 연설을 통해 "올해는 남북한이 유엔에 동시에 가입한 지 30년이 되는 뜻깊은 해"라면서 "남북미 3자 또는 남북미중 4자가 모여 한반도에서의 전쟁이 종료되었음을 함께 선언하길 제안한다"라고 말했다.

이후 미국 ABC는 24일 아침 '굿모닝 아메리카'에서 문 대통령과 BTS의 사전녹화 인터뷰를 내보냈다. 이어 '즐겁다'라는 의미를 지닌 엄지손가락만 편 채 양손을 위아래로 움직이며 상체를 긁는 동작을 해 보이며 BTS 멤버들에게 "이런 게 있죠"라고 친밀감을 나타내자 참석자들 사이에 박장대소가 일었다.

• BTS 멤버들 •

유엔총회 연설 이후 계획되어진 방송이었다. 이번 이벤트가 동족상잔을 겪은 전쟁을 종전선언으로 실현하기 위한 진정성과 어떤 연관이 있겠는가? 문제는 이런 식의 대중이벤트가 바로 문재인이 종전선언에서 담고자 하는 기획의 연장이라는 것이다.

"전후 60년 동안 미국이 폭격한 나라가 30개국이라고 합니다. 미군의 군사작전에 의한 사망자는 민간인을 포함해 한국전쟁에서 550만 명, 베트남 전쟁에서 200만 명입니다. 1차 세계대전 사망자가 1,330만 명이니 거의 세계대전 수준에 이릅니다. 과거 60년 동안, 미국은 거의 해마다 지구상 어딘가에서 전쟁을 벌여왔습니다. 최근에도 소말리아, 유고슬라비아, 아프가니스탄, 이라크에 군대를 파견했죠. 미국의 이러한 세계전략의 근본 바탕에 있는 것은 '선의'일 것입니다. 전 세계에 민주주의와 자유주의 경제를 건설하는 것을 바라고 있겠지요. 그런데 이 '선의'는 '자신들과 다른 인간'이 존재한다는 것을 인정하지 않는 데서 비롯되고 있는 것입니다." [우치다 타츠루, 소통하는 신체]

자국민을 학살한 전두환에 대한 희화화도 마찬가지다. 광주 5.18 연설에서 입이 부르튼 채 불쌍한 척하며 사죄 없는 전두환을 용서하자고 보여줬던 그 어설픈 화해의 제스처는 의도된 망각을 통해 과연 누구에게 면죄부를 부여하고자 하는 화해란 말인가?

"광주의 피가 윤리의 빛으로 거듭나 새로운 역사의식의 요청으로 다가오려면 만시지탄이지만 80년 5월의 범죄에 대한 엄혹하고 확실한 처벌이 있어야 했다. 그러나 타협과 미봉, 그리고 섣부른 화해의 제스처가 남발되었을 뿐이며, 전두환을 비롯한 주범들은 건재하고, 심지어 그 건재를 흉물스레 과시한다. 이 경우 용서와 관용은 추악한 삼류의 이데올로기에 지나지 않는다. 까뮈의 말처럼 오직 역사에 대한 올바른 기억과 대접만이 화해를 불러올 수 있으며, 아렌트의 말처럼 시대의 어두움은 기억의 빛이 사라지기를 기다린다." [김영민, 산책과 자본주의]

문재인을 비롯한 한국 사회 위정자들의 심각한 질병은 바로 분단과 한미동맹이라는 미명 아래에서의 굴종을 숭고하다고 착각한다는 것이다. 학살자와 미국이 바라는 강자들의 '선의'는 바로 '자신들과 다른 인간'이 존재한다는 것을 부정하는 데서 비롯된다는 사실을 언제나처럼 모른 체한다.

니체는 혐오와 경멸을 통해서 자신의 고상함을 확보하려는 열정에 사로잡혔었다. 문재인이 추구하는 종전선언에서는 자유와 안보라는 미명 아래 저질러진 인권유린과 전쟁범죄에 대한 혐오와 제국을 극복하겠다는 경멸과 열정이 빠져있다.

반대편으로부터의 날아올 공격과 비난을 구토 삼아, 그 구토를 추진력으로 삼아 하늘을 더욱 힘차게 날아오르겠다는 열정이 종전선언에 앞서 필요하다. 다가오는 적들로부터의 증오를 즐기고 그런 적들과 공존해야 한다. 미국 또한 진정으로 공존하기를 바란다면 선의를 가장한 친구가 아닌 경쟁하는 적이어야만 한다.

분단체제를 살아가는 우리에게 필요한 것은 맹목적인 추종이 아닌 '동료이면서 적이다'라는 타자에 대한 양의적인 정의 즉 '동료이지만 이해할 수 없고, 적이지만 공생한다'라는 이 시대에 필요한 새로운 윤리를 바로 세우는 것이다.

## 22

## 숭고한 한미동맹이라는 '페스트'

"'페스트'는 자신의 외부에 실재하는 사악한 어떤 것이 아니다. 그러한 실체화된 사악하고 강력한 존재를 자신의 '외부'에 만들어 내서 그 강권적인 간섭에 의해서 자신들의 불행과 부자유의 이유를 설명하려고 하는 정신의 양상이야말로 '페스트'인 것이다." [우치타 다츠루, 망설임의 윤리학]

이처럼 "자신이 존재하는 것의 정당성을 한순간이라도 의심하지 않는 인간, '자신의 외부에 있는 악과 싸우는' 화법에 의해서밖에 정의를 생각할 수 없는 인간, 그것이 '페스트 환자'이다." [같은 책]

노무현 정부 시절 외교부 장관이던 반기문이 2021년 11월 30일 한미동맹재단과 주한미군전우회가 개최한 '한미동맹 미래평화 콘퍼런스' 기조연설에서 "유럽이나 일본과 달리 한국만 정권이 바뀔 때마다 미국과의 관계가 불안한 모습을 보인다"라며 "미국인들이 한국을 완전히 신뢰하지 못하고 다음 정부에서 어떻게 될 것이냐 생각하게 되는 건 인지상정"이라고 했다.

문재인 정부 국방부 장관 서욱은 같은 행사 콘퍼런스 축사에서 한미동맹과 관련 "인류 역사상 가장 강력하고 모범적인 동맹"이라면서 "한미동맹은 지금 상호호혜적이고 미래지향적인 '위대한 동맹'으로 진화 및 발전하면서 새로운 미래를 향해 나아가고 있다"라고 평가했다.

숭고한 한미동맹이라는 노예도덕을 서로 선점하려는 구린내 나는 쟁투일 뿐이다. 자존을 외면하고 한미동맹에 의존해 외부의 악을 만들어내는 방법으로 자기 존재의 정당성을 주장한다는 측면에서 반기문, 서욱과 같은 인간들은 전형적인 페스트 환자이다.

"지금 일본에서 정치가나 재계인, 관료나 언론의 전략은 대미종속을 위한 대미종속입니다. 국가로서의 목표는 더 이상 없습니다. 대신 무엇을, 어떤 이익을 추구하고 있을까요? 바로 개인의 이익입니다. 지금 일본의 시스템은 대미종속을 합리적, 효율적으로 할 수 있는 인간이 출세하는 구조입니다." [우치다 타츠루, 완벽하지 않을 용기]

남 탓과 무책임으로서 내로남불이라 비판받는 국내 문제와 관련해서도 "나는 문 정권 인사들이 독재정권과 싸우던 운동권 정치를 정당화하기 위해 자꾸 독재정권 시절을 소환하는 수사법에

의존하는 건 자신들마저 속이는 부작용을 낳을 수 있다고 생각한다." [강준만, 더 인물과 사상 2]

　인간이 안팎으로 병들었다면 병을 방치하면서 별문제 없으니 금방 나을 거라고 현실을 기피하는 감언이설로 병을 더 키워야 하겠는가? 아니면 정직하게 그 병을 바라보고 그간 병이 생긴 생활과 환경을 분석하여 그에 따른 식생활과 습관을 깨부수라고 쓴소리를 뱉어야 하겠는가? 우리 안의 페스트를 바라볼 이유이다!

## 23

## 경항모에 대한 문재인의 결단력

인권의 최전선에서 고민하고 움직이는 인권활동가들이 2021년 〈문재인 정부 인권 현실, 100인의 활동가에게 묻는다〉 설문 조사에서 국가폭력과 관련해 꼽은 인권유린의 첫 번째 장면은 〈코로나 19 핑계로 금지된 집회의 자유〉가 67.2%를 차지했고, 이어서 〈70년 넘긴 국가보안법, 국회는 모르쇠〉가 46.2%를 차지했다. 탄광 속의 카나리아처럼 최전선에서 위험을 경고하는 그들의 목소리를 들어보자.

"1948년 제정된 국가보안법은 70년을 넘겼지만 건재하다. 통일부에 북한접촉 신고서를 제출하고 남북경협사업을 공개적으로 진행해온 사업가가 2018년 구속되었고, 2021년에는 김일성 주석의 회고록 〈세기와 더불어〉를 펴낸 출판사 대표가 검찰에 송치되는 등 국가보안법은 여전히 기승을 부리고 있다."

"설문 조사에서 인권활동가들은 '악법 중의 악법을 폐지하지 못하는 무능한 정부', '국가보안법도 폐지 못하는 민주당 대통령이 충격적이다', '문재인 정부의 민주가 무엇을 배제하는지 보여준다' 라는 반응을 내놨다."

"국가보안법은 제정 70년을 넘겨 문재인 정부에서도 폐지되지 못한 채 건재하다. 10만 명을 넘긴 국가보안법 폐지 국민동의청원은 문재인 정부 막바지인 지금까지 계류되어 논의조차 이루어지지 않고 있다. 최근 법사위는 국가보안법 폐지 청원 등의 심사기한을 21대 국회 임기 마지막인 2024년으로 연장 결정하여 국가보안법을 폐지할 의지가 사실상 없음을 보이기도 했다"라고 규탄했다. [이상 119인의 인권활동가가 선정한 '인권의 장면', 2021. 12. 9.]

하지만 군비증강에 있어서 문재인의 의지와 진심은 국민의힘과 조선일보를 밟고 넘어설 정도로 흘러넘친다. 경항모가 그러하다. 살펴보도록 하자.

"지난 12월 3일 여당 단독으로 내년도 예산안(607조 원 규모)이 통과됐다. 여야 합의를 깨고 여당이 홀로 예산안을 처리한 배경에는 임기 말 경항공모함 건조 예산을 '알박기'하려는 문재인 대통령의 의중이 있었던 것으로 확인됐다… 청와대 이철희 정무수석 비서관이 국회를 찾아 여야 의원들을 만났다. 이는 문 대통령의 경항모 추진 의지를 국회에 전달하기 위함으로 알려졌다. 이 수석이 국회에 다녀간 뒤 경항모 예산에 대한 여당 내 기류가 바뀌었다. 문 대통령이 경항모 예산 삭감에 우려를 표명한 것으로 전해지자 국회 국방위 여당 의원 등은 일제히 국방 당국을 비판했다."
[이경훈, 월간조선, 2021. 12. 5.]

• 경항모 모습 •

결국 문재인의 의지와 우려가 삭감됐던 경항모 예산안을 여당 홀로 강행 처리하게 했다는 것이다. 문재인은 "비서실장으로서 국정 현안을 처리하는 와중에서도 정무적 업무만은 한사코 사양했다고 한다." 그러나 "여기서 한 가지 주의할 게 있다. 문재인이 모든 갈등상황을 다 싫어하는 건 아니라는 점이다. 적폐청산의 경우처럼 자신이 쉽게 선악 이분법으로 대처할 수 있는 일은 눈 하나 깜짝하지 않고 밀어붙이지만, 사안이 조금만 복잡해지면 한사코 피하려고 든다. 이른바 '의도적 눈감기Willful Blindness'가 작동하는 것이다." [이상 강준만, 신동아, 2021. 11.]

논란을 기피하는 문재인이 국보법의 무기한 계류를 방치한 것과 반대로 예산이 철회됐던 경항모 사업이 눈 하나 깜짝하지 않고 강행 처리한 것은 바로 이러한 문재인의 의지와 결단력이 드러난 결과이다. 공동성명 이행의 정체도 바로 문재인의 의도적 눈감기에 있는 것이다.

  2017년 5월 29일 방탄소년단 RM은 서울에서 열린 빌보드 어워드 수상기념 기자회견에서 "음악 메시지를 전달할 때 가장 중요한 건 저희가 진심으로 느끼고 있냐는 점이다. 우리가 우리들(세대) 이야기를 하는데 그게 우리들의 이야기가 아니면 그 어떤 10대, 20대도 공감할 수 없다. 우리가 그 점에 대해, 가사에 대해 얼마나 진심으로 느끼고 있느냐가 중요하다"라고 밝혔다. [강준만, 더 인물과 사상 2]

  정치적 메시지도 동일하다. 국보법의 외면과 종전선언에 대한 문재인의 메시지는 변명과 허언이 넘쳐났지만, 경항모 처리에서 확인이 되듯이 그가 공감하고 진심으로 느끼고 있는 사안은 결국 그 결단으로 드러난 것이다. 그런데 그 결단이 자폐적이며 주인에게 맹목적으로 순종하는 노예도덕이라는 것이 문제이다. 부족주의에 갇힌 지지자들의 의도적인 외면이 처참한 몰골로서 문재인의 종말과 지옥의 사자(使者)로서 윤석열을 초대했다.

  2015년 3월 발표된 BTS 멤버 RM의 〈DO YOU〉에서의 노랫말은 다음과 같다.

"…눈치만 덜 봐도 바뀌는 건 참 많지 / 주인으로 태어나 왜 노예가 되려 하니 / '아프니까 청춘이다' / 그딴 위험한 정의가 제일 문제야…"

이미 청춘들은 기성세대가 '아프니까 청춘이다'라는 그딴 위험한 정의로서의 노예도덕을 경멸했다. 노예도덕에 젖어 자신들에게 익숙한 노예도덕을 강요하는 위정자들만이 그 현실을 외면할 뿐이다. 국가보안법은 철폐될 수밖에 없고, 하위 군사동맹으로서 경항모는 치욕으로 남을 수밖에 없는 이유이다.

## 24

# 핵 공멸이라는 불안의 효용

인간들은 때때로 삶의 퇴조를 느끼거나 허무주의가 엄습해올 때 일종의 모험으로서 여행을 떠나거나 그 반대로 도박이나 향락을 선택하면서 스스로를 자멸시키고 괴롭힘으로써 오히려 자신이 아직은 살아있음을 느끼고는 한다.

이와 관련 우치다 다츠루는 "자신의 신체를 망가뜨리고 싶다는 욕구와 마찬가지로 우리는 마음 어딘가에 '지구를 파괴하고 싶다. 인류를 멸망시키고 싶다'라는 어두운 욕구를 안고 있다. 실제로 우리는 그런 상상을 하는 걸 아주 좋아한다"라며 그 예로서 핵무기를 들며 다음과 같이 말한다.

"핵무기는 '지구의 멸망'이라는 악몽의 구체적인 형태다. 핵무기는 사용하면 인류가 멸망한다는 상상을 감당하며 감히 발사 버튼을 누르지 않고 있을 때 비로소 우리의 '존재 실감'에 연약한 불이 켜진다. 우리는 그런 구제할 길 없는 생명체인 것이다. 자신들이 그런 생명체라는 것을 순순히 인정하자." 이처럼 인류 멸망에 대한 과도한 상상이 넘쳐나는 곳이 바로 제국의 손바닥 안 한반도이다.

• 핵폭발 장면 •

2022년 9월 8일 북한의 최고인민회의 법령에서 "우리 공화국이 핵 무력 정책을 법제화한 것은 자주권과 평화를 침해하고 파괴하는 제국주의자들에 대한 정의의 타격으로 보면 됩니다"라면서 이와 상충되게 '비핵국가'라도 "다른 핵무기 보유국과 야합하여 조선민주주의인민공화국을 반대하는 침략이나 공격행위에 가담"(5조 2항)하는 경우 핵무기를 사용할 수 있다고 밝혔다. 미국과 군사동맹을 맺고 있는 한국과 일본 등을 염두에 둔 조항으로 읽힌다.

북핵이 정의의 타격이 되려면 반복해서 밝혀왔듯이 주체성이 없는 미국의 하위 동맹이자 지적의 동족인 한국에 대한 핵 사용

위협이 아니라 그 본토인 미국의 심장과 펜타곤에 핵 공격을 감행하겠다는 의지를 구체적으로 법제화할 일이다. 전략핵 보유국 중 어느 나라도 동족을 상대로 공멸적 핵 사용의 가능성을 열어두고 이를 법으로 규정하지는 않을 것이다. 과도한 명분과 달리 쪼그라들어 온 퇴행적 현실을 반영할 뿐이다.

인류 멸망을 과도하게 상상하고 스스로를 자극하며 즐기는 한국의 황색언론과 여론이 최소한의 상식과 전략이 있다면 북핵 문제에 있어서 우리는 철저하게 뒤로 빠져서 당사자인 북한과 미국이 해결하도록 최소한 관망하는 자세를 가져야 한다. 당사자도 아닌 우리가 왜 당사자처럼 나서서 인류 멸망에 대한 과도한 자극을 스스로 즐기는가? 덩달아 떠밀려서 한미동맹의 확장억제, 핵우산 운운할 필요가 없다.

세기의 대결로서 북한과 미국이 감당하도록 비켜서 우리는 민족적 양심과 보편적 지성을 견지하면서 남북을 가르는 민생을 바라봐야 한다. 비켜섬으로써 오히려 북핵 문제가 민족 내부 문제가 아닌 북미의 문제로 철저하게 전환이 되어야 하며, 우리는 민족의 미래를 바라보며 남과 북의 전면적인 교류와 협력 그리고 상호개방을 선언하고, 기간산업을 위한 교통과 통신 등의 인프라 구축을 제안하고 준비할 일이다.

제국에 대한 눈치와 분열로 민생에 무능한 남과 북이 각자의 쪼그라든 이유로서 과도한 이념과 상업적인 안보팔이를 내세우며 인류 멸망의 상상을 즐기는 위정자들에게 들으라고 1880년 러시아의 대문호 표도르 도스토옙스키가 다음과 같이 말했는지 모를 일이다.

"내가 알고 있는 어떤 '이념의 투사'는 감옥에서 담배를 빼앗겼을 때 이 박탈이 너무나 고통스러운 나머지 자기한테 담배만 준다면 그 즉시 서슴지 않고 자신의 '이념'을 배반할 것 같았노라고 나에게 이야기하곤 했습니다. 바로 이런 사람이 '인류를 위해서 투쟁하러 간다'라고 말하는 겁니다." [카라마조프가의 형제들 2, 77쪽]

## 25

# 원인이 된다는 즐거움
# 그리고 북핵

"유럽인들이 비서구인보다 전반적으로 우월하다는 평가를 형성하는데" 군사적 능력이 갈수록 중요해진 것은 "중국인들에게 나쁜 조짐이었다. 중국인들은 자신들의 남쪽 문"에 몰려든 공격적인 '오랑캐'들보다 훨씬 뒤떨어져 있었던 것이다." [조반니 아리기, 베이징의 아담 스미스, 17쪽]

비단과 차로 촉발된 중국에 대한 무역적자를 해소하기 위한 아편전쟁 즉 군사력에 의한 경제적 패권을 확보한 서양은 이후 전 세계에서 폭력을 합법적으로 행사할 수 있는 '독점적 권리'를 주장하고 행사하는 데 성공해왔다. 아편전쟁 이전까지 동아시아에 뒤처지던 서양의 경제력이 반전되기 시작한 것은 결국 폭력에 대한 독점적 권리에 기반해서 가능했다.

"1901년에 이미 독일의 심리학자 카를 그로스는 어린 아기들이 세상에서 예측 가능한 영향을 스스로 만들어낼 수 있음을 처음 알게 될 때 아주 크게 기뻐한다는 사실을 발견했다. 그 영향이 무엇인지, 자신에게 어떤 혜택을 준다고 해석될 수 있는지와는 대체로 상관없다. 가령 자기 팔을 아무렇게나 움직여 연필을 움직일 수 있다는 것을 알면, 같은 방식으로 움직임으로써 동일한 결과를 달성할 수 있다. 지극한 기쁨의 표현이 따라 나온다. 그로스는 '원인이 된다는 즐거움the pleasure at being the cause'이라는 표현을 만들어 이것이 놀이의 기초라고 주장했다. 그가 보기에 행사 자체를 목적으로 하는 권력의 행사였다… 그로스가 발견한(그리고 그 이후 한 세기 동안 실험적 증거로 확인된) 내용은 니체가 '권력에의 의지'라고 부른 것 배후에 훨씬 단순한 어떤 것이 있을지도 모른다는 것을 시사했다." [데이비드 그레이버, 불쉿잡, 154~156쪽]

이는 현재의 위정자들(단지 현재 권력을 가지지 못한 일반인 포함)과 폭력을 앞세운 제국이 타인을 포함한 주변 세계에 영향을 미침으로써 오는 근본적인 기쁨을 즐기는 성향에 대한 설명과 더불어 그들로부터 타인에 대한 공감보다는 가학적인 성향으로서 권력 주위에 소시오패스들이 넘쳐나는 이유에 대한 성찰의 단면을 제시하기도 한다.

그 기쁨이 중지될 때 즉 타인에 대한 일방적 영향이 좌절됨으로써 느껴지는 상실감은 분노와 더불어 관계하기를 거부하다가 일종의 긴장성 자폐와 세상 전체에서 물러나는 반응이 나타난다고 한다. 제국으로서 미국은 지금까지 자신이 정한 규칙을 일방적으로 강요하며 그 '권력에의 의지'를 마음껏 즐겨왔다. 일방성이 좌절되자 그 상실감이 자유주의에 반하는 '반도체 칩 4동맹' 등 일종의 자폐로 터져 나오는 것이며, 그 파열구의 하나가 북핵이라고 할 수 있다.

그렇다면 북핵은 '원인이 되는 즐거움'이 되고 있는가? 일방성을 상실한 상대를 분노하게는 했지만, 자신의 영향대로 움직이게 하지는 못하고 있다. 북핵이 경제발전으로 이어지지 않는다면 결국 제국의 손아귀에서 벗어나지 못하며, 세계 10위의 경제력이라는 것도 자국의 이익을 지키고 극대화할 수 있는 군사 외교력이 바탕이 되지 못한다면 제국의 손아귀에서 벗어나지 못할 수밖에 없다. 반미건 친미건 제국의 양 손아귀에 놓인 자신들의 처지를 바라보지 못한 채 각자의 목소리만 높여봐야 반미조차 부처님 손바닥이라는 것이다.

2022년 12월 13일 권영세 통일부 장관은 내년부터 민간 차원의 남북협력이 재개될 수 있도록 당국 간 협력여건을 조성해 나가겠다며 "북한이 지금이라도 (식량 등을 포함한) 인도적 협력을 요청해오면 생색내지 않고 실질적 도움이 되는 수준에서 지원할 생각"이라고 강조했다.

보수당을 비판하지만, 한미동맹 아래 국보법 철폐를 여전히 외면하고 있는 다수당 민주당이라고 해봐야 다를 게 없는 현실에서 1994년 만약 다혈질적이고 과감한 결단력의 소유자 김영삼 대통령과 김일성 주석 간 최초의 정상회담이 이뤄졌다면 한반도의 풍경은 어떻게 펼쳐졌을까? 보수세력의 습관적인 발목 잡기를 넘어 김대중의 보폭은 더욱 커졌을 것이다.

제국의 손바닥 안에서 경제력이 결여된 북과 군사력이 결여된 남은 이제 각자 발상의 전환을 통해서 北은 눈앞의 이득만 보는 체질화된 습성에서 벗어나 교통과 통신을 보장하는 백년지계의 경제교류와 협력을 선언하고, 南은 미국 의존의 오래된 습성에서 벗어나 군사 외교적인 자주를 확립해가야 한다. 그래야만 타자로부터 '원인이 된다는 즐거움'의 대상에서 벗어나 스스로 '원인이 되는 즐거움'으로써 노예도덕의 반대편 초인에 다가설 수 있을 것이다.

# 26

# 분단시대 우리의 잃어버린 양심
# 未송환 장기수

북한은 도덕적인가? 여전한 친일잔재의 콤플렉스로서 북한이 상대적인 도덕으로 비쳤지만, 그 반일의 극복은 북과 무관한 우리의 내부 문제일 뿐 스스로 넘지 못하는 친일잔재 극복에 대한 게으름으로서 담장 너머 바라보던 북한의 상대적인 도덕과 양심은 여전히 존재하는가?

한반도와 세계를 뜨겁게 달궜던 문재인과 김정은의 2018년 평양 공동성명 이후 20년 집권을 이야기하던 문재인 정부가 허망하게 자멸한 것은 경계했어야 할 도덕을 살피지 못하고 그 도덕적 권력을 전횡한 데서 시작했다. 그래서 오히려 더 도덕적으로 타락하게 된 것이다!

그리스의 식민지인 바다 건너 이오니아 반도에서 본국 그리스가 망각한 공동체로서의 민주주의를 간직하고 있었던 것은 그리스를 떠나 이오니아 반도로 이주해온 식민인들이었으며, 이들에 의해 본국이 망각한 서양의 자연철학과 민주주의가 유지될 수 있었다. 마치 그 시대를 떠났지만, 그 시대를 온전히 간직한 채 깨어나 손녀를 돌보는 해동된 소설 속 냉동인간처럼…

잊혀진 세월을 넘어 우리 시대 아직 숨을 쉬고 있는 냉동인간이 있으니 그들이 바로 북이 파견한 뒤 철저하고 의도적으로 망각한 "분단으로 인해 발생한 선생님의 아픔을(권영세 통일부 장관)" 간직하고 있는 휴머니스트이자 진정한 도덕주의자 장기수 선생님들이다. 남과 북이 고문을 전향의 근거로 내세워 그 존재를 외면하거나 그 망각을 자위한다면 문명의 이름으로서 그들은 모두 철저하게 반동일 뿐! 남북의 위정자들이 하루나 버티겠는가?

문재인 정부이던 2020년 기준 "송환을 바라는 대상자들은 80~90세 고령의 노인들로서 46분의 2차 송환 대상자분들 중 33분이 생을 달리하시고, 이제 13분이 최종 남게 되었다." [이종문, 통일뉴스, 2020. 10. 6.]

존 롤스는 그의 저서 〈정의론〉에서 "정의는 타인들이 갖게 될 보다 큰 선good을 위하여 소수의 자유를 뺏는 것을 인정하지 않는다"라고 했다.

• 존 롤스 •

2020년 10월 7일 문재인 정부는 공식적으로 그 존재를 부인했으며, 북한은 의도적으로 망각해왔다. 그들이 갖고자 한 도덕을 가장한 정의란 이렇게 선을 빙자하여 구체적인 현실은 부정해온 것이다. 종교적 열망으로서 단번도약과 접촉 없는 조국 통일을 꿈꾸던 그들의 찬란한 도덕이 세월과 더불어 병들고 늙어온 몸을 애써 외면하며 버려둬 온 이유일 것이다.

반면 2023년 3월 3일 장기수의 존재를 공식적으로 인정한 통일부 장관 권영세의 답변을 통해 확인되듯이 윤석열 정부에게서 일말의 희망이 있다면 검사로서 세상을 사건으로 바라보던 그들에게 위선적 도덕은 존재하지 않는다는 것이다. '차카게 살자'는 위악적인 문신을 몸에 새긴 채 도덕에 대한 콤플렉스로서 뒷골목을 벗어나려는 건달이 가진 가능성이다. 위선적 도덕의 굴레는 오히려 넘기 힘든 장벽이다. 북 또한 욕망에 충실하다! 그들은 도덕이 아니라 토끼를 쫓는다.

## 27

# 탁현민이 밝힌 문재인의 안보 중독

마르크스는 〈헤겔 법철학 비판〉과 〈유대인 문제에 관하여〉에서 신의 대체물로서 물신과 우상이라고 할 수 있는 돈과 국가에 대항하는 전투가 시작되었음을 알리고, 우상으로서 돈과 국가의 존재 이유를 파헤쳐 허공이 아닌 지상에서 천국을 세우고자 했다. 마르크스의 사상이 철저하게 내장에서 나온다는 이유이며, 지금 우리에게 제기되는 민생의 문제일 것이다.

니체 또한 죽은 신을 대신해 차라리 당나귀를 모시는 대중을 비판하며 스스로 극복하는 자로서 초인의 길을 제시했다.

2023년 남북에서 공히 안보의 목소리가 높아지는 만큼 민생의 무능이 묻히고 있다. 안보 프레임에 갇힌 대중들도 불안에 휩싸여 현실을 벗어난 빗나간 삶의 의지를 고양하고 있다. 신이 사라진 시대 민중의 아편으로서 죽은 신을 대신해 당나귀를 모시는 위정자들의 현실 도피와 대중의 망각으로서 안보가 민생의 무능에 비례해서 높아지고 있는 현실이다.

2018년 평양 공동선언문의 2항은 다음과 같이 구체적인 현실로서 민생을 밝히고 있다. "남과 북은 상호호혜와 공리 공영의 바탕 위에서 교류와 협력을 더욱 증대시키고, 민족경제를 균형적으로 발전시키기 위한 실질적인 대책들을 강구해 나가기로 하였다."

그렇다면 왜 지금 거꾸로 안보위기가 울려 퍼지고 그에 비례해서 민생은 외면되고 있는가? 탁현민 전 비서관은 "문 전 대통령이 군 관련 행사를 너무 좋아했다"라고 말하며 문 전 대통령에게 보고할 때 '노하우'를 밝히기도 했다.

그는 "대통령을 지근거리에서 모시다 보면 보고하기 껄끄러운 것도 보고해야 할 때가 있다"라며 "그럴 땐 먼저 산 이야기를 한다. 등산 얘기를 하면 기분이 싹 풀리고, 그다음에 동물 얘기, 그것도 잘 안 풀리면 그때 군대 얘길 꺼낸다. 그러면 그다음 기분 나쁜 보고나 듣고 싶어 하지 않는 보고를 할 때 훨씬 도움이 된다"라고 전했다. [박지혜, 이데일리, 2023. 1. 7.]

또한 "실제로 있었던 일"이라며 "미국이랑 연합해서 처음 북쪽에 미사일을 쐈던 원점 거리를 계산해서 타격한 적도 있다. 그런 일을 처음 했던 것도 사실은 문재인 정부"라고 설명했다… "문재인 대통령이 국방행사를 많이 했다면 그것은 문재인 대통령이 그런 철학을 갖고 있었기 때문이다. 윤석열 대통령이 시장방문을 많이 한다면 그거는 윤석열 대통령이 시장에 가진 철학인 것"이라고 했다. [권남영, 국민일보, 2023. 1. 12.]

군 행사만 하면 해맑아하던 문재인의 모습을 반신반의하며 지켜봐 왔던 우리에게 탁현민은 자신에 대한 공명심에 들떠 이를 역사적 사실로서 밝혀주고 있다. 공동선언 이행을 통한 안보 해소와 남북을 가로지르는 민생이 아닌 군 행사를 즐기던 문재인에게서 지금의 안보위기가 초래된 것이지 그 반대가 아님이 드러난 것이다. 이런 치부를 자랑이라고 까발리는 측근을 핵심으로 끼고 그 세월을 방탕하게 보낸 결과물이 지금의 윤석열이다.

중국 정치학계 석학으로 손꼽히는 자오후지(趙虎吉) 전 중국공산당 중앙당교 교수(70)는 2022년 12월 23일 경향신문과 인터뷰하면서 남북관계 악화를 최근 동북아시아 정세에서 가장 큰 사건으로 꼽았다. 그는 "남북관계는 밑바닥이 어디까지인지 알 수 없을 정도로 악화일로로 가고 있다"라면서 "남북관계가 계속 안 좋은 방향으로 치닫고 북한이 경제적으로 더 어려워지면 무슨 일이 일어날지 모른다"라고 우려했다.

• 자오후지 중국 공산당 중앙당교 교수 •

 북에서 남쪽의 발언을 물고 늘어지면서 전쟁위기 운운하며 터져 나오는 거친 언사 또한 북이 처한 경제적 어려움과 돌파구로서 안보위기를 강조하는 것이지 실제 안보의 위기로 인함이 아니라는 것이다. 결국, 북 또한 경제적인 어려움으로서 안보라는 명분을 내세우는 것이며, 안보 자체에 대한 실질적인 위협이라는 것은 변명에 불과하다. 핵무기 없는 시절에도 전쟁 억지력을 유지해왔는데 핵 무력을 완성했다는 지금 안보의 위기가 고조된다고 하면 핵 무력 개발의 이유와도 배치되는 모순이지 않겠는가.

 남과 북에서 민생에 대한 무관심과 무능에 비례해서 안보의 위기가 높아져 온 것이며, 그 무능의 결과로서 윤석열이지 지금의 윤석열이 그 원인이겠는가? 특히 군사를 앞세우는 북과 경제를 앞세우는 우리에게 안보위협의 프레임이 만들어지면 누가 더 큰 손해이고, 비례해서 누가 더 무능력한 결과를 초래하겠는가? 미·중 대결은 결국 자국의 경제적인 패권을 쟁취하거나 유지하려는

제2장 굴종에 대하여  179

대결로서 안보인데, 우리는 반대로 안보를 내세우며 자국의 민생을 볼모로 하니 선진국과 후진국의 차이를 반증하는 처참한 몰골이 아닐 수가 없다.

마르크스는 자본론 서문에서 "우리는 살아있는 것 때문만이 아니라 죽은 것 때문에도 고통을 받고 있다. 죽은 것이 살아있는 사람을 괴롭히고 있다!"라고 했는데 죽은 자와 산 자로 고통받는 민생이지만 어쩌겠는가? 혁명조차 완성이 아닌 과정으로서 "영구적인 혁명!"이라고 마르크스는 기록했다고 하니 혁명은커녕 우상과 물신을 벗어나지 못하는 대중 사회의 자화상으로서 초라한 우리 자신을 먼저 돌아볼 일이다.

## 28

# 늙은 바그너와
# 데카당에 빠진 김정은

"그럴듯한 이야기에 속았다"라고 한탄하는 자는 다른 사람에게 속은 것이 아니라 스스로를 속인 것이다. 왜냐하면 자신의 내면에 숨겨진 어리석은 욕망이 "그럴듯한 이야기"에 스스로 눈과 귀를 멀게 하고 믿음을 강요했기 때문이다. [괴테, 빌헬름 마이스터]

폼페이오는 회고록에 2019년 6월 판문점 남북미 3자 회동에서 문재인 대통령은 불청객에 가까웠다는 식으로 깎아내렸다. 문 대통령이 수차례 자신에게 전화해 3자 회동에 끼길 요청했지만 "김 위원장은 문 대통령을 위한 시간도, 존경심도 없었기 때문"이라는 이유를 들며 반대했다는 것이다.

• 폼페이오 •

왜 그랬을까? 김정은은 문재인에게 속았다고 개탄했다. 북미 하노이 회담 결렬 이후 그 원망으로서 문재인에 대한 그 어떤 보고도 일절 거부했다고 한다.

속은 이유가 과연 문재인으로부터 기인한 것인지, 본인의 어리석은 욕망이 '그럴듯한 이야기'에 스스로의 눈과 귀를 멀게 해서였는지 되돌아볼 일이지만 절대권력을 쥔 수령 사회에서 속은 것인지, 스스로를 속인 것인지 여부를 떠나 결국 지도자의 책임일 뿐이다.

2021년 10월 12일 조선중앙통신은 김 위원장이 전날 열린 국방발전전람회 '자위-2021' 기념 연설에서 "조선반도(한반도)에 조성된 불안정한 현 정세 하에서 우리의 군사력을 그에 상응하게 부단히 키우는 것은 우리 혁명의 시대적 요구이고, 우리들이 혁명과 미래 앞에 걸머진 지상의 책무로 된다"라고 말했다고 보도했다.

다만 그는 "우리의 주적은 전쟁 그 자체이지 남조선이나 미국 등 특정한 그 어느 국가나 세력이 아니다"라며 "분명코 우리는 남조선을 겨냥해 국방력을 강화하는 것이 아니다. 이 땅에서 동족끼리 무장을 사용하는 끔찍한 역사는 다시는 되풀이되지 말아야 한다"라고 목소리를 높였다. [최선을, 서울신문, 2021. 10. 12.]

한편 2023년 4월 11일, 김 위원장은 노동당 중앙군사위 회의에서 서울과 평택을 가리키는 사진 2장을 공개하며 "조선반도 안전상황을 더욱 엄격히 통제 관리하기 위한 대책"으로, "전쟁 억제력을 더욱 실용적으로, 공세적으로 확대하고 효과적으로 운용해야 할 필요성"에 대하여 강조한 것으로 되어 있다. 김정은이 언급한 전쟁 억제력, 그리고 "그 어떤 수단과 방식으로도 대응이 불가능한 다양한 군사적 행동방안들"은 결국 핵 무력을 뜻하는 것일 수밖에 없다.

한미훈련을 명분으로 핵탄두를 장착한 각종 단거리 미사일과 수중 핵 어뢰 등 전술 핵무기를 선제적으로 사용하는 작전계획을 논의하고, 이를 뒷받침하는 기구개편 방안도 세웠을 것으로 관측된다. [김학일, 노컷뉴스, 2023. 4. 11.]

한미동맹에 있어 문재인이나 윤석열이나 변한 것이 없고, 작전권 없는 한국군과 주한미군의 역할 또한 변한 것이 없는데 대륙간 탄도미사일이 개발 완료됐고, 고도화됐음에도 "주적이 전쟁 그 자체"에서 평택과 수도권을 가리키는 전술핵의 위협으로 거꾸로 쪼그라들었다면 전쟁을 대비하는 전사의 용기가 아닌 내면의 욕망이 좌절된 데 따른 히스테리적인 반응으로서 삶의 퇴락 데카당에 빠져든 것에 다름 아니다.

그것은 무엇인가? 판문점 도보다리라는 무대 위에서 건네진 USB의 청사진! 그 경제 협력과 발전에 대한 배우 문재인의 연극과 단번도약에 대한 그들의 욕망이었다. 그들의 연극과 욕망은 성실과 과정을 공히 무시했다. 이벤트에 대한 중독과 단번도약은 삶의 현실을 등진 이데올로기로서 하나의 천국이자 외면으로서 데카당이었을 뿐이다.

"전형적인 데카당은 필연적으로 부패한 취향에서 감수성을 가지고, 이 취향을 보다 높은 취향이라고 주장하고, 자신의 부패를 법칙으로, 진보로, 완성으로 관철시킬 줄 안다."

"바그너가 도대체 인간이란 말인가? 오히려 그는 어떤 전염병이 아닐까? 그는 그가 손대는 모든 것을 병들게 한다."

과정이야 어찌 됐건 결과적으로 한반도 전체가 병적인 데카당에 빠진 상황에서 "유럽의 데카당스가 전반적인 현상임에도 불구하고 어느 정도 수준의 건강이 있다면, 즉 해로운 것과 위험을 가져오는 것에 대한 본능적 후각이 독일인의 본성 안에 여전히 존재한다는 징조가 있다면" 극복이 가능하듯이 한반도 또한 극복 가능하다.

기독교 노예도덕에 젖은 문재인에게 감염되기 이전 야생의 힘으로서 핵 무력에 대한 처음의 목표를 상기해보자. 데카당에 빠져들기 전, 그래서 퇴락한 복수와 증오로서 동족의 터전인 서울을 가리키는 차마 부끄러운 손가락이 그대들을 또한 가리키기 전, 어설픈 돈의 유혹에 직면하기 전 반(기독교)문명적인 야수로서 핵 무력에 대한 그대들의 야심과 목표는 어떠했는가?

2017년 9월 21일(현지시각) 리용호 북한 외무상은 '사상 최고의 초강경 대응을 고려하겠다'라는 김정은 노동당 위원장의 성명에 대해 "아마 역대 최고급 수소탄 시험을 태평양상에서 하는 것으로 되지 않겠는가"라고 말했다.

리용호 외무상은 이날 저녁 숙소인 맨해튼의 호텔 앞에서 '김정은 위원장의 성명을 어떻게 생각하느냐'는 기자들의 질문에 "어떤 조치가 되겠는지는 우리 (김정은) 국무위원장 동지께서 하는 일이기 때문에 잘 모른다"라면서 이같이 답변했다.

"비교적 강한 종족이나 전형적으로 반시대적인 인간의 잔여가 유럽 어딘가에 여전히 남아 있을 가능성이 완전히 배제되지는 않는다"라면 삶의 퇴락으로서 데카당을 폭파하고, 강한 종족으로서의 반시대적인 야성의 회복을 배제할 수 없을 것이다.

데카당에 빠지기 전 언급했듯이 차라리 한반도를 저 멀리 벗어난 태평양상에서 역대 최고급 수소탄 시험을 실행하는 것도 하나의 방법이다. 파괴를 통해 도덕을 넘어 스스로 규칙을 창조하는 것이 다시 시작하는 길이자 프로이트의 '억압된 것의 강박적 회귀'로서 고구려의 기상을 회복하는 길일지 모른다! 북핵을 인정하네 마네 하며 자기네들끼리 떠들어대는 소음 자체가 안보상업주의로 전락해버린 데카당의 반복일 뿐이다!

그러니 바그너가 구원이었단 말인가? 병에 굴복하지 않고 병을 이겨낼 수 있을 만큼의 건강만 있다면 삶의 퇴락이자 데카당으로서 바그너의 경우는 이렇듯 우리에게 하나의 행운이다. "독자들이 듣고 있듯이 이 글은 감사하는 마음속에서 얻은 영감의 결과이다…" [니체, 바그너의 경우]

## 29

# 도덕의 기원으로서
# 교환과 남북의 미래

　니체는 도덕의 기원을 교환에서 바라봤다. 예를 들어 타인에게서 증여받은 것이 있으면 반드시 그 답례를 해야 한다는 의무감이 도덕의 시작이라는 것이다. 그렇다면 거꾸로 교환에서 상대방의 도덕의 상태를 살필 수도 있을 것이다. '좌우봉원(左右逢源)'이라는 한자성어가 있다. 이는 "주변에서 맞닥뜨리는 사물과 현상을 헤아리면 근원과 만나게 된다"라는 뜻이라고 한다.

　지난 시기 공동선언 너머 남북관계가 깨진 이유도, 김정은이 문재인에게 증오를 품게 된 것도 사실 증여와 답례에서 찾을 수 있을 것이다. 국가예술단 파견과 정상회담으로서 증여했다고 생각한 김정은의 처지에서 '삶은 소대가리'로 터져 나온 그 분노는 결국 돈이다. 이번에는 그 반대 관점을 '좌우봉원'에 기반해서 살피고자 한다. 바로 쌍방울이 북에 건넨 850만 불이다. 그 과정을 되짚어보도록 하자.

언론의 보도에 의하면 2019년 1월 24일 쌍방울 김성태 회장이 북한 조선아태위 송명철 부실장에게 달러를 건넸고, 송명철은 지폐 계수기까지 동원하여 액수를 확인한 뒤 김 회장에게 영수증을 써줬다고 한다. 2019년 12월까지 총합 850만 불이다. 이와 관련 경기도가 추진한 대북협력사업인 스마트팜 사업에 대한 비용이냐, 쌍방울의 대북사업 투자금인지가 다퉈지고 있고, 사법당국도 국보법이 아닌 외국환거래법으로 기소를 한 상태이다.

조선중앙통신은 2020년 6월 9일 김여정 제1부부장과 김영철 당 중앙위 부위원장이 "대남 사업을 철저히 대적 사업으로 전환해야 한다는 점을 강조하면서 배신자들과 쓰레기들이 저지른 죗값을 정확히 계산하기 위한 단계별 대적 사업 계획들을 심의했다"라면서 "우선 북남 사이의 모든 통신 연락선들을 완전히 차단해버릴 데 대한 지시를 내렸다"고 전했다.

이어 13일 김여정 제1부부장 담화에서 "2년 동안 하지 못한 일을 당장에 해낼 능력과 배짱이 있는 것들이라면 북남관계가 여적 이 모양이겠는가? 언제 봐야 늘 상투적인 설레발을 치는 그것들의 상습적인 말에 귀를 기울이거나 형식에 불과한 상투적인 언동을 결코 믿어서는 안 되며, 배신자들과 쓰레기들의 죄행을 절대로 용납해서는 안 된다"라고 했다. 결국 정상회담 이후 2년 동안 지켜본 문재인에 대한 불만을 탈북자들이 보낸 삐라로 걸고 든 것이지만 이후 12월 14일 국내법으로 금지하는 조처가 취해졌다.

2020년 6월 김여정이 걸고 들어간 탈북자들의 삐라도 미국이 배후자금을 지원한 것이며, 이후 국내법 제정으로 금지조치가 취해졌기에 형식상으로 보면 남북관계가 단절될 이유가 남에서 제공된 것은 아니다. 행사를 즐긴 문재인의 답례를 바란 좌절된 욕망으로서 김정은의 분노였겠지만 대적 선언과 통신 단절이 계속해서 이어질 만한 이유는 없었다는 것이다.

여기서 되짚고자 하는 것은 삶은 소대가리, 쓰레기, 배신자로 전락한 문재인과 별개로 남북관계 단절의 원인제공과 전혀 무관한 쌍방울이 북에 건넨 850만 불의 계약은 유효하며, 깨졌다면 이 금액을 돌려받을 수 있는가이다. 만약 돌려받지 못한다면 위에 뱉은 험한 말은 누구에게 돌아가는가?

마르크스는 〈자본〉에서 상품교환에서 시작하여 신용에 기초한 자본주의 경제의 체계를 파악했다. 마르크스의 분석처럼 자본주의 경제는 교환과 그 신용에 기반한다. 가라타니 고진은 "자본제 경제란 말하자면 신용에 의해 형성된 세계입니다. 그런 의미에서 종교적인 세계입니다"라고 밝히고 있다. [가라타니 고진, 세계사의 구조를 읽는다, 276쪽]

돈과 깡패, 배신과 의리의 세계를 그려 전 세계적인 흥행을 일으키고 있는 한국 드라마 〈카지노 2화 3부〉에서 형과 동생 사이인 무식과 정팔 사이에서 무식의 신용으로 삼자를 통해 빌려준 돈 변제를 이런저런 변명으로 미루는 정팔을 따끔하게 혼내며 비즈니스에서의 신용을 강조하는 무식의 대화 내용을 아래에서 살펴보도록 하자.

"고개 들어. 막상 갚으려니까 아깝지? 너 개쓰레기 양아치와 비즈니스맨하고 뭐가 다른지 알아? 니가 지금 하는 행동이 쓰레기 양아치가 하는 행동이야. 목구멍에 거미줄을 쳐도 갚을 거는 갚으라고 했지 형이! 너 밥 굶어? 밥 굶냐고 이 새끼야? 너 세상에서 제일 좃 같은 새끼가 어떤 새끼들인지 알아? 너를 정말 사랑하고 아끼는 사람들 등쳐먹는 새끼들이야. 응. 그런 쓰레기 될래? 돈 몇 푼 때문에 나 잃고 이 바닥에서 쓰레기 취급받으면서 여기서 아웃 될래? 형의 너에 대한 마지막 애정이다…"

살펴본 것처럼 북한 경제의 근본적 문제는 오랜 세월 축적된 신뢰의 붕괴로 기인한 것이며, 이것을 회복하지 못하는 한 경제개발은 죽었다 깨어나도 불가능하다. 국적 없는 자본에 중국 자본, 러시아 자본이라고 다르겠는가? 더 큰 문제는 이런 불신에 대해서 외부가 바라보는 자신들에 대한 시선을 전혀 의식하지 못하거나 망각했다는 것이다. 메타인지 상실이다. 그들의 표현에 의하면 "하도 욕을 먹어서 신경 쓰지 않는다"라고 한다. 하지만 무식의 대사처럼 밥 굶는가? 이 세상에서 제일 더러운 인간들이 자기를 사랑하고 아끼는 사람들을 등쳐먹는 인간들이다. 등쳐먹은 인간 또 등쳐먹어 더는 등쳐먹을 인간조차 남지 않아 어쭙잖은 인간들만 기웃거리는 현실을 초래한 것이다.

2023년 3월 20일 조선중앙통신은 "무모하기 그지없는 핵전쟁 도발 책동에 미쳐 날뛰는 미제와 남조선 괴뢰 역적들에 대한 치솟는 분노와 적개심이 전국 각지에서 활화산처럼 폭발"하고 있다면서 "전국적으로 인민군대 입대, 복대를 열렬히 탄원(자원)한 청년들의 수는 19일 현재 140만여 명에 달하고 있다"라고 밝혔지만 핵 무력 완성 후 140만여 명을 경제에 동원하지 못하는 현실을 안보위기로 숨기며 악다구니 쓴다고 해결될 경제위기가 아니지 않겠는가? 남한과 미국은 핵보유국 북한을 침략할 실질적 의사나 능력이 없다. 북이 내외에 자랑하며 쏘아대는 다종다양한 핵 무력 완성의 역설이다.

선제적 전쟁 방기로서 일본의 평화헌법 9조 실현을 통해 칸트가 구상한 세계평화 실현을 주장하는 가라타니 고진의 말로서 비판 어린 애정을 담아 이야기하자면 북은 "명예가 이익이나 군사력보다도 리얼하며 힘을 가진다는 것을", 남은 "어떤 무력도 '증여의 힘'에 대항할 수 없다"라는 것을 남과 북 그리고 해외에서 다시 한번 깊게 상기했으면 한다. [같은 책 307쪽]

## 30
## 개버린, 선택적 공감의 과잉과 타자에 대한 불감

"2018년 북한 김정은이 문재인 전 대통령에게 선물한 곰이와 송강은 지난해 말 '파양 논란' 이후 이곳으로 거처를 옮겨 지내고 있다. 당시 뉴욕타임스(NYT), BBC 등 외신은 문 전 대통령의 '파양'에 대해 '개들을 포기give up했다', '버려진orphaned 개들'이라는 말로 비판했다." [김세윤, 월간조선, 2023. 5. 24.]

남북공동성명 파탄과 2022년 11월 풍산개 파양사태 두 가지에서의 공통점은 무엇일까? 2018년 겨울 예술단 파견과 평창 겨울올림픽 참가 등 나름대로 정성을 기울인 북이 바랬던 본심은 사실 실질적인 경제 협력과 지원이었겠지만 없는 형편에 북이 선제적으로 주었다는 것과 그럼에도 결국 깨졌다는 공통점이 있다.

2022년 11월 9일에 문재인은 사룟값 논란과 관련하여 "지금까지 양육에 소요된 인건비와 치료비를 포함한 모든 비용을 퇴임 대통령이 부담해온 사실을 아는지 모르겠다. 심지어 풍산개들을 양산으로 데려오는 비용과 대통령기록관이 지정한 장소까지 데려다주는 비용까지 모두 부담했으니, 지난 6개월간 대통령기록물인 반려동물들을 무상으로 양육하고 사랑을 쏟아준 것에 오히려 고마워해야 할 것"이라고 밝혔다.

· 두리와 우리 ·

풍산개를 못 키우게 할 법령이 있는 것도 아니고 내세우는 변명처럼 언젠가 그 문제를 제기하는 사람도 없는 현재 상황에서 우선 내보내고 문제를 제기하는 것은 변명이 아닐 수 없다. 안 할 이유를 찾자고 하면 끝도 없는 법이다. 자기만 바라보다 파탄 난 공동성명이 눈앞에 함께 어른거리는 이유이다.

김정은으로부터 받은 선물 풍산개 사태에서도 드러났듯이 문재인의 문제는 자신에게 이득이 되는지 아닌지에 대한 유아적 판단과 이에 대한 남들의 시선과 입장에 대한 불감이다. 받을 것만 바라보고 여전히 어리광이 통한다고 생각하며 SNS를 통해 자기를 봐달라는 늙은 어린이로서 문재인과 지금껏 그것을 선택적으로 바라보고 열광해주는 지지자들이 있었기에 가능한 일이다.

풍산개 파양을 통해 바라본 현실이지만 이를 통해 바라보는 사태의 본질은 문재인의 철학도, 정책도 아닌 자신만 바라보는 그의 위아적인 스타일로서 이에 대한 대중의 염증과 환멸로 등장한 윤석열 정부이다. 그런 윤석열에게서 무얼 바라겠는가? 타인에 대한 공감? 그래서 그 죄책감으로서 퇴진이나 자진 사퇴? 쫓겨난 풍산개가 웃을 일이다. 윤석열에 대한 환멸은 그대로 문재인을 비춰주는 거울이자 윤석열의 유일한 존재 이유이다.

윤석열에 대한 경멸로서 여전히 멸문지화 조국 운운하며 눈먼 감정 뒤에 숨으려 하지만 그 반복된 망각을 넘어서야 한다. 지금의 윤석열이 어떻게 가능했는가? 윤석열의 안하무인이 어디에서 기인하는가? 문의 위선과 불감을 지척에서 지켜보고 그 대결을 통해 입지를 다져오고 넘어선 윤석열이 문재인에 대한 환멸로서 세워진 자신이 문재인을 극복해야 할 최소한의 필요성을 느낄 리 만무하다.

그들의 공통점은 자신에 대한 선택적 공감은 넘쳐나지만, 타인에 대한 공감이 전혀 없다는 것이다. 차라리 폭음을 즐기는 윤석열이 그 폭은 좁겠지만 순간적인 공감 능력이 있다고 할 수 있을지도 모를 일이다. 비록 술을 깨면 일상으로 되돌아오는 허무한 酒사파의 한계는 있겠지만 말이다.

"보라! 나는 그대들에게 마지막 인간을 보여주련다. 마지막 인간은 '사랑은 무엇인가? 창조는 무엇인가? 별은 무엇인가?'라고 물으면서 눈을 깜박인다. 그러자 대지는 작아지고, 그 대지 위에는 모든 것을 작아지게 만드는 마지막 인간이 깡충거리며 뛰어다닌다. 이 종족은 벼룩과 같아서 근절할 수 없다. 마지막 인간이 가장 오래 산다." 짜라투스트라는 이렇게 말했다!

## 31

# 문재인과 김정은
# 누가 누구를 증오했을까?

2018년 9월 양국 지도자가 세계의 환호와 민족의 열광 속에 평화와 협력을 약속한 평양 공동성명 이후에 왜 한반도는 오히려 그와 반대되는 분노와 증오의 길로 내달려 왔고, 현재 전쟁위기라는 최악의 상태에 직면하게 됐을까?

"예를 들면 '부담'이라는 어떤 도덕상의 중요한 개념은 '부채'라는 극히 물질적인 개념에서 유래하고 있다"라고 니체는 말한다… 내가 어떤 남자를 증오하는 이유는 그자가 내게 친절한데도 내가 그 녀석에게 가혹한 행위를 했기 때문이라고 도스토옙스키의 작 중인물은 말한다. 이것은 돈을 빌려서 갚지 않은 사람이 빌려준 사람을 미워하는 경우와 다를 바 없다. 결국 죄의식은 채무감이고, 증오는 그것의 부정(不定)이라고 하는 것이 니체의 사유이다."
[가라타니 고진, 마르크스 그 가능성의 중심, 42쪽]

2018년 공동성명이 있기까지 누가 돈을 빌려줬고, 누가 갚지 않았으며, 누구에게 채무감이 있었으며, 그것의 부정으로서 누가 증오를 품었을까? 수치심과 증오에 휩싸이면 인간의 심리는 처음과 반대되는 방향을 향해 엇나가기 마련이다. 안보에 대한 끊임없는 집착과 개버린 사태는 이를 반증하는 희극이다.

인간은 교환의 동물이고 현대 사회에서는 채권자와 채무자 사이의 계약관계로 환원시킬 수 있다. 공동성명은 서로가 서로에게 채권자이자 채무자이겠지만 먼저 행사를 제공한 채권자 입장이라고 생각한 측이 바라던 채무가 이행되지 않는다면 피해가 발생했다고 생각을 하고, 그에 대한 분노로서 형벌을 찾아 나설 것이다. 손해와 고통은 등가라는 사상 즉 손해와 그 가해자에게 고통을 주는 수단이 등가라는 사상은 오늘날에도 근절할 수 없는 사상이라고 니체는 〈도덕의 계보〉에서 말한다.

채권의 불이행에 대한 김정은의 분노는 결국 좌절된 욕망으로서 자해적인 연락사무소 폭파를 시작으로 외부에 대한 위기 수위를 높여 자신이 취할 수 있는 가능한 형벌을 찾아 나서고 있는 형국이다. 그렇다면 김정은이 생각한 채권은 무엇이었을까? 2019년에 제기한 조건 없는 개성공단 재개와 금강산 관광이었을 것이다. 북은 미래가 아닌 눈앞의 것만 본다. 모든 문제는 이것을 외면한 것에서부터 시작됐으며, 만약 해원의 의지가 있다면 출발도 여기에서부터 시작될 것이다.

약속을 안 했으면 모를까 아이와의 관계에서조차 눈깔사탕을 주기로 약속했으면 그것을 우선 주는 것이 순리이다. 주기로 한 뻔한 약속을 외면한 채 나중에 피자 사준다고 하고 뒤에서 다른 말과 행동을 하면 성질 나쁜 아이의 성질만 더욱 긁어버릴 뿐이다. 문재인도 외면한 10.4 선언처럼 못 지킬 약속이라면 서로에게 증오와 분노의 빌미로 남을 여지를 근원적으로 제거하고, 어차피 '개버린'이라는 희극으로 남은 9.19 공동성명의 현실을 반면교사 삼아 다시 시작하는 것이 빠른 길일지 모를 일이다.

"선물을 받고 답례하지 않으면 그 받은 사람의 인격이나 지위는 좀 더 열등한 상태로 떨어지며, 답례할 생각 없이 받았을 때에는 특히 더 그러하다… 팔린 물건이라도 그것은 여전히 영혼을 가지고 있으며, 그 예전의 소유주는 그것을 지켜보고 또한 물건 자체도 그 예전의 소유주를 따라다닌다." [마르셀 모스, 증여론 중]

수치심과 그로 인한 증오로서 '개버린'이 반증하듯 지금의 파탄이 미국에 대한 눈치 때문이라고 반복되는 변명을 한다면 박정희는 결국 목숨을 내놓은 핵 개발을 시도했었다는 사실을 반추해볼 일이다. 소위 짧은 민주화의 경력으로 가장 오래 살고자 하는 인간말종들의 무책임과 무능이 결단 속에 짧게 살다간 그보다 못한 부끄러운 현실이다. 누가 친미이고 누가 반미인가?

# 32
# 논리적으로는 옳지만, 윤리적으로는 옳지 않은 사람들

일본의 사상가 우치다 선생은 "입으로는 아무리 옳은 말을 하더라도 신용할 수 없는 인간은 신용하지 않는다… 이것이 내가 이러저러하게 믿었던 놈들한테 발등을 여러 번 찍혀보고 나서 얻은 교훈이랍니다"라고 말한다. 아마도 인간 세상의 관계가 이와 크게 다르지 않을 것이다. 헤겔이 말한 시대정신도 사람을 통해서 구현되기 마련이니 그 인간의 성향이 시대를 구현하는 데서 핵심적인 역할을 하는지도 모른다.

"'나는 프롤레타리아'라고 자칭하는 인간이 '프롤레타리아에게 모든 권리를!'이라고 주장하는 것은 용서할 수 없어요. 논리적으로는 옳지만, 윤리적으로는 옳지 않거든요. 인간은 자기가 손에 넣고 싶다고 바라는 것을 우선 다른 사람에게 증여함으로써만 손에 넣을 수 있다는 것, 이것도 내가 오랜 시간 살아오면서 확신하게 된 교훈의 하나예요." [우치다 다쓰루, 청년이여 마르크스를 읽자, 103쪽]

제2장 굴종에 대하여

국내 정치에서 문재인 정부가 실패한 원인이 말과 행동이 다른 비윤리적인 행태였다면 남북관계 파탄의 이유 또한 비핵화를 통한 한반도와 세계평화 등 말은 앞서지만, 그 말의 실천은 전혀 살펴보지 못한 행태에서 기인한다. 남북문제조차 이벤트 정치만을 중히 여겼던 문재인 정부는 실제적인 관계 진전에 대한 고민은 놀라우리만큼 전혀 없었다. 줄 듯 말 듯 하면서 주지 않고 약 올리는 사람처럼 세상에서 미운 사람이 또 어디 있겠는가? 내외의 봉쇄로 어려운 처지인데 약만 올리니 삶은 소대가리 등 히스테리하게 나온 이유일 것이다.

김여정 북한 노동당 부부장이 2023년 8월 19일 윤석열 대통령이 광복절 경축사에서 북측에 제안한 비핵화 로드맵 '담대한 구상'을 거부했다. "남조선당국의 〈대북정책〉을 평하기에 앞서 우리는 윤석열 그 인간 자체가 싫다"고 했다. 하지만 마르크스는 아무리 근본이 돼먹지 않았다고 해도 선행을 하면 선인이고 아무리 근본이 선량하다고 해도 나쁜 짓을 하면 악인이라고 했다.

노동하는 노동자가 그 노동의 가치에서 소외되듯이 결국 집안 싸움 분단에서 소외되는 것은 당사자들이고, 이득을 보는 집단은 외세이다. 안보의 형태와 명분으로 남북의 민생에 비례해서 빠져나간다. 민족의 앞날과 남북관계의 진전을 바란다면 보수에서 최소한의 성과가 만들어져야 한다. 여나 야나 진보나 보수나 한미동맹이라는 전략적 관계에서 다를 바가 없고, 북은 이미 국체로서 핵전략 국가를 선언했으니 전술훈련 탓은 변명일 뿐이다.

감정에 눈이 멀어 싸울 이유로서 전술훈련을 내외에서 내세우며 보수 정부에서 또다시 남북관계의 진전이 이뤄지지 않는다면 5년 뒤 다시 진보(?)가 들어선다고 해도 그 안 되는 이유와 변명을 보수의 전력에서 내세우며 또다시 탁현민식 행사에만 골몰할 것이다. 북한 바로 알기식 운동을 해봤자 우리는 극장 국가를 넘어 북한 주민과 절대 접촉할 수도 없다. 오히려 분단체제에 안주한 진보는 이벤트를 넘어 국가보안법 등 정작 넘어야 할 금기와 근본적인 문제는 적극적으로 기피한다.

마르크스는 〈독일 이데올로기〉에서 "공산주의는 우리에게 만들어져야 할 상태도, 현실이 따라가야 할 '미래형'의 이상도 아니다. 우리가 공산주의라고 부르는 것은 현재의 상태를 폐기하는 현실적 운동이다. 이 운동의 제 조건은 지금 현존하는 전제로부터 생겨난다"라고 했다. 마르크스의 현실적 혁명론조차 뛰어넘는 도덕적 이상주의의 구호가 넘쳐난다. 정작 자신들의 도덕은 외면하면서!

## 33

## 민족을 가장한 "미국산 앵무새"들

9.19 공동선언을 지지했던 세력이라면 그에 반하며 제국에 종속적이고 굴종적인 행태에 대해서 염증을 느껴야 했을 것이다. 그런데 이들이 여전히 조국과 문재인에게 중독된 증상은 이들이 관념적으로는 반미지만 삶에서는 친미를 적극적으로 즐기고 있었다는 방증이다. 즉 '추악한 친미분자'들이다. 문제는 이들의 위선이지 친미 자체가 추악할 일은 아니다.

2021년 3월 30일 조선중앙통신에서 김여정은 "북과 남의 같은 국방과학연구소에서 진행한 탄도미사일 발사시험을 놓고 저들이 한 것은 조선반도 평화와 대화를 위한 것이고, 우리가 한 것은 남녘 동포들의 우려를 자아내고 대화 분위기에 어려움을 주는 결코 바람직하지 않은 일이라니 그 철면피함에 경악을 금할 수 없다"라며 "이처럼 비논리적이고 후안무치한 행태는 우리의 자위권을 유엔 결의 위반이니, 국제 사회에 대한 위협이니 하고 걸고 드는 미국의 강도적인 주장을 덜함도 더함도 없이 신통하게 빼닮은 꼴"이라며 "미국산 앵무새라고 '칭찬'해주어도 노여울 것은 없을 것"이라고 문 대통령을 몰아세웠다.

공동성명의 한 당사자인 북의 비판과 별개로 그들에게 공동성명에서 밝힌 민족자주는 하나의 유희로서 자신들의 관념적인 이데올로기 즉 민족적 코스프레를 위한 치장으로써 존재한다. 그들이 2018년 국보법 악용의 책임자인 민정수석 조국을 피해자인 양 감싸고 돌며 공안검사 출신이자 통합진보당의 이적성을 주장하는 논리 개발에 참여한 인물인 이인걸을 감찰반장으로 임명하고, 정경심의 변호인으로 선임한 것에 대해 민감한 문제의식 없이 넘어간 이유이자 조국이 부끄러움이 없이 여전히 나서는 이유이다. 조국만의 문제겠는가?

"동정을 초월하지 못한 사랑을 가지고 있는 자들은 모두 슬픈 자들이다!"

문재인 정부 청와대 행정관이었던 황두영 작가는 〈성공한 민주화, 실패한 민주주의〉에서 노 전 대통령 서거를 계기로 86 대중영합주의의 양상이 크게 바뀐다며 다음과 같이 말한다.

"민중의 대척점에 서 있는 엘리트 세력이 기존에는 '외세 군부 독재, 매판자본'이었다면, 노 전 대통령 서거 이후부턴 '상대 당(한나라당), 검찰, 언론'으로 전환된다. 저자는 이 시기를 지나며 포퓰리즘의 이분법은 '외세-민중'이 아니라 '적폐-(깨어 있는) 시민'으

로 전환된다"라고 말한다. [서어리, 프레시안, 2023. 11. 4.]

"영장류는 세상을 자신의 필요에 따라 이용할 자원의 총합으로 보는 성향이다"라고 한다. 시종일관 유아병적으로 자신만 바라보던 문재인 정부가 표리부동과 내로남불에 젖어 몰락으로 빠져들 때 우리가 인정하기 싫어하는 문재인의 본질에 대한 날것 그대로의 비판은 '추악한 친미분자', '삶은 소대가리', '미국산 앵무새' 등 세상의 모든 가치를 계량화하는 우리와는 다른 시간과 세계를 사는 북에서 거칠게 쏟아져 나왔었다. 북에 비춘 비판이 역겹다면 공동선언이 실행됐을 미래를 떠올릴 일이다.

"나는 늑대가 인간 영혼의 빈터와 같다는 것을 보여주고 싶다. 늑대는 우리가 규정하는 인간의 모습 속에 숨은 이면 즉 우리가 주장하는 인간이 아니라 실존하는 인간 그 자체를 보여준다. 우리는 늑대의 그림자 속에 서 있다… 늑대의 그림자란 늑대가 드리우는 그림자가 아니라 늑대가 발하는 빛 때문에 인간이 드리우는 그림자를 말한다. 그리고 이 그림자 속에 서서 우리를 되돌아보고 있는 것이 바로 우리가 인정하기 싫어하는 인간의 본질이다." [마크 롤랜즈, 철학자와 늑대]

하지만 여전히 조국에 대한 연민과 문재인의 동정 구걸에 감염된 이들은 공동선언이 파탄되는 것에 비례해서 초라해진 자신들의 몰골을 외면하고자 늑대의 그림자 속에서 '우리'를 살피지 못하고 오히려 혐북으로 돌아섰다. 개가 되기를 거부한 늑대는 상대를 '대한민국'이라고 대상화하고 초원으로 떠나가 버렸으며 '대한미국' 대통령 문재인은 그 오래된 습관 그대로 개버린이란 참으로 그다운 사소한 응징을 했다.

"그들에게 덕이란 사람에게 겸손하고자 따르도록 하는 것이다. 그리하여 그들은 늑대를 개로 만들고, 인간 자체를 가장 온순한 가축으로 만든다."

문재인이건 윤석열이건 반북이나 친미가 문제가 아니다. 하나의 경향으로서 반북과 친미가 무슨 문제겠는가? 민족을 가장한 친미가 추악한 위선일 뿐이다. 그래서 구역질 나는 그 바닥과 마주쳐야 친미를 극복할 수 있는 것이다. 그 대결 속에 자주적인 관계 즉 친미를 맺을 수 있는 것이다. 윤석열의 친미 행각이 역겹다면, 그래서 넘어서야 한다고 생각한다면 변명과 책임회피 그리고 표리부동에 가려진 문재인으로 대표되는 이 시대 우리 시대의 초라한 몰골을 바라봐야 한다.

"오랜 시간이 걸렸지만 결국 나는 내가 왜 그토록 브레닌(늑대)을 사랑했는지, 또 녀석이 떠난 지금 이 순간 왜 그토록 그리움에 몸부림치는지를 깨달았다. 브레닌은 나에게 정규교육이 가르쳐주지 못한 것 즉 내 고대의 영혼 속에 살아있던 늑대를 일깨워주었기 때문이다." [마크 롤랜즈, 철학자와 늑대]

"가끔 수다쟁이 영장류 대신 내 안의 과묵한 늑대의 소리를 들어야 한다." 개버린에 대한 연민이 아닌 내 고대의 영혼 속에 살아 있던 초원으로 사라져 간 늑대를 찾아 나서야 할 이유이다! '억압된 것의 회귀'로서 고구려의 기상과 백제의 아름다움을!

## 34

## 문재인과 김정은의 실패 이후 '억압된 것의 회귀'(프로이트)로서 고조선의 '신시'

가라타니 고진은 마르크스주의자는 〈자본론〉을 충분히 읽지도 않고 '생산양식'이라는 개념을 되풀이했다며 〈세계사의 구조〉에서 "마르크스는 〈자본론〉에서 자본제 경제를 생산양식(생산수단을 누가 소유하는가에 따른)에서가 아니라 상품교환에서 고찰했다. 즉 교환양식 C로부터 어떻게 관념적인 상부구조(국가, 네이션 등)가 파생되는지를 논한 것이다"라고 밝힌다. 즉 "〈세계사의 구조〉는 경제적 하부구조(즉 존재가 의식을 규정한다는 마르크스의 언명)의 측면에서 사회 구성체의 역사를 새로이 보고자 하는 시도이다. 단, '생산양식'이 아닌 '교환양식'이라는 경제적 하부구조 측면에서 말이다"라고 〈세계사의 구조를 읽는다〉에서 추가적으로 개관한다.

그가 밝힌 교환양식에는 네 가지 타입이 있는데 어떤 사회 구성체건 네 가지 교환양식의 접합으로 존재하지만 시기적 흐름으로 보면 교환양식 A는 상호부조적인 씨족사회 공동체의 원리로서 증여와 답례(우리의 전통으로 본다면 두레나 계(契) 등을 들 수 있을 듯하다)이며, 교환양식 B는 국가에 의한 신분적 지배-복종 관계로서 약탈과 재분배, 교환양식 C는 시장에 의한 화폐 소유자와 상품 소유자와의 교환이며, 교환양식 D는 상상적인 것으로서 마르크스가 태고에 '원시공산제'를 상정하고, 발달한 자본주의에서 그것이 회복되는 데에서 미래의 공산주의 사회를 발견한 것처럼 프로이트의 '억압된 것의 회귀'로서 교환양식 A를 상상적으로 복원한 것이다.

가라타니 고진은 "교환양식이라는 관점에서 볼 때, 유동민적 코뮤니즘(유동민 사회[band]는 이동의 자유와 소유의 한계로 인해 필연적으로 보장될 수밖에 없는 평등사회)이 왜 회복되는지를 '유물론적'으로 이해할 수 있다. 내가 생각하기에 교환양식 D는 교환양식 B와 C가 지배적이 된 단계에서 그것들에 의해 억압된 교환양식 A가 회귀한 것이다… 교환양식 D는 또한 단순한 A의 회귀 즉 공동체의 회복이 아니다. A를 고차원적으로 회복한다는 것은 오히려 A를 부정함으로써만 가능한다. 그리고 이 또한 인간의 소망이나 의지에 의한 것이 아니라 신 또는 하늘에 의해 부여된 '의무'나 '규제적 이념'으로서 나타났다. 구체적으로 그것은 주술적 = 호수적인(상호 주고받는 것) 종교를 부정하는 보편종교라는 형태를 취하고 도래했다. 실제 세계 각지에서 교환양식 D를 가져오려는 사회주의적 운동은 하나같이 보편종교라는 의장하에서 이루어졌다"(8쪽)고 한다.

주술적 = 호수적인 종교는 서로 주고받는 것이다. 상호 계약적인 성격이 강하다. 따라서 나의 생명과 건강과 번영과 미래를 신이나 정령 등에게 의탁하고, 그 결과가 좋으면 모셔지는 것이고, 그렇지 않으면 버려지기도 하고, 그 증오로서 원한의 대상이 되기도 하는 것이다. 이와 관련 "니체는 죄의식이란 채무 감정에서 유래한다고 서술했다. 이것은 도덕적, 종교적인 것이 일정한 교환양식과 깊이 관련되어 있다는 것을 보여준다. 따라서 경제적 하부구조를 생산양식이 아닌 교환양식으로 본다면, 도덕성을 경제적 하부구조로부터 설명할 수 있다." [가라타니 고진, 세계사의 구조, 40쪽]

그래서 가라타니 고진은 〈마르크스 그 가능성의 중심〉 42쪽에서 "결국 죄의식은 채무감이고, 증오는 그것의 부정이라고 하는 것이 니체의 사유이다"라고 했던 것이다.

경제적인 관점과 교환의 관점에서 보면 남과 북은 누가 누구를 향해서 채무를 졌으며, 북과 중국, 북과 이집트 통신사인 오라콤, 북과 재일본 실업가, 북과 러시아 등 누가 누구에게 채무 감정을 가지고 있겠는가? 그렇다면 누가 죄의식을 가지고 있으며, 채무에 대한 부정으로서 누가 누구를 향해서 증오의 감정을 품고 있겠는가? 관념적인 상부구조(감정을 포함)가 교환양식에서 파생한다고 했으니 빚을 진 북의 교환체제에서 발생한 채무 감정과 그에 대한 부정으로서 남쪽과 세계를 향한 증오의 감정으로 사나워진 모습은 당연한 귀결이라 할 수 있다. 맹자의 유항산 유항심이다.

남북관계의 역사상 딱 하나의 예외가 있다. 바로 문재인이다. 국내에서의 그 가공할 만한 숟가락 신공을 북에 펼쳤으니 그 하이라이트가 평양 5.1 경기장에서의 연설이다. 이것이 김정은이 내세울 만한 그들의 유일한 채권이고, 이를 김여정을 통해서 문재인의 채무감으로 사납게 독촉했던 것이다. 문재인은 그 죄의식으로서 즉 채무에 대한 부정으로서 특유의 어눌한 동문서답과 딴청을 통해 종전선언 등으로 회피해갔다. 그가 임기 말까지 실현되지도 못할 그림을 물 위에 그리듯 경의선 열차를 통한 베이징올림픽 공동참가, 유엔에서의 종전선언에 집착한 심리적 배경이다.

하지만 김정은이 내세울 만한 채권은 순수한 증여라기보다는 그들이 꿈꾼 단번도약으로서 경제적인 대가를 상정한 것이고, 김정은도 알았겠지만, 이 쇼에 대한 채무는 우리가 아닌 관종적으로 이벤트를 즐긴 문재인 일인에게 있을 뿐이다.

"그럴듯한 이야기에 속았다"라고 한탄하는 자는 다른 사람에게 속은 것이 아니라 스스로를 속인 것이다. 왜냐하면 자신의 내면에 숨겨진 어리석은 욕망이 "그럴듯한 이야기" 스스로 눈과 귀를 멀게 하고 믿음을 강요했기 때문이다."[괴테, 빌헬름 마이스터]

결국 김정은은 자신의 욕망에 속은 것이고, 그 대상은 엄격히 말해서 문재인 일인에 한정될 뿐이다. 우리가 북으로부터 받은 게 무엇이던가? 김여정의 입을 통해서도 세간에 공유됐고, 이제는 공개적으로 알려진 '관종' 문재인 일인을 향한 이벤트였을 뿐이다. 그러니 문재인을 통해 비춘 자신의 어리석은 욕망을 반성할 일이다. 결국, 그는 자기의 기록에서 문재인을 완벽하게 지웠고, 문재인도 개버린으로 대응을 했으니 둘 사이의 채무감은 완벽하게 사라진 것이다.

이처럼 김정은의 남쪽에 대한 증오는 극히 예외적인 인간 문재인 일인으로 인한 것일 뿐인데 그간 남과 북에 쌓였던 채무로서의 증오를 털어버리고 채권자로 태세전환하는 것이 지금 전도된 김정은의 감정이라고 할 수 있다. 하지만 그 감정은 공동선언을 지지하고 환호한 우리 민족이 아닌 예외적 인간 문재인을 통해 비춘 것이고, 그 좌절된 욕망이 증오를 낳았을 뿐이다.

"카뮈의 〈페스트〉에서는 페스트에 휩싸인 도시에서 페스트와 싸우는 사람들은 늘 자신 또한 페스트에 걸리지 않을 수 없는, 이른바 도망갈 곳이 없는 상황에 던져집니다. 이야기의 주인공 중 한 명인, 한때 혁명가였던 타르는 이 배리로부터 하나의 윤리적 각성에 도달하게 됩니다. '페스트'는 실재하는 '뭔가'가 아니라, '실체화된 사악한 존재'를 자신의 외부에 두고 그것으로 세계의 사태를 설명하려고 하는 '나'의 존재론적 구조 그 자체라는 것입니다. '나'의 '외부'에 있는 어떠한 실체에 '악'을 응축시키고, 그것과 싸우는 주체로서 '나'를 구축하는 이야기의 양상 그 자체가 '페스트'입니다." [우치다 다쓰루, 레비나스 타자를 말하다, 163쪽]

· 카뮈 ·

　분단체제의 눈먼 감정으로서 페스트에 휩싸인 위정자들의 어리석은 욕망은 결국 실패했고, 원인을 외부로 돌리고 있다. 지금 필요한 것은 어리석은 욕망이 빚어낸 좌절과 그로 인한 분노가 아니라 실패와 마주하는 용기와 새로운 비전 제시이다. 그것은 그들의 실패를 고차원적으로 회복하는 것이다. 바로 '억압된 것의 회복'으로서 교환양식 A의 고차원적인 회복이자 널리 인간을 이롭게 한 홍익인간 정신에 기반한 교환으로서 고조선의 '신시'이다. 평양은 눈앞의 증오와 결핍으로 널리 인간을 이롭게 한 단군의 정신을 잊었고, 서울은 그 대륙에 뿌리를 둔 백제의 호쾌한 기상과 아름다움을 잊었다.

　우치다 다쓰루는 같은 책 103쪽에서 "'나'와 자신을 또 한 명의 '나'라고 밝히는 타자, 이 두 가지 목소리가 함께 울릴 때 거기에 '나'와 말로는 결코 담당할 수 없는 '뭔가'가 일종의 '배음'처럼 들립니다. 그것을 과거의 시인들은 '뮤즈'라고 불렀고, 소크라테스는 '다이몬'이라고 불렀고, 무라카미 하루키는 '장어'라고 불렀습니다. 물론 그것을 '신의 목소리'라고 부를 수도 있습니다"라고 했다. 눈먼 증오를 벗어나 '배움'의 목소리, 인민의 목소리 즉 민생을 들으려는 경건함이 인간의 소망이나 의지를 넘어 신 또는 하늘에 의해 부여된 '의무'나 '규제이념'으로서 즉 '억업된 것의 회귀'로서 강박적으로 나타나길 기원해본다.

제3장

……

# 용기에 대하여

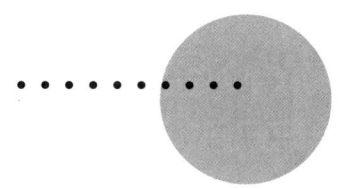

"나는 '나'와 '그렇다'와 '아니다'를 말할 줄 아는, 완고하고 까다로운 혀와 위를 존경한다. 그러나 무엇이든 씹어서 소화시키는 것! 그것은 당나귀와 당나귀의 정신을 배운 자만이 하는 것이다. 짙은 노랑과 강렬한 빨강, 그러한 색깔이 나의 취향에 맞는다. 이러한 나의 취향은 모든 색깔에 피를 섞는다. 그러나 자기 집을 회칠하는 자는 회칠한 영혼의 소유자임을 드러내는 것이다. 어떤 자는 미라에게 반하고, 또 어떤 자는 유령에게 반한다. 그들은 모두 모든 살과 피를 적대시하고 있다. 오, 이들은 얼마나 나의 취향에 거슬리는가! 나는 피를 사랑하는 자이기 때문이다."

"그대도 잘 알고 있는, 걸핏하면 두 손을 모아 무릎에 놓고 안일하게 살고 싶어 하는 그대 내부에 있는 비겁한 악마, 이 비겁한 악마가 바로 '신은 존재한다'라고 그대를 설득하는 것이다."

# 01
# 새는 알에서 나오려고 투쟁한다

지금 난 알고 있다. 인간이 자기 자신을 향해 나아가는 일보다 더 하기 싫은 일은 없다는 것을! 니체의 "운명과 기질은 하나의 개념에 대한 두 개의 이름이다." 그 말을 나는 그제야 이해했다.

그는 유럽의 정신과 시대의 징표에 관해 이야기했다. 어디를 가도 집단행동이 지배하고 있고, 자유와 사랑이 보이지 않는다고 말했다. 이 모든 가짜 공동체들(대학생 연맹부터 합창단, 나아가 국가까지)은 공포심과 불안감과 당혹감에서 탄생되어 안으로 썩고 닳아 곧 붕괴하고 말 거라고 했다.

그들은 왜 두려워할까? 사람은 자기 자신과 조화를 이루지 못하고 삐걱댄다고 느낄 때 두려워져. 자기 자신을 전혀 모르겠을 때 두려움을 느낄 거야. 그런데 사회는 자신의 내면을 몰라서 두려운 자들로 이루어졌지!

어디에도 명랑함이 없어. 불안에 가득 차서 모여든 사람들이니 더욱 겁을 먹고 악의에 차서 아무도 믿지 않는 거야. 그들은 더 이상 이상이 아닌 이상에 매달려서는 새로운 이상을 세우는 자에게 돌맹이를 던지는 거야. 곧 충돌이 일어날 거야. 날 믿어, 싸울 거라니까, 그것도 아주 가까운 시일 내에!

표식을 지닌 우리들은 세상 사람들로부터 이상스럽다고, 심지어 미쳤다거나 위험스럽다고 간단히 치부될 수 있었다. 우리는 깨달은 자 혹은 깨달아가는 자들이었다. 그래서 우리는 곧장 더욱더 완전하게 깨닫기 위해 노력하는데, 반면 다른 사람들은 그들의 의견이나 이상, 의무, 삶, 행복을 한데 묶고 더욱더 군중들과 같아지려는 노력에 집중한다. 물론 그들도 치열하게 노력하고 힘과 위대성을 지녔다. 그러나 우리 표식을 지닌 자들은 자연의 의지를 새롭고 개별적인 미래를 위해 제시하는 데 반해 그들은 현 상태에 안주하려고 고집을 부렸다.

세계가 스스로 새로워지려 하고 있어. 죽음의 냄새가 맡아져. 죽음 없이는 어떠한 새로운 탄생도 없으니까. 하지만 내가 생각했던 것보다 훨씬 몸서리쳐지는 일이야.

새는 알에서 나오려고 투쟁한다. 알은 세계이다. 태어나려고 하는 자는 한 세계를 깨트리지 않으면 안 된다. 새는 신에게 날아간다. 신의 이름은 아브락사스다. 거대한 새가 알에서 나오려고 발버둥쳤다. 알은 이 세계고, 이 세계는 산산이 부서져야 했다.

한 개인이 독립적으로 성장하려면 의존하고 있던 많은 것들에서 떠나야 한다… 하지만 이 많은 것들을 떠나 홀로 서려면 자아의 내면적 탐구와 비판적 사고뿐만 아니라 다른 것도 필요하다. 이를테면 전쟁처럼 자아의 힘으로 어쩔 수 없는 외부적 요소들은 자아의 이야기만으로는 설명할 수 없다. 지식만으로 설명할 수 없는 새로운 세계를 인식하는 방법은 자아가 끊임없이 낡은 껍질을 벗고 새로 태어나는 방법뿐이다.

• 헤르만 헤세 •

내 세계에 조금만 위협이 와도 금방 죽을 것처럼 공포에 질리는 게 아니라 새가 알을 깨고 나오듯 사력을 다해 껍질을 부수고자 해서 극복해야 한다. 겁에 질려 평생 자아를 세상 밖으로 꺼내 보지도 않을 건가? 아니면 당당히 세계와 마주하겠는가? 선택은 우리 몫이다.
[헤르만 헤세, 데미안 인용]

알을 깨고 나오기를 두려워하는 인간말종들은 그래서 낡은 도덕과 관습화된 시스템과 군중 속으로 몸을 숨긴다… 그리고 그 부끄러움으로 차라리 당나귀를 숭배한다!

## 02

## 세월호 창문을 부수고 전원 생존한 탈북 학생들

사람들에게 알려지지 않은 사실이 하나 있다. 세월호에는 탈북 학생 3명이 타고 있었다고 한다. 이 탈북 학생들은 기다리라는 방송 — 우리 사회의 관념화된 시스템이라고 할 수 있다. — 을 무시하고 "기다리면 다 죽는다"라며 배에서 도끼를 찾아 유리창을 부수고 전원 나왔다고 한다. 이 사실은 당시 박근혜 정부 청와대의 보도 통제로 알려지지 않았다고 한다.

· 세월호 침몰 모습 ·

제3장 용기에 대하여

우리 사회의 타성에 깊게 물든 시스템을 무시한 생존본능이 전원 그들을 살린 것이다. 생존본능에 충실한 동물적인 감각과 이에 따른 상황판단이 신속하고 과감한 행동으로 이어진 것이다.

세월호의 아픔이 문재인 정부에서도 여전히 풀리지 않은 지금 대한민국호가 생존본능을 찾지 못하고 우왕좌왕하며 3분의 2가 죽는 길을 가고 있다.

사모펀드에 천착한 정경심과 사사로이 사문서를 위조한 조국 그리고 그 가족을 구명하자고 나라를 쓸데없는 정쟁의 소용돌이로 몰아갔다. 자기 몸 하나 건사하고자 죽창가를 내세워 반일 운운하더니 정작 한일군사정보협정 지소미아에는 입을 닫는다.

이제라도 썩은 가지 하나를 더욱 매몰차게 내치고 세월 깊게 뿌리내린 그 썩은 밑동을 뿌리째 뽑아야 한다. 어설픈 동정이 아닌 위정자들에게 깊게 박힌 숭고한 한미동맹이라는 노예적 타성을 철저하게 깨부숴야 한다. 촛불 앞에 몸서리치게 부끄럽게 해야 한다. 기다리라고 했던 그 말로가 얼마나 처참할지 공포를 심어줘야 한다!

우리에게 필요한 것은 시스템에 종속된 무기력과 그 뒤에 숨은 변명이 아니라 탈북 학생들과 같은 동물적인 생존본능과 행동이다. 그래서 한미동맹이라는 분단체제의 타성에 젖은 창문을 도끼로 깨부숴야 한다. 그래야 산다.

여전히 기다리라는 대한민국호의 선장 문재인! 4.27과 9.19 공동성명이 지난 지 만 2년이 넘었다. 절대 기다리지 말고 도끼로 그 창문을 깨부숴야 한다! 시스템에 젖은 노예도덕의 타성과 그 명령을 거부하고 생생히 끓어오르는 삶을 껴안아야 한다. 그 도끼가 바로 삶이고 생의 철학이다!

## 03 사회적·문화적 유전자 밈meme으로서의 분단체제

생물학적 유전자(DNA)의 특별함은 복제라는 자기 사명을 끝없이 추구한다는 것이다. 이러한 유전자(DNA)의 활동이 인간이라는 전달자의 몸을 빌려 끝없이 생존 복제한다. 이와 별도로 문화적 유전자도 있다고 한다. 이러한 예로서 과학자의 아이디어, 유행가, 춤(싸이의 말춤이나 마카레나 등…), 율법, 종교, 신 등을 들 수가 있다.

하고 싶은 이야기는 분단체제에서 보수의 뇌를 빌려 이 시대에 존재하고 있는 문화적 유전자로서의 국가보안법이다. 민주당 등 다수당이 과반 이상의 국회의석을 차지하고 있고, 2018년에만 반국가단체 수괴를 세 번이나 만나는 지금 국가보안법이 존재하는 이유와 근거는 무엇인가?

하나는 안보를 빙자한 보수의 믿음이고, 또 다른 하나는 그 반대편의 비겁함이다. 보수의 믿음은 국보법이 없으면 안보가 무너진다는 것이다. 이 '믿음'이라는 게 고약한 것이 사람들이 근거가 전혀 없음에도 불구하고 불안과 공포를 내세워 어떤 것이건 아무거나 믿게 만드는 심리상태이다. 증거도 필요치 않고 동정, 화해, 용서, 관대 등 인간 감정에 대한 모든 호소를 무디게 한다는 것이다. 즉, '예수 천국, 불신 지옥'이고 수 틀어지면 갖은 이유를 들이밀면서 패악을 부리는 것이다. 이것이 소위 보수가 가지고 있는 안보 및 국보법에 대한 믿음과 맹신이다. 이성적인 물음을 꺾어 단순무식한 수단을 행사하여 영원히 존재하고자 한다.

문제는 이를 바라보는 그 반대편이다. 사이비 안보에 대한 어설픈 동정, 용서, 관대, 막연한 두려움이다. 국보법을 한쪽에 두고서 화해, 협력, 공존의 코스프레로 얇게 치장하려는 이벤트성 사고방식이 문제인 것이다. 착한 척 또는 피해자 코스프레를 한다고 저들이 시대의 변화와 화해, 협력, 공존의 증거를 믿을 것인가? 미친 믿음은 죽비를 날려야지 안보라는 미명 아래 어설픈 동정으로 감싸 안을 일이겠는가.

중국의 지성 루쉰은 '페어플레이는 아직 이르다'에서 물에 빠진 미친 개새끼는 건져주지 말고 몽둥이로 두들겨 패야 한다고 했다(打落水狗).

· 루쉰 ·

"일부 공리론자들은 '보복하지 말라', '자비로워라', '악으로서 악에 대항하지 말라'라는 말들을 외쳐댄다. 그 때문에 악인은 구제된다. 그러나 구제된 뒤에도 감쪽같이 속였다고 생각할 뿐 회개 따위는 하지 않는다. 토끼처럼 굴을 파놓고 남에게 아첨도 잘하므로 얼마 안 가서 세력을 되찾아 이전과 마찬가지로 나쁜 짓을 시작한다."

한국인 특유의 관계와 '정'이 문제인가? 하지만 정말 그들 보수에 대한 일말의 '동정'이라도 있다면 과감하게 국보법의 숨통을 끊어줘야 할 일이다. 국보법이 그들을 얼마나 허술하고, 허약하고, 무능한 인성 결여의 사이코패스 같은 존재로 만들고 있는지 우리 모두 지켜보고 있지 않은가?

사이비 안보의 믿음에 대한 어설픈 이해와 동정, 그리고 눈치와 변명에 안주하는 우리 자신의 비겁함과 단절해야 한다. 그래야만 새로운 시대, 새로운 발상의 전환이 가능하다. 분단구조에서 동족을 반국가단체 구성원이라고, 적이라고 강요당한 생각을 떨쳐버리고 민족 화해와 협력의 대상으로서 북을 있는 그대로 본다면 우리에게는 수많은 가능성과 창조성이 봇물 터지듯이 분출할 것이다.

말춤의 B급 바이러스로도 전 세계를 강타했듯이 이제 우리 민족 특유의 신바람과 신명의 에너지를 세계만방에 펼쳐야 한다. 생존과 번영을 넘어 평화를 향한 과감하고 창조적인 문화적 유전자 밈meme을 눈치 보지 말고 우리 자신의 힘으로 마음껏 만들어서 우리의 이웃, 우리의 아이들과 세계에 무한복제 해주어야 한다.

- 2018년 8월 25일 서울구치소에서

## 04

# 일본의 지성이 바라보는 점령군으로서 주일미군

　　일본의 지성 우치다 다쓰루는 일본은 미국의 속국이며, 속국화는 더욱 가속화하고 있다고 한다. 일본 우익의 정치적 수장 아베의 몸짓에는 미국의 심기를 건드리지 않도록 몸과 마음을 다해 섬기고 모셔야만 한다는 '간절함'이 역력하다고 비판을 한다. 그의 의견을 살펴보면서 한미동맹을 숭고하게 모시는 우리의 현실을 살펴보자.

**우치다** 전쟁이 끝난 지 70년이 지났는데도 왜 지금까지 일본에 미군기지가 있는가. 그것이 원리상 옳은지 그른지부터 묻지 않으면 안 된다고 생각합니다…

**시라이** 전후 70년 동안 수많은 우여곡절이 있어서 주일미군의 지위가 변화되기도 했지만, 이제야 본래의 성격이 적나라하게 드러나고 있습니다. 주일미군이 지키고 있는 것은 궁극적으로는 자민당 정권이라는 이름의, 자기들의 입맛에 딱 맞는 꼭두각시 정권입니다. 그렇게 함으로써 국익을 확보하고 있는 셈이지요… 자민당이 자칭 '보수'니 '내셔날리스트' 하면서 외국의 군대가 계속 주둔하고 있는 상태 — 본래의 내셔널 리스크에게는 굴욕적인 상태 — 를 조금도 해소하려고 하지 않는 배경에는 이러한 구조가 있습니다.

**우치다** 일본인을 지키기 위해 미군이 오키나와에 있는 것이 아닙니다. 미군을 지키기 위해 일본 열도의 주민이 있는 것입니다… 오키나와 미군기지는 필요해서 존재하는 것이 아닙니다. 존재하기 때문에 그 필요성에 관한 근거를 어디선가 찾아내는 것입니다…

**시라이** 이렇든 저렇든 냉전 구조가 붕괴했음에도 불구하고 냉전 구조라는 조건에 의해서만 존재를 허락받은 권력이 아직껏 권력의 자리에 앉아 있기 때문이겠습니다만…

**우치다** 속국의 입장을 수용하고 "이 시스템에 동의합니다"라고 맹세한 자만이 이 나라의 지배층을 형성할 수 있습니다. 그것이 전후 70년이 지난 일본의 지배구조로 자리를 잡아버렸습니다… 아무도 없는 무용한 미군기지의 현존이 미국이 속국 일본의 종주국이라는 사실을 압도적으로 어필하고 있는 것이지요…

**시라이** 결국 "일본은 미국의 속국"이라는 상황을 완전히 용인한 셈입니다. "저런 것들이 일본 국민을 대표한다"라는 것을 생각하면 분통이 터집니다…

이상 2016년 6월 우치다 다쓰루와 시라이 사토시 대담집 〈속국 민주주의론〉을 발췌한 내용이다.

2016년 6월이면 한국에서 촛불이 타오르기 시작한 시기이며, 2017년 한국에서 문재인 정부가 태동할 시점이다. 그 이후 진행되어 온 한국의 상황은 어떠한가? 속국의 입장을 수용하는 일본 자민당의 정치적 입장은 한국에서 민주당과 국민의힘이 함께 공존하는 형태로 존재한다는 것을 증명해온 세월이었다.

2021년 8월 15일 홍범도 장군의 유해를 가져오는 정치적 이벤트 아래 죽창가를 높이 올려 반일감정을 돋구는 기획은 하지만 그 누구도 일본군의 잔재와 그 연속적 성격으로서 용산에 주둔하는 미군에 대한 문제의식을 우치다 다쓰루와 같은 지성의 수준으로 제기하지 않는다. 그 많던 반미투사들은 어디로 사라진 것일까? 세월과 더불어 그 문제점이 사라진 것일까? 하지만 미래세대가 지금을 바라보는 역사적인 시각조차 사라질까?

· 홍범도 장군 ·

"저런 것들이 일본 국민을 대표한다"라는 것이 분통 터지는 것이 아니라 속국의 현실을 외면하는 한국 사회 좌우 지식인들과 위정자들이 군사작전권도 없는 군대에게 역대 어느 정권보다 천문학적 군사비를 사용하면서 자주국방이라는 국뽕에 젖어 대한민국을 외쳐대는 현실이 도덕적 부담감으로, 그나마 지소미아를 부끄러워하며 체결했던 박근혜 정부 때와 다르지 않게 부끄러운 것이다.

"일본은 미국의 속국이지 주권국가가 아니라는 얘기는 일본인의 입장에서 볼 때 옳고 그름을 논할 토픽이 아니라 처음부터 '화제로 삼아서는 안 되는 것'이라는 사실을 그때 사무치게 깨달았습니다."

일본의 지성 우치다 다쓰루의 눈을 빌려 물고기가 물의 존재를

제3장 용기에 대하여  231

모르듯이 분단체제 속에서 그 종속상태를 자각하지 못하며 살아가는 2021년 우리의 처지를 바라봤다. 저마다 다른 이유로 각자의 욕망에 사로잡혀 발밑의 현실을 부정하고 문제와 대면하길 외면하니 극복할 방법이 어찌 나서겠는가?

## 05 독립운동가의 시각으로 바라본 한미동맹

극악한 범죄자, 살인자라 해도 제삼자에 의한 그 최종판결과 집행을 지켜보게 된다면 인간은 그에 대한 연민을 느끼게 된다. 살인을 거부하지 않던 까뮈가 직접 타인의 얼굴을 맞댄 일 대 일이라는 인간의 정의를 벗어나 국가라는 제삼자에 의한 처벌을 반대한 이유이기도 하다.

그런 의미에서 인간 문재인에게 연민을 느낄지언정 위정자로서 그의 적극적인 무책임과 눈치 그리고 반복되는 변명에 대해서는 두 눈을 부릅뜨고 가차 없는 비판을 해야 한다. 진보란 이름으로 숭고한 한미동맹을 입에 올리는 것이 가당키나 한 일인가? 노예도덕으로서 한미동맹을 외면한 채 2021년 임기 말까지 미련을 놓지 못하는 종전선언 놀이가 끝까지 무책임할 수밖에 없는 이유이다.

과거 독립운동 동지였던 이정재와 전지현! 변절 후 친일파에 대한 처벌은 피했지만 죽어간 동지의 원한으로 서로 얼굴을 마주한 전지현과 이정재가 마지막 대화를 나눈다.

**전지현** 왜 동지를 팔았나?
**이정재** 몰랐으니까. 해방될지 몰랐으니까. 알면 그랬겠나?
**전지현** 십육 년 전 이곳. 염석전이 밀정이면 죽여라. 지금 시행합니다! [영화, 암살자 대화]

용산에 일본군이 주둔하던 시절과 용산에 미군이 주둔하는 현실로 전환. 그 시절의 청년들과 민주와 진보를 자처하던 인사들이 위정자가 된 지금 숭고한 한미동맹을 외친다면 도대체 이들의 정신상태가 이정재와 다른 이유가 무엇이란 말인가?

어떠한 행동이 습관이 되면 아무리 포장을 하려 해도 삶의 습관과 성품이 돼버린 그 행동과 마음을 숨길 수 없기 마련이다. 하지만 국가보안법 하나만이라도 그 무책임과 눈치, 변명에서 벗어나 예수가 십자가를 짊어지듯이 스스로 책임을 지고 앞으로 나간다면 종전선언에 못지않은 역사적인 평가를 받을 일이다. 한미동맹 아래 미국의 눈치를 벗어나지 못하면서 과연 종전이 가능하단 말인가?

"그 모든 사회문화적 변화는 기성의 자연(스러움)이 서서히 부자연스럽게 여겨지고, 어느덧 이상하게 보이다가, 마침내 기괴한 꼴불견으로 낙착하는 사연과 대체로 일치한다"[김영민, 산책과 자본주의]라고 하니 친일의 자연스러움이 꼴불견으로 낙착했듯이 지금 위정자들이 외치는 한미동맹이 부자연스럽게 느껴지는 것도 머지않은 미래일 뿐이다.

# 06
# 눈먼 증오가 아닌 사상으로서 한미동맹과의 전쟁

분단체제로 형성된 한국이라는 국가의 정체성으로서 한미동맹은 나라가 망할 위기에서 명에 의해 재건됐다며 재조지은(再造之恩)이라 일컬었던 선조의 도덕적 굴종과 다르지 않다. 그 국가에 대한 의무로서 남자들은 징집의 대상이 되고, 이 위계적 문화에 대한 반발로서 여자들은 페미니스트라는 엉성한 외투를 걸치고 남자를 증오하며 남자가 되지 못한 또 다른 권력 감정으로서 초조함과 조급함을 신경질적으로 드러내곤 한다.

그대들이 증오로서 눈먼 감정을 드러내는 윤석열이 막무가내하고 안하무인한 것은 그를 증오하는 그대들과의 대결을 가볍게 넘어섰기 때문이다. 그를 반대한다면서 대결로서 내세우는 정신과 인물이 다른데 무엇이란 말인가? 그 한계를 넘어서지 못하고 제반 군상들끼리 행해지고 있는 동정 구걸과 연민의 소극을 그들은 즐기며 은근히 부추기고 있다. 편하게 주어질 다음 권력을 생각하며…

그대들은 윤석열의 미국에 대한 한미동맹을 굴종적이다고 비판하지만 그래서 그대들이 외친 한미동맹은 자주적이었다는 말인가? 하나의 저질적인 예를 상기시켜 줄 테니 떠올려보기 바란다. 반일을 앞세우는 그대들은 일본과의 군사동맹인 지소미아 카드를 일본이 행한 무역제재에 대한 협상의 지렛대로 사용하려 했다. 이것이 무슨 의미인지 모르겠는가? 동족을 적대시한 정보로써 북과 무관하게 자신을 위한 카드로 악용하려 한 반민족적인 행위였다는 것이다.

한미동맹과의 대결에 앞서 그대들은 북의 위협과 국가보안법이라는 변명을 내세운다. 하지만 이는 게으르고 교활한 변명에 불과하다. 국보법의 문제점은 극단을 파고든다면 친북이라는 사태와는 무관하며, 결국 한미동맹이라는 근본과 마주치게 될 뿐이다. 이에 대해서 진보와 보수가 따로 존재하며 다른 주장을 펼쳤었는가? 진보가 오히려 숭고한 한미동맹이라는 도덕적인 굴종 아래 외면해 오지 않았던가? 그들이 그대들을 우습게 보는 이유이다.

결국, 그대들은 한미동맹과 마주치고 대결하는 것이 두려운 것이다. 수사적인 북한의 위협과 국보법은 그 변명에 불과하다. 국보법은 그들에게 진보 작연하게 하는 액세서리일 뿐 대결하고 넘어서야 할 장벽이 아니다. 한미동맹이라는 장벽과의 대결이 두려워 그대들은 국보법을 내세워 피해자 코스프레를 하고 있을 뿐이다. 여전히 모르는 척하는가? 사상의 대결로서 한미동맹과 국보법이 무슨 상관이란 말인가? 저들이 조작하거나 유인하거나 혹은 감상적으로 빠져드는 눈먼 친북은 사상의 대결로서 한미동맹과는 전혀 관련 없는 사태이다! 당사자의 담화를 살펴보자!

《폼페이오 전 장관이 "중국은 미군이 철수하면 김 위원장이 기뻐할 것이라고 항상 미국에 말한다"라고 하자, 김 위원장이 "중국으로부터 자신을 보호하기 위해선 주한미군이 필요하다"라고 답했다는 겁니다. 김 위원장은 그러면서 "중국은 한반도를 티베트나 신장처럼 다룰 수 있도록 미군 철수를 주장한다"라는 설명도 내놨다고 전했습니다.》[김기현, KBS, 2023. 1. 25.]

김정은, 폼페이오 대담에서 드러나듯이 오히려 북은 자신들 정권의 유지에 유리하다면 주한미군을 용인할 수가 있다고 밝히고 있다. 그런데 이것이 우리와 무슨 상관이란 말인가? 결국, 분단체제 아래에서 살아가는 우리의 과제이고, 대결로서 한미동맹이나 미군 철수 등이 친북과 전혀 무관하다는 방증이지 않겠는가? 국보법 피해자 코스프레로서 민족 문제와 진보를 향유하는 부끄러운 변명으로 그 근본적인 대결이 감춰지고 있는 것이다.

"저 관대하고 부드러운 연설을 이용하여 정신의 대지를 쟁기 날로 갈아엎을 수 있는 국가 건립자는 아직 단 한 명도 존재하지 않았다."[니체, 아침놀, 300쪽]

우리에게 중요한 것은 감상적인 통일이 아니라 한미동맹과의 대결을 통해 분단체제를 넘어서는 재조산하(再造山河)의 의지이다. 이는 친북의 문제가 아니다. 소위 자유민주주의로서 한미동맹 그 종속성과 노예근성을 넘어서는 우리 자신의 과제이다. 따라서 북의 위협이나 국보법과도 무관하다. 국보법을 내세워 겁을 주는 자들이나 겁을 먹는 자들이나 그 본질에서 벗어난 게으른 연극을 하고 있는 것에 불과하다.

저들이 치켜보는 친북이 국보법의 존재 이유가 된다면, 그래서 넘어서지 못할 걸림돌이 된다면 이는 게으른 정신으로서 모두 한미동맹을 유지시켜 주는 꼴이거나 분단체제를 유지시켜 주는 꼴 외에 다름 아니다. 즉 우리가 극복하고 투쟁해야 할 장벽은 사상으로서 한미동맹과의 전쟁이지 분단 이후 오랜 세월 쌓여온 양심의 가책으로서 통일이 아니기 때문이다! 길들여진 이유를 낯설게 보기란 어려운 일이겠지만 분단체제 아래 당연하게 생각했던 한미동맹과의 사상적 대결은 이제 국익의 입장에서 미군을 바라보는 북의 입장을 반추해보더라도 소위 친북 그리고 그로 인한 국보법과는 무관한 사태이다!

"차라리 이민을 떠나자. 이 세상의 야생적이고 신선한 지역을 찾아내 그곳의 주인이 되려 하자. 그리고 무엇보다도 나 자신의 주인이 되려 하자. 그 어떠한 곳에서든 노예의 징후가 조금이라도 보이면 주저하지 말고 그 장소를 바꾸도록 하자. 걸어가는 길 위에서는 그 어떤 모험도, 투쟁도 회피하지 말자. 최악의 경우에는 죽을 각오를 하고 살자. 이 단정치 못한 노예 짓거리에 더 이상 놀아나서는 안 된다." [니체, 아침놀, 310쪽]

# 07
# 정신적 '감시'로서
# 한미동맹이라는 '판옵티콘'

　　형벌의 목적은 공포와 그 고통을 대중에게 각인시키기 위함이다. 이러한 형벌은 인간 사회에만 존재한다. 타인에 대한 처벌과 그 고통을 타인을 넘어 자신의 몸에 가해지는 고통처럼 느끼고 괴로워하는 존재는 인간만이 유일하기 때문이다. 포르노에 흥분하는 쾌락도 마찬가지 원리이다.

　　자신이 지닌 물리적 힘에 기반하여 물고 할퀴고 이빨로 숨통을 끊어서 죽이는 동물과 달리 인간만이 유독 죽음을 천천히 늘려서 고통스럽고 잔인하게 죽이며, 그 고통의 방법을 소름 끼칠 정도로 잔인하고 다양하게 발달시켜 왔다. 화형, 사지절단, 물고문, 성고문, 손톱 뜯기, 전기고문, 잠 안 재우기 등등…

　　서양의 근대국가는 이러한 야만적이고 물리적 방식의 고문을 금지하고, 적법한 절차와 증거에 기반해서만 유무죄를 입증해야 하며, 이를 위해 국가로부터 형벌에 대한 독점적인 권한을 위임받아 온 과정이다. 서양의 근대 국가 이전 인류 최초의 세계 제국 몽골의 법은 어떠했을까?

"몽골 법은 자백을 얻어낼 목적으로 고문을 하려면 그 전에 용의자가 특정한 범죄를 저질렀다는 단순한 의심 이상의 실체적 증거를 쥐고 있어야 한다고 구체적으로 규정했다. 나아가서 1291년의 몽골 법전은 관헌이 '먼저 이성적으로 분석하고 추측해야 하며, 무턱대고 고문을 해서는 안 된다'라고 규정했다." [칭기즈칸 잠든 유럽을 깨우다, 잭 웨더포드]

미셸 푸코는 그의 저서 〈감시와 처벌〉에서 책의 목표는 "근대적 개인의 영혼과 새로운 사법 권력의 상관적 역사를 밝히기 위한" 것으로서 근대 사회가 만든 순응하는 인간형을 밝히고자 한다. 니체는 〈도덕의 계보학〉에서 고문의 목적은 공포라고 했다. 즉 근대 이전 고문과 근대의 사법 권력은 순응하는 인간형을 만드는 동일한 목표가 있는 것이다. 순응형 인간에 대한 계보학이라고 할 수 있다.

· 미셸 푸코 ·

　식민과 분단의 잔재 국가보안법이라는 형벌의 공포는 사실 친북이 아니라 북한의 위협을 빙자해 노예도덕으로서 한미동맹을 벗어나지 못하게 '감시'하는 데 그 주된 목적이 있다. 여나 야나 페미니스트나 진보나 한미동맹 아래 순응된 자기 감시를 벗어나지 못한다. 보수에서 감시를 벗어날 기미가 우발적으로 보이면 오히려 진보가 기겁하며 조건반사적으로 '숭고한 한미동맹'을 뇌까리는 것이 제국의 '감시'로 길들여진 한국의 풍경이자 그 권력 장치에 편입된 신체들이다.

　불감증의 심화 속에 자신의 처지를 인지하지 못하는 순응형 인간 그 노예도덕으로서 변명은 공히 전쟁위기이다. 그러나 전쟁세대는 이미 기울었고, 앞으로 전쟁은 없을 것이다. 분단으로 드리워진 한미동맹이라는 노예도덕의 잔재만이 순응된 인간들에게 강요되고 있으며, 위기는 그 탐욕을 감추는 반복된 권력의 기만이다. 노예로 사느니 차라리 죽는 게 속 편하다고 생각하면 하루아침에 없어질 기만이자 권력에 의한 길들이기일 뿐이다.

"판옵티콘의 원리는, 권력의 자동적 기능을 보장하는 가시성의 지속적이고 의식적인 상태에 수감자를 놓여 있게 함으로써, '감시 작용이 중단되더라도 그 효과는 지속되도록 하고, 또한 권력 행사의 현실성을 약화시키면서 권력의 완전한 상태를 강화하도록 만드는 것이다.'" [감시와 처벌, 옮긴이 서문, 14쪽]

우리를 불결하게 감싸며 우리의 신체를 유무형으로 길들이고 있는 한미동맹이라는 익명의 판옵티콘이 그러하다!

# 08

# 사상의 전사 니체는
# 왜 전쟁에 참여했는가?

《니체는 우리가 전쟁에서 경험하는 공포와 끔찍함도 디오니소스적인 힘이 발현되는 하나의 형태라고 보았다. 이 무시무시한 힘의 충격을 통해서 니체는 당시 물질주의와 향락주의에 빠져있던 독일의 문화가 혁신될 수 있을 것이라고 기대했다. 니체가 바그너에게 보내려고 1871년 2월에 썼던 〈비극의 탄생〉 서문 초고는 다음과 같다.

"나 역시 희망을 가지고 있습니다. 이 희망 때문에 나는 직접 끔찍한 전쟁의 소용돌이로 들어가서 내가 생각하고 있는 주제들을 바라볼 수 있었습니다. 나는 후송되는 부상자와 함께 누워서 그를 돌보던 외로웠던 밤, 비극의 세 가지 심연을 떠올렸던 밤을 아직도 기억합니다. 이 세 가지 심연은 바로 광기, 의지, 고통입니다."》 [니체, 비극의 탄생, 박찬국 주석 인용]

한국 사회 또한 니체의 시대와 다르지 않게 물질적 향락주의에 빠져 안보조차 향락주의로 악용하는 안보상업주의에 깊게 빠져있다. 여전히 국가보안법이 존재하는 현실이 그렇고, 한미동맹을 도덕적으로 숭배하는 위정자들이 그렇고, 분별없는 상업주의 언론의 소음이 그렇다. 군사적 대결이 선연하던 군사독재 시절보다 정신적으로, 도덕적으로 더 타락한 현실이다. 왜 이렇게 됐을까?

"인간은 활과 화살을 가지고 있을 때에만 침묵하고 단정히 앉아 있을 수 있는 것이다. 그러나 그렇지 않을 경우에는 떠들고 다투곤 한다."

어쩌다 우리는 목숨을 건 전쟁이 아닌 오락으로서 안보에 대해서 떠들고 다투곤 하게 됐을까? 어쩌다 우리는 적의 성공을 바라기보다 이로써 더 큰 우리의 성공을 향하기보다 타자를 비아냥거리기에만 바쁘게 됐을까? 나의 위성 발사는 과학이고, 상대방의 위성 발사는 진정 도발이라고 생각한다는 말인가?

"그대들은 두려움을 느낄 만한 적을 가져서는 안 된다. 그대들은 오히려 그대들의 적을 자랑으로 여겨야 한다. 그렇게 하면 그대들 적의 성공은 또한 그대들의 성공이 될 것이다." [짜라투스트라는 이렇게 말했다, 전쟁과 전사에 대하여]

우리는 오락으로서 안보가 아니라 하나뿐인 목숨을 건 용기로서 전쟁을 마주해야 한다. 물질주의와 안보상업주의로서 안일해진 삶의 퇴락 데카당을 극복하기 위해서라도 우리는 전쟁을 수행해야 하는 것이다. 우리는 전쟁을 수행할 용기와 그 전략을 수립하고, 명령할 수 있는 철학과 체계를 가져야만 하는 것이다! 과연 그러한가?

안보라는 미명 아래 불타오르는 자신들의 내장을 채우기 위한 욕망과 소음이 넘쳐날 때 전쟁의 의지와 도덕성은 오히려 죽어가고, 참을 수 없는 존재의 가벼움은 도처에 넘쳐나기 마련이다. 그래서 우리에게 진정으로 필요한 것은 전쟁을 수행할 용기와 사상으로서 위대한 정치의 출현이다.

모든 가치의 전환을 선언한 다이너마이트 철학자 니체는 "진리가 수천 년 동안 인류를 지배해온 거짓과의 투쟁에 돌입하게 되면, 우리는 꿈도 꿔보지 못했던 동요와 지진의 경련 그리고 산과 골짜기의 이동을 경험하게 될" 것이라며 "그렇게 되면 정치라는 개념은 정신들의 투쟁이 될 것이며, 옛 사회의 권력 구조들은 공중분해가 되고 말 것이다. 그것들 모두는 거짓에 기초하고 있다. 지상에는 이제껏 없었던 전쟁이 있게 될 것이다. 나의 출현과 함께 비로소 지상에 위대한 정치가 존재하게 될 것이다"라고 했다. [니체, 나는 왜 하나의 운명인가]

지금이야말로 수다스러운 안보놀이가 아닌 지상에서 이제껏 없었던 공포로서의 전쟁과 국가라는 우상을 내세워 분단체제에 안주하는 거짓을 꿰뚫는 정신들의 투쟁으로서 위대한 정치가 비로소 지상에 출현해야 한다.

## 09

# 귀태(鬼胎) 문재인의
# 늪에 빠진 윤석열과 김정은

2023년 8월 28일 국민의힘 연찬회에서 윤석열 대통령은 "제일 중요한 것은 이념"이라며 "철 지난 이념이 아니라 나라를 제대로 끌어갈, 그런 철학이 이념"이라고 했다.

윤석열의 이념 타령이 점입가경으로 흐르고 있다. 문제는 왜일까이다. 새뮤얼 존슨은 "애국심이란 무뢰한들의 최후의 피난처이다"라는 말을 한 적이 있는데, 이는 자신의 자존감이 낮으면 낮을수록 어쭙잖은 애국심에 의지함으로써 자신의 자존심을 세운다는 이야기다.

"윤 대통령이 반복적으로 공산 전체주의와 반국가세력을 꺼내드는 것은 실제적 위협으로 작용하고 있기 때문이라는 것이 대통령실 참모들의 설명이다"라고 밝혔지만 이 같은 경도된 이념의 문제는 사실 실제적 위협이나 그 참모들의 문제가 아니라 검사 윤석열이 아닌 대통령으로서 자존감이 뒤늦게 느껴져서이다. 그래서 그 자존감에 대한 보상으로 뒤늦게 이념에 의존하게 된 것이다.
[이상 뉴스 1, 정지형, 2023. 9. 2.]

문제는 사람에 충성하지 않는다는 검사 윤석열의 자존감이 왜 극도로 낮아졌는가이다. 비평가들은 4월 총선을 앞두고 보수 지지층 결속 운운하지만, 홍범도 장군 흉상 이전에 대해 여야를 막론하고 비판 여론이 거세게 일어나자 윤 대통령이 지난 8월 29일 비공개 국무회의에서 "어떻게 하자 하진 않겠다. 다만 문제를 제기하고 한번 어떤 게 옳은 일인지 생각해보는 게 좋겠다"라고 흔들리며 물러났듯이 뒤늦게 뉴라이트의 뒷바람이 분 것만이 아니다. 문재인에 대한 증오의 반사체로서 탄생한 자신의 존재 한계를 뒤늦게 살펴보며 자신에 대한 경멸에 빠져 이념으로 도피하는 것이다.

누구나 알듯이 윤석열의 탄생은 발광체가 아니라 문재인 — 문재인도 죽은 자의 반사체지만 — 에 대한 환멸과 증오 그리고 대중의 지독한 염증으로 탄생한 경멸의 반사체이다. 자기 자신조차도 정말 대통령이 될지 모른 채 떠밀려 당선된 뒤 대통령 수업으로 1년을 보내오다 이제 정말로 자기가 그 자리에 있다는 자각이 뒤늦게 밀려오자 자신의 탄생에 대한 모멸과 그 존재감을 버티지 못해서 더듬거리듯이 이념을 찾아서 자신을 지탱하려는 심리이다. 이념을 명분 삼아 무너진 그 실존의 공허를 채우려는 것이다.

결국, 문재인에 대한 증오로 탄생한 자신에 대한 모멸을 견디지 못하고 'Anything But 문재인'으로 치닫고 있는 사태이니 문재인과 그 반대편이 홍범도 장군을 내세워 친일파 단죄를 하듯이 비난하는 것은 본질을 벗어난 위선이자 사악한 탐욕일 뿐이다. 친일을 비난하는 그들이 그 종속성으로서 한미동맹을 문제 삼는 것을 단 한 번이라도 보았는가? 일본은 미국의 속국이기에 반미가 없는 반일은 결국 반미를 가리는 비겁한 반동일 뿐이다. 우치다 다쓰루는 "속국이라는 것을 부인하는 속국"이라는 점에 일본 대미종속의 특이성이 있을 것이라며 "속국의 입장을 수용하고 '이 시스템에 동의합니다'라고 맹세한 자만이 이 나라의 지배층을 형성할 수 있습니다. 그것이 전후 70년이 지난 일본의 지배구조로 자리를 잡아버렸습니다"라고 밝힌다. [속국 민주주의, 24쪽]

"1980년대 한국에서 반공법이 폐지되고 민주화가 진행되었습니다. 그것도 동서냉전이 끝나가는 시점에서 미국으로서는 이념적인 반공 군사정권보다 미국과 가치관이 가까운 민주정권이 파트너가 되는 것이 국익에 도움이 될 것이라고 판단했기에 가능했을 것입니다. 미국이 '반공 군사정권 쪽이 동맹국으로는 더 낫다'라고 확신했다면 민주화는 억압되었을 것입니다. 괴뢰정권보다 가치관을 공유하는 동맹국 쪽이 안전보장상 신뢰할 수 있다고 생각하는 것이 합리적이지요." [같은 책 72쪽]

미국이라는 가치관에 위계적으로 완벽하게 종속된 실향민 출신 문재인은 박근혜에 대한 그들의 비난에 따른다면 역동적인 대한민국에서 태어나지 말았어야 할 '귀태'이다. 박근혜는 사회주의 국가 지도자이자 미국의 적국이었던 시진핑, 푸틴과 더불어 2015년 9월 3일 중국의 '항일(抗日)전쟁 및 세계 반(反)파시스트 전쟁 승전 70주년' 전승절(戰勝節) 행사에 유일하게 선 위정자이다. 그의 아버지 '반공 군사정권' 박정희가 자체 핵 무력에 접근하려다가 CIA에 의해 암살당했듯이 그의 행보도 크게 다르지 않은 독자적인 행보라 할 수 있다.

• 박정희 전 대통령 •

문재인이라는 귀태의 반사체라는 사실이 못내 수치스러워 그 자존감을 세우려고 안보를 내세우는 행동에 빠져든 또 다른 위정자가 있으니 바로 김정은이다. 그도 자존감을 상실한 채 무뢰한의 도피처로서 애국에 빠져들어 간 상황이다.

그렇다면 김정은의 자존감은 왜 상실되었을까? 문재인에 비쳤던 자신의 욕망이 채워지기는커녕 있는 속살만 그대로 비쳤기 때문이다. 한미동맹이나 한미일동맹이나 어제오늘의 일도 아니고 2017년 12월 '김정은 참수부대 특수임무여단 창설'을 윤석열이 했단 말인가? 일본과의 군사동맹인 지소미아를 악용하고 내버려 둔 게 오히려 문재인이지 않았던가? 그때와 지금이 다른 상황이 아니라면 왜 그때는 문제를 외면하다 지금에야 동족을 향해 대한민국이라며 상대를 타자화해 결국 동족의 땅을 지칭해 전술핵 공격을 운운하게 됐는가?

"사람은 무언가가 잘못된 게 아닐까 하는 의심이 들더라도 거기에 벌써 말려 들어가 있으면 무의식중에 자기 자신에게도 그 의심을 은폐하려고 애쓰는 경우가 있다." [모비딕, 158쪽]

니체는 도덕의 계보학에서 "망각이란 피상적으로만 생각하는 사람들이 믿는 것처럼 한갓 타성적인 힘이 아니다. 오히려 그것은 일종의 능동적인, 극히 엄밀한 의미에서의 적극적인 저지 능력이다"고 했다. 귀태 문재인에게 휘둘려 상실된 자존감으로 잘못된 사태에 말려 들어가는 형국을 은폐하려 애쓰지 말고 망각의 힘으로 넘어서야 한다. 각자의 이유로서 인간말종을 변명 삼는 언행이 얼마나 비겁한지 되돌아보고, 그 천박한 그늘에서 벗어나야 할 것이다. 지금 필요한 것은 변명으로서 눈먼 분노가 아니라 건강한 망각이다. 망각은 동정을 구걸하는 자가 아닌 자존감이 넘치는 강한 자의 전유물이다. 니체는 위대한 개인들과 그들의 업적은 시대를 뛰어넘는다고 했다.

"책임이라는 비범한 특권에 대한 자랑스러운 인식, 이러한 드문 자유에 대한 인식, 자기 자신과 운명을 지배하는 이 힘에 대한 의식은 그의 가장 밑바닥까지 침투하여 본능이 되었으며, 더 나아가 지배적인 본능이 되었다." [니체, 도덕의 계보학]

# 10

# 무술과 안보에 대하여

 무술을 익힌 사람들이 방증하듯이 사람이 단련된다는 것이 하루아침에 이뤄지지 않는다. 긴 시간의 땀과 노력과 인내가 필요하다. 그 연마된 신체에서 품어나오는 기세 즉 에너지는 그 사람의 눈빛과 몸짓을 보면 단번에 분별이 된다. 특히 위기의 순간에 분명해지며 위기일수록 그 빛을 더 발휘하게 된다. 어쩌면 그 짧은 순간을 위해 긴 시간을 들여 단련해가는지도 모른다.

 하룻강아지 범 무서운 줄을 모른다는 속담이 있다. 세상 무서운지 모를수록 더 객기를 부리곤 하기 마련이다. 훈련할 시간도, 위험에 대한 경험도 없기 때문이다. 단련한 무술인들은 전투상태로 돌입하면 한순간에 눈빛이 달라진다. 눈빛은 하나의 물질이다. 눈빛 하나로 웬만한 적은 제압이 가능하다. 굴복하느니 죽어도 좋다는 신체의 반응이 생각을 넘어 몸에서 바로 튀어나온다. 이마에 겨눈 총마저 몸으로 저항이 가능한 이유이다.

남과 북의 정신력과 훈련으로 본다면 남은 북을 당해낼 수가 없을 것이다. 그들은 죽기를 각오하고 훈련을 하는데 우리는 어쩔 수 없는 현실로서 일종의 극기훈련으로서 군대를 갔다 오고 안보를 외친다. 상업언론과 지식인들 그리고 정치인들도 일종의 유희로서 정세를 분석하고 안보를 외친다. 그들에게 안보는 그저 지친 삶에 긴장을 주는 오락인 것이다. 그들의 입이 가벼워질수록 그들의 하얀 손가락은 더 가늘어지고 배는 튀어나온다.

좌나 우나 한국에서 신줏단지처럼 모시는 한미동맹이 의미하는 것이 무엇인가? 수컷본능의 거세이다. 낯선 외부를 향해 자신의 목숨을 건 결단과 행동이 아닌 타자에 대한 유아적인 의존이다. 그에 비례해서 그들은 빨갱이를 외쳐대며 눈먼 증오로서 자신의 비겁과 허약함을 감추는 것이다. 문재인과 김정은의 눈빛을 머릿속에 떠올려보라! 그리고 비교해보라!

그러니 한국에서 한미동맹의 문제가 소위 이념의 문제 즉 친북의 문제이겠는가? 아니면 하나밖에 없는 자신의 목숨과 짧은 인간의 인생을 건 결단과 책임의 문제이겠는가?

자신의 판단으로 온몸을 던지는 결단에서 '우리' 안에 갇힌 넥타이 맨 토끼들은 상상할 수도 없는 비약이 이뤄진다. 숭고한 한미동맹은 바로 '우리' 안의 비겁하고 나약한 장애물이자 우리의 초라한 몰골을 비추는 거울이다. 결단을 비껴가는 비겁하고 사사로운 욕망으로서 반일이나 허공 속 반북이 초라한 이유이다.

## 11

## 반일과 반북
## 그 부정적 힘의 반복

"니체가 우아함, 고귀함, 주인이라고 부르는 것은 때로는 적극적인 힘이고, 때로는 긍정적인 의지이다. 그가 저속함, 비루함, 노예라고 부르는 것은 때로는 반응적 힘이고, 때로는 부정적 의지이다."[질 들레즈, 니체와 철학, 110쪽]

스스로 주인이라 불리는 自主가 적극적인 힘이고 긍정적 의지라면 反北은 반응적인 힘이자 부정적인 의지라 할 수 있다. 자주적이지 못한 노예들은 오히려 자주에 원한을 갖고 자주를 경멸하며 그 가치를 전도시킨다. 우아함, 고귀함에 대한 반작용으로서 저속하고 비루한 의지로서 빨갱이를 남발하는 이유이다. 북의 실체를 떠나 북을 원한에 찬 시각으로 바라보는 이유는 바로 우리 내면의 문제로서 부정적인 의지를 반영한다.

그렇다면 반일은 긍정적인 의지인가? 긍정적인 의지로서 자주를 지향하는가? 그렇지 않다면 반일도 반북에 못지않게 심각한 문제일 것이다. 우리 시대 반일은 반북세력에 대응하는 반응적인 힘일 뿐 긍정적인 의지로서 자주를 지향하지 않는다. 반일을 외치는 이들이 친미 즉 한미동맹에 경도됐던 위정자 문재인에 여전히 경도되고 있는 중독된 현상이 이를 반증한다.

친미에 경도된 반일이 지금의 반북보다 더 반동적인 이유는 이들이 국민들의 의식 속에 있는 역사적 반일이라는 도덕적 감정과 도덕적 부채를 자신들 패거리의 영달과 안일을 위해 악용하며 그 가치를 깎아 먹고 있기 때문이다. 즉 이들이 반일이라는 도덕적 감정과 역사를 등에 지고 자주에 반하는 노예적인 행동을 태연스럽게 벌이는 행동 속에 친미의 문제 즉 자주의 문제가 덮이는 사태가 반복된다.

그 반복된 정치적 현상으로서 나타나는 것이 바로 문재인에 대한 경멸로 탄생한 윤석열에 대한 경멸로서 여전히 한미동맹에 경도된 문재인이 반응적으로 소환되는 사태이다. "문재인입니다"의 귀환은 또 다른 반응적 사태로서 또 다른 윤석열의 반복을 예견한다. 부정적인 힘은 생성이 아니라 정체이자 적극적인 상호작용이 아닌 반응적 힘으로서 폐쇄적으로 오로지 자신들만을 반복적으로 바라보기 때문이다.

아담 맥케이 감독의 작품 미국영화 〈돈 룩 업〉은 지구를 박살내기에 충분한 혜성이 돌진해오는 절체절명의 위기상황에서 오히려 이를 악용하여 각자 자신들만의 이익과 욕망을 추구하는 사태를 그리고 있다. 대통령은 혜성이 지구로 돌진하는 상황을 불리한 정치적 입지를 뒤집기 위해 이용할 생각을 하고, 언론인들은 이 이슈를 심각하게 다루기는커녕 시청률을 올릴 소재로 써먹는다. 긍정이 아닌 반응적 힘과 부정의 의지가 넘치는 한국과 다르지 않은 현실이 아닐 수 없다.

삭 바람 부는 식민지 조국의 얼어붙은 벌판에서 군권을 상실한 비애를 안고 맨몸으로 싸웠을 홍범도 장군의 비애는 간데없고 여전히 군권이 없는 대한민국의 현실을 외면하며 정파적 이익에 휩쓸리는 사태가 그러하고, 후쿠시마 핵 오염에 휩쓸리면서 정작 자신이 발 딛고 있는 땅이 우리의 의사와 무관하게 핵전쟁의 참화에 휩쓸릴지 모를 민족자결이 상실된 구조적인 현실을 외면하는 사태가 그러하다. 지소미아와 사드가 방어하고자 하는 것이 결국 누구를 향하는가?

자주가 상실된 반응적이고 부정적 힘으로서 문재인이 윤석열과 다르단 말인가? 그러니 친미는 친일과 다르단 말인가? 친일이 우리의 삶을 배반하는 자기 배반적 가치라면 이를 전복시키는 것이 철학과 삶의 과제로서 반일이 우리의 과제가 되어야 한다면 이제까지 위정자들이 친미라는 이름 아래 친일과 다르지 않은 지금의 세계를 이상적이라고 날조한 만큼 우리는 그것이 갖는 가치, 의미, 진실성 등을 박탈해야 한다.

"반시대적이라는 것 — 그것은 시대에 역행하는 것에 의해서 자신의 시대에 영향을 미치는 것을 의미한다. 그리고 그것은 이를 통해서 다가올 시대에 기여할 것을 기대하는 것이다." [니체, 반시대적 고찰]

# 12
# 어리석은 독재자의 반복되는 '권력의 탕진'

"권력의 본질은 '권력의 탕진' 속에 있다. 그를 제외한 모든 국민이 그의 죽음을 바랄 때까지 부조리한 존재로 계속 지낼 수 있는 권능, 누구의 제약도 없이 자멸을 향한 외길을 선택할 수 있는 권한 속에 있다." [우치다 타츠루, 말하기 힘든 것에 대해 말하기]

권력의 본질이 '권력을 탕진적으로 행사하는' 행동 속에 있기 때문에 "모든 독재자의 공통점은 간신(奸臣)이 기세를 떨치고, 직언하는 충신이 참수되며, 충신이 하룻밤 만에 버림받고, 다음 세대 가운데 가장 평범하고 가장 어리석은 사람이 후계자로 지명되는 '부조리'한 인사관리를 철저히 한다는 것이다." [같은 책]

단기적이지만 우리가 어디선가 반복적으로 자주 접하고 있는 풍경이 아닐 수 없다. 그 독재자의 '부조리'한 인사관리의 철저함 속에서 탄생한 가장 어리석은 후계자와 그 권력자의 극한적인 '권력의 탕진'으로서 우리는 애국을 빙자해 이어지는 안보 타령을 지켜보고 있다. 그 '자멸을 향한 외길'의 최종 종착은 군사놀이라고 할 수 있을 것이다.

"국방이 중요하다고 말하는 의견이 사람들의 주목을 얻기 위해 가장 효과적인 방법은 '위기를 부추기는 것'이며, 그 '옳음'을 증명하는 가장 확실한 방법은 '침략당하는 것'이다." [같은 책]

'권력의 탕진'으로서 역대 최다의 군사행사를 즐긴 문재인에 이어 윤석열 대통령은 "한미 양국은 북한이 핵 공격을 할 경우 신속하고도 압도적인 대응을 함으로써 북한 정권이 종말을 맞게 한다는 점을 재확인했다"라며 "양국은 또 북한의 핵미사일 공격을 억제하고 대응할 능력을 증강하기로 했다"라고 밝혔다. [안용수, 연합뉴스, 2023. 9. 17.]

이처럼 핵 공격을 당하기를 바라는 어리석고 종말적인 욕망 즉 차라리 전쟁이 일어나길 바라는 심리와 다르지 않은 의미로서 다른 한편으로 위험 대비의 필요성을 주장하는 사람은 그 의견이 세상에 받아들여지지 않으면 점차 그 위기의 실현을 바라게 되는데 2023년 9월 26일 김성 유엔주재 북한 대사는 유엔총회 일반 토의 연설에서 다음과 같이 말했다.

• 김성 유엔주재 북한 대사 •

"조선반도(한반도)는 언제 핵전쟁이 터질지 모르는 일촉즉발의 위기에 처했다"라며 "적대세력의 무모한 군사적 모험과 도전이 가중될수록 국가 방위력 강화를 위한 우리의 노력도 정비례할 것"이라고 주장했다. [노재현, 연합뉴스, 2023. 9. 27.]

시류에 휩쓸려 살아가는 사람들은 종종 타인의 풍문과 말을 빌려 자신이 하고 싶은 말을 하곤 하는데 핵 공격을 당하거나 핵전쟁이 터지기를 바란다 해도 제국의 이간과 풍문 뒤에 자신을 숨기는 위정자들의 반복된 거짓과 저열한 광대 짓에 익숙해진 탓에 '유사사태'를 바라는 그런 선동에 지친 인민들은 오히려 "동시대 최고 형태의 니힐리즘"(프랑코 베라르디)에 빠져들 뿐이다.

'권력의 탕진'으로서 민생에 대한 무능을 감추려 자신의 안방에서 유사사태를 선동하는 어리석은 위정자들의 자폐적인 유희에 휩쓸리지 말고 '국가방위로서 우리의 노력'이 분열된 한반도를 가로질러 태평양을 넘어서야 한다. 불행인지 다행인지 제국을 넘어 완성된 핵 무력이 하나의 사상으로서 한반도에 던져준 시대적 의미이다.

## 13

# 그리스도적 원죄의식으로서 '한미동맹'

그리스도는 우리를 위해서 우리의 죄를 대신 짊어지고 죽었다! 이것이 적어도 성 바울의 해석이다. 고로 우리의 삶은 단죄되고 참회되어야 한다. 이처럼 예수를 십자가에 매단 그리스도들은 자신들의 존재 자체에 대해서 죄의식을 갖는다. 바로 원죄의식이다. 유태와 기독교가 발명한 원죄가 그 뿌리이다.

분단 이후 미군에 대해서 우리가 가져온 감정이 바로 죄의식이다. 우리의 죄를 짊어지고 죽은 예수와 동일한 존재이다. 따라서 우리는 미군을 가치와 혈맹으로 모시고 숭고한 한미동맹이라고 찬양하며 우리 자신을 학대하고 자학한다. 이 찬양에 대해서 의문을 가진 자는 반북의 공포 아래 안보라는 이름으로 형벌을 받고 끝끝내 참회해야만 하는 것이다. 그런데 그 의미와 해석은 누가 부여하는 것이란 말인가?

한국 사회를 깊고 어둡게 드리우고 있는 종교적인 굴복으로서

"숭고한 한미동맹" 그리고 미군에 대한 종속이 물리적인 강압만으로 유지되었겠는가? 민생에는 무능했지만, 자신의 권력 유지에는 유능했던 명을 향한 선조의 재조지은 굴종처럼 대국에 대해 취해온 위정자들의 오래된 도덕적 굴복이자 자발적인 복종이다. 선조가 명에 죄의식을 느꼈듯이 우리는 미국에 죄의식을 느끼고 자발적으로 속죄를 하며 그 멍에를 낙타처럼 묵묵히 짊어진다. 그 죄의식이 안보행사에서 방언처럼 터져 나온 것이 바로 문재인의 "숭고한 한미동맹"이며 방미록에 남긴 "대한미국"이란 무의식적 상흔이다. 그 무의식을 '미국산 앵무새'처럼 이어받은 것이 바로 윤석열이 외쳐대는 "자유민주주의 가치의 공유"이다. 다르겠는가?

중세의 암흑기를 지나 근대라는 미명 아래 종교의 자유가 헌법적으로 보장되는 대한민국에서 기독교적 종교현상인 친미와 그 굴종을 체질적으로 거부하는 것은 여전히 죄이다. 여야를 떠나 국보법이 존재하는 이유이다. 그럼으로써 그들은 제국의 손바닥을 시계추처럼 반복하며 오간다. 하지만 싫은 것이 처벌받을 이유가 될 수 없듯이 건강한 사람에게 신체적인 거부반응으로서 일어나는 친미에 대한 거부감은 생리적일 수밖에 없다. 예수 천국 불신 지옥을 외치며 존재하지도 않는 신을 믿으라고 겁박하는 광신도들을 께름칙해하면서 멀리 하는 것과 다를 바 없는 지극히 상식적인 반응일 뿐이다.

하지만 한국은 기독교적인 허무주의 아래 자신의 감정과 신체적인 반응조차 강압적으로 검열받고 눈치 보며 그 피할 수 없는 좌절감의 퇴행적인 출구로서 자폐적인 패배주의와 깊은 허무주의로 빠져든다. 도박에 빠진 이들이 망가지는 것을 알면서도 자신을 더욱 도박적으로 내몰아 결국 파멸의 끝에 이르러서도 끝내 도박에 구원을 바라는 심리와 다를 게 무엇이겠는가? 이것이 바로 한국 사회를 검게 드리우고 있는 제국을 향한 기독교적 허무주의의 상흔이자 우리가 처한 현실이다. 북핵이라는 허울 아래 여전히 경건하게 한미동맹을 읊조리고 있는 위정자들의 영혼과 눈빛을 떠올려보라!

그들은 여전히 원죄에 대해서 죄책감을 느끼며 속죄를 해야 한다고 설교하며 군중들을 병적으로 감염시킨다. 그렇게 숭고한 한미동맹을 진리라고 읊조리며 머리를 조아린 채 벼룩처럼 날뛰는 인간말종들을 한국 사회는 성직자라 엘리트라 위정자라 지칭한다. 보라! 그들에게 이성이 없어 맹목적으로 휩쓸린다고 생각하는가? 그들은 삶과 현실을 기만하며 원죄에 대한 믿음과 그 자학의 대가로 세간으로부터 주어지는 권세와 재물을 병적으로 즐겨왔다. 이들이 바로 제국이 키운 "냉정한 광신도"들이다!

"진리를 소유하고 있다는 신념이 그를 광신자로 만든다"(프리드리히 니체), "광신자의 최악은 그의 진실성이다"(오스카 와일드), "광신은 목적을 잊은 채 노력을 배가할 때에 나타난다"(조지 산타야나), "광신자란 자신의 생각을 바꿀 수도 없고, 그렇다고 주제를 바꾸지도 않을 사람이다"(윈스턴 처칠), "광신자들은 대부분 창조적이지 못한 지식층에서 나온다"(에릭 호퍼). [강준만, 시사저널,

2023. 9. 1.]

　아편에 찌든 병든 몸처럼 친미라는 이념적 과잉과 중독은 신체가 썩고 병들었다는 방증이다. 그런데 이들은 안보라는 이름으로 가치를 전도시켜 오히려 반미를 위험한 이데올로기로 몰아 금기시하고 처벌하려고 달려든다. 전도된 가치는 삶을 부정하는 병든 위정자들이 진리를 빙자해 자신의 사욕을 사사로이 감추는 추악한 욕망일 뿐 건강한 사람들에게 반미는 지극히 건강한 생리적인 거부반응일 수밖에 없다. 싫은 것을 싫다고 저항하지 못하면서 피학적으로 명령받으며 살고 싶은 사람이 누가 있겠는가?

## 14

# 북핵은 악이고
# 미국 핵은 선이라는 변명

　한국 사회를 어둡게 드리우는 지배적인 담론은 북한의 비핵화를 우리의 안보와 심지어 반도체 등 경제에 연동하여 이를 한미동맹에 종속시키는 것이다. 남북의 화해와 교류협력도 북한의 비핵화에 철저히 종속시키고 있다. 이와 관련한 자기변명으로서 위정자들이 북한 핵에 대해 내세우는 두 가지 논리를 살펴보자.

　첫 번째는 소크라테스의 변명에 나타나는 괴변이자 거짓 논리로서 북한 핵은 악이라는 전제조건이다. 다음 소크라테스의 변명에 나오는 케베스와의 대화다.

· 소크라테스 ·

"그러면 살아있는 것으로부터 생겨나는 것은 무엇인가?"

"죽어 있는 것입니다"라고 케베스가 말했지요.

"그러면 죽어 있는 것에서 생겨나는 것은 무엇인가?"

"살아있는 것이 죽어 있는 것에서 생겨난다는 데 동의하지 않을 수 없습니다."

"그렇다면 케베스, 살아있는 것들이나 살아있는 사람들은 죽어 있는 것들과 죽어 있는 사람들로부터 생겨나는 것이 되겠군."

"그래 보입니다."

"그렇다면 우리의 영혼(이데아 등)은 저승(삶이 아닌 천국)에 있다는 말이로군." [소크라테스의 변명, 파이돈, 117쪽]

이것이 서양철학을 이끌어온 대지와 삶을 부정하는 이승과 저승의 이분법으로서 존재, 불멸, 영혼, 진리, 이데아론의 맹아를 묻고 답하는 과정에서 결론을 끌어내는 산파술이다. 플라톤에 의해서 왜곡된 소크라테스의 변론술을 고도화하는 과정이 서양의 수사학과 논리학 그리고 서양의 대중정치가 형성된 과정이자 대중선동가(데마고그)가 나오는 배경이라고 볼 수 있다. 참고로 축의시대에 공자는 삶도 모르는데 죽음을 어찌 아느냐고 했었다.

"아테네에서 '덕'이란 정치 능력, 즉 공적인 장에서 능숙히 언론(로고스)을 조작하는 기술이다… 아테네에서 공인으로 행동한다는 것은 대중의 지지를 획득하고 권력 장악을 목표로 삼는다는 것을 뜻한다. 직접민주주의라고 해도 결국은 지도자가 사람을 대변하게 된다. 따라서 그로부터 끊임없이 데마고그(민중선동가)가 출현한다." [가라타니 고진, 철학의 기원, 201쪽]

이것이 데모크라시의 허구이자 서구 민주주의 정치의 전통이지만 이러한 "정치 능력"으로서 대중선동을 즐기고 악용해온 자칭 어용 지식인 서울 아크로폴리스 출신 유시민을 들 수 있다. 그는 애국가 제창이 친북이 아닌 것의 전제조건으로 애국가를 부르지 않는 세력이 친북이라고 몰아붙였었다. 한마디로 로고스를 조작한 것이다. 그가 한국을 대표하는 진보 지식인으로 비치고 있는 현실은 우리가 여전히 허구의 데모크라시에 갇혀 있다는 것을 방증한다.

북핵은 악마라는 전제조건을 한 치도 벗어나지 않는 한국의 위정자들 또한 미국 핵은 선이라는 이분법에 기반 미국의 핵에 대한 문제의식을 느끼면 친북으로 몰아붙인다. 우리는 미국에 대해 의심하고 비켜서서 바라보지 못하고 그들의 질문 속에서 그들이 원하는 답으로 끌려간다.

결국 "북핵이 악이라는 데 동의하는가"라는 전제적인 물음에서 미국 핵은 선이라는 정해진 답이 나오고, 우리는 그 프레임에 갇히게 되는 것이다. 그리고 우리는 이를 도덕적으로 받아들임으로써 스스로 내재화를 한다. 북핵 문제가 미국의 문제가 아닌 중재자를 빙자한 우리 내부의 문제가 되어온 노예도덕의 과정이다. 이로써 "미국 핵은 악이 아니란 말인가"라는 의문과 질문은 상실되고 진리가 된다.

두 번째는 북핵을 바라보는 장물아비 심보이다. 왜 장물아비 심보인가? 남의 물건을 훔치는 것이 도둑이라면 남의 것을 자기 것으로 내세워 자기 것인 양 협상하는 것이 장물아비 심보이다. 누구와 협상하는가? 예속적인 한미동맹 아래 미국의 이익으로서 북핵 제거를 민족 내부 거래인 남북경제협력을 그 협상의 대가로 내세운다. 즉 내 것을 그들에게 주며 그들을 위한 협상을 하는 것! 이것이 소위 문재인이 내세운 중재자론, 운전자론으로서 공동선언과 남북경협이 한 치도 나아가지 못하고 내외에서 환멸과 멸시를 받아온 이유이다.

비켜서서 상식적으로 바라보자! 북한 핵이 우리의 결과물인가? 그런데 왜 남의 물건을 우리가 협상하거나 중재하는 것이 당연하다고 생각하는가? 민족 문제여서라고 한다면 우리는 그에 걸맞은 사상과 행동을 보였는가? 핵이 위험하다면 북핵이나 미국 핵이나 중국 핵이나 다 위험한 것이고, 내 재산이 소중하다면 남의 재산도 소중하다. 이념을 떠나 북핵은 국가로서 북의 자산이고, 대외적으로 그들의 협상 수단이자 생존 자산이다. 차라리 자체로 핵 개발을 하던지 북핵은 북미 간의 문제로 비켜두고 우리는 남북관계를 민생으로만 바라보는 발상의 전환을 해야 한다.

강자의 논리는 자기들에게 유리한 전제조건을 비합리적으로 강요하기 마련이다. 이를 통해서 자신들의 질서를 유지하고자 한다. 외교적으로 포위, 고립, 협박을 하다가 안 된다 싶으면 최종적으로 전쟁을 위협한다. 노암 촘스키가 밝히고 있듯이 미국의 외교 정책이라는 것이 결국 자신들은 정상적으로 비치지 않게 하는 것이다. 이런 국제질서의 악순환이 북한 핵 개발을 불러온 것이다. 북핵 해결의 모색을 위해서 우리가 내세우는 전제조건을 한 발 떨어져 살펴보고 되돌아봐야 할 이유이다.

# 15

## 부정을 넘어 핵 무력이 사상이 되는 길

"나는 생각한다. 고로 존재한다"라는 데카르트의 명제에 의하면 생각하는 존재인 나는 "나" 외의 세상을 대상으로 바라보고 의미와 가치를 부여하는 존재이다. 니체는 인간은 문법에 갇힌 숙명적인 존재라고 했는데 그 문법적 인간은 항상 주어로서 "나"를 술어 앞에 내세우고 대상을 규정한다는 것이다.

• 데카르트 •

"인간은 자신을 보존하기 위해서 무엇보다도 먼저 여러 사물에 나름대로 가치를 부여했다. 또한, 인간은 사물의 의미를 창조했다. 그래서 인간은 스스로를 '인간' 즉 '평가하는 자'라고 부르는 것이다. 평가라는 것은 창조하는 것이다." 짜라투스트라는 이렇게 말했다!

시인 김춘추의 시 "꽃"에서 내가 그의 이름을 불러주었을 때 그는 나에게로 와서 비로소 꽃이 되는 것처럼 인간은 나 외의 세상을 대상으로 바라보고 객관화하며 그 의미를 부여하는 존재이다. 타자를 바라보는 내 시선 자체가 폭력의 시작이다. 이처럼 대상에 대해 내가 원인이 되고자 하는 의지로서 "힘에의 의지"가 인간의 본능일지 모를 일이다.

대중의 갈채에 흠뻑 젖어서 원인이 된다는 즐거움을 누리는 대표적인 인간으로서 연예인, 운동 스타, 정치인과 종교인을 들 수 있을 것이다. 하지만 환호하는 대중들도 이제 단순한 수동적 존재가 아닌 다양한 반작용으로서 그들에 대한 자신들의 영향력을 즐긴다. 댓글부대 등 팬덤 정치가 작동하는 이유일 것이다.

이처럼 나의 의지로서 인간을 대상으로 바라볼 때 타자에 대한 지배욕이 생기며 노예도덕과 주인도덕, 내로남불과 갑질 등의 심리와 구조가 생길 것이다. 다른 한편 대상이 된다는 것에 대한 본능적인 거부감으로써 자신이 원인이 되고자 하는 힘이 부정적으로 표출될 때 소시오패스적 일탈이나 왕따가 일어날 것이며, 원인이 되고자 하는 힘이 긍정적으로 표출되는 경우 개혁과 혁명이 일어날 것이다.

거친 독재를 지나 민주화 이후 각자도생의 IMF 구제금융을 지나온 한국의 현실은 날뛰는 인간말종들의 연민과 동정 구걸, 허무주의와 무력감, 체념과 사대, 공적 목표와 책임 윤리를 상실한 사사로운 욕망 등 부정적인 힘이 넘쳐나는 구조가 고착되어 왔다.

초자연적이고 숙명론적인 설명을 거부했던 고대 그리스의 자연철학자 데모크리토스는 우주가 원자로 이루어졌다고 가정했다. 자연 세계를 창조의 결과가 아닌 인간의 분석대상으로 바라본 것이다. 이처럼 두려움으로써 신과 자연에 대한 종속이 아닌 원인이 되고자 할 때 그 욕구의 극단이 원자에 대한 제어이고, 이를 성취한 것이 현대의 핵 무력과 원자력이라고 할 수 있을 것이다. 즉 원자에 대한 제어는 인간이 성취한 "힘에의 의지"의 극단이다.

북이 핵 무력을 헌법화하고 다종다양하게 실전 배치한 불가역적인 현실을 마주하고 있다. 하지만 우리는 위기 시에 꿩이 머리를 땅바닥에 처박듯이 현실에서 도피하며 그만큼 허공을 맴도는 공허한 비핵화에 더욱 매달리며 제국이 규정한 틀과 덫에 걸려 한 치도 벗어나지 못한 채 자학적이고 자폐적인 감옥살이를 스스로 자처하고 있다. 발상의 전환으로서 위기를 기회 삼고 고개를 들어 더 큰 세상을, 또 다른 세상을 바라볼 생각조차 하지 못하는 초라한 현실이 아닐 수 없다.

아산정책연구원과 미국 랜드연구소가 지난 1년간 공동 연구해 30일 발표한 '한국에 대한 핵 보장 강화방안' 보고서에서 한미 전문가들은 "한국 안보지원을 위해 태평양에서 작전 중인 미국 전략 핵잠수함 탑재 핵무기 등 최대 180여 개 핵무기를 북한 겨냥 용도로 투입하고 B61 핵폭탄 등 제한된 수의 미국 전술 핵무기를 한국에 배치해야 한다는" 주장이 제기됐다. [김유진 기자, 한국일보, 2023. 10. 30.]

이처럼 여전히 "북한 핵의 위협을 둘러싸고 정치인과 학자들이 모여 연일 공방을 벌이며 목소리를 높이고 있지만 정작 가장 중요한 사실을 말하는 이는 보이지 않는다. 우리의 운명을 스스로 결정할 수 없는 상황, 근대 국가의 기본이념인 민족자결과 국민주권이 결여된 대한민국의 비현실적 현실 자체가 북핵보다 더 위험한 것이다." [김누리, 한겨레, 2022. 10. 18.]

우리가 자폐적인 감정에 빠져있는 지금 정작 제국의 지성은 오히려 북핵을 현실로서 차분하게 바라본다.《미국의 현실주의 국제정치학파를 대표하는 존 미어샤이머 시카고대 석좌교수는 이날 통일부가 주최한 '2023 한반도 국제포럼' 온라인 기조 강연에서 "대다수가 북한의 핵무장이 동북아 지역 불안정의 원인이라고 여기지만 이는 틀렸다"며, "북한의 핵 보유가 오히려 광범위한 관점에서 한반도 안정을 가져온다"라고 말했다.》[김학일, CBS 노컷뉴스, 2023. 8. 30.]

한반도의 안정을 가져온 북한의 핵무장이 부정적인 힘의 의지가 아닌 긍정적인 힘의 의지가 되기 위해서는 그 핵 무력의 모든 가능성은 동북아가 아닌 태평양을 넘어서야 한다. 내외를 막론하고 한반도에서의 핵의 사용 가능성을 논의의 대상으로 삼는 틀 자체가 퇴보이자 반동이기 때문이다. 태평양을 넘어서는 순간 핵 무력은 원자를 넘어 사상이 된다! 이것이 바로 제국의 틀과 덫을 벗어나 한반도에서의 핵의 사용 가능성이 원천 차단된 비핵화라는 것의 의미이다! 이렇게 한반도에서의 비핵화와 그로 인한 평화가 이뤄지는 것이다!

"어떤 윤리의 질곡을 부수면서 새로운 법을 부여하려는 저항하기 어려운 유혹에 사로잡혔던 저 탁월한 모든 인간에게는 그들이 실제로 미치지 않았을 경우에는 자신을 미치게 하거나 미친 것처럼 보이게 하는 것 외에는 다른 방도가 없었다." [질 들레즈, 들레즈의 니체, 161쪽]

"질곡을 부수면서 새로운 법을 부여하려는" 가치의 전환! 그러니 누가 그 의미를 규정하고 부여하는가? 삶을 부정하는 죽은 이념과 부정적인 의지로서 오래된 사대를 벗어나 차라리 미친 것처럼 보이게 하는 "힘에의 의지"로서 "과거를 구제하고 모든 '그랬었다'를 '나는 그러기를 원했다'로 변화시키는 것, 나는 그것만이 구원이라는 이름에 합당하다고 믿는다." 짜라투스트라는 이렇게 말했다!

# 16

# 왜 거지들이 서로 쪽박을 깰까?

"없는 놈이 잘 살게 되면 거지 쪽박을 깬다", "거지 쪽박을 차다" 등 거지와 관련된 속담이 많은데 시중에서 만들어진 듯한 속담으로서 어려운 처지의 사람들이 서로 도와 파이를 키우기보다는 작은 차이로 서로 원망하다 둘 다 망하는 것에 대한 비하로 "거지가 그릇의 크기를 시기하다 서로 쪽박을 깬다"라고 말하곤 한다.

작은 움막에서 부대끼며 생활하는 거지들은 서로가 서로의 처지를 너무나 잘 알기에 작은 차이를 금방 식별하고 이내 시기에 빠지곤 할 것이다. 거칠고 힘든 환경에서 맨몸으로 일하는 노동현장에서도 크게 다르지 않은데 서로 비슷한 비용에 작은 노동강도의 차이, 소위 농땡이를 보게 되면 가히 그 눈빛이 상대를 찌르며 서로 감시한다. 노동강도가 높고 위험하며 지저분할수록 비례해서 사람들이 거칠어지고 원망이 높아진다. 맹모삼천이나 유항산 유항심의 이유도 다르지 않을 것이다.

니체는 채권과 채무 관계 속에 폭력과 도덕의 기원을 발견했는데 몸을 벗어난 디지털 경제 시대의 지능범죄는 몸과 몸이 부딪히며 발생하는 날 서는 긴장과 범죄를 벗어나 있다. 몸을 부딪치며 살아가는 그만그만한 사람들이 더 날 서게 싸우고 대립하며 감정적으로 휩쓸리는 반면 노동에서 벗어난 지능범죄자들, 대표적으로 권력형 법비들은 오히려 넉넉하고 인성 있게 비친다. 심지어 선망의 대상이 되곤 한다. 그들이 대중을 향해서 감히 에세이와 자서전을 내는 이유이기도 할 것이다.

10만 원 훔쳐 감옥살이하던 수인을 지켜봐야 했던 것과 달리 지능적으로 표창장을 위조한 것은 범죄가 아닌 듯 오히려 연민한다. 이처럼 사람들은 몸이 저지른 범죄보다 지능범죄에 대해서 더욱 관대한데 서울과 서울대를 선망하듯이 지능범죄에 대해 관용적인 이유는 몸을 부대끼며 살아가는 처지를 벗어나고픈 거지들과 다르지 않은 부정하고픈 자신들의 현실 때문일지도 모를 일이다. 현실이 고달파 오히려 서로 쪽박을 깨는 것이다. 그들이 자신들의 처지와 무관한 윤석열과 문재인을 오가는 이유이기도 할 것이다.

존 스타인벡의 소설 〈분노의 포도〉에서처럼 신자유주의 시대 자본은 몸과 그 대립을 벗어나 노동을 딛고 저만치 서서 자신의 자산을 기하급수적으로 키워나간다. 제국 또한 그러하다. 앞잡이를 내세워 분열을 조장하며 저만치 벗어나 실리를 챙긴다. 이처럼 이이제이는 분열을 딛고 서 있는 제국의 오래된 수법이다. 문제는 서로 몸을 부대끼며 살아가는 남과 북의 처지이다. 저 건너 미국보다 서로가 서로를 더 증오한다. 작은 차이를 넘어 파이를 키울 생각을 못하고 서로가 쪽박을 깨지 못해 안달을 부린다.

제국을 경영해보지 못한 태생적 한계가 스스로를 쪼그라들게 만들고 있는 것은 아닐까? 거지의 처지를 벗어나려면 제국의 관료 브레진스키가 〈거대한 체스판〉에서 유라시아를 바라보았듯이 작은 움막을 벗어나 그들의 입장 즉 제국의 마인드를 가져야 함에도 친미건 반미건 여전히 제국의 손바닥에서 벗어날 생각조차 하지 못하며 그들의 시각으로만 세상을 바라본다.

민족자주와 평화를 밝힌 공동성명의 당사자는 제국에 의한 전쟁범죄에 대해서는 입도 뻥끗하지 않으면서 2023년 10월 21일 SNS에서 한가하게 '다봉이와 나'라며 고양이나 쓰다듬으며 헤죽거리고 그들은 '사랑해요'를 끄적거린다. 나는 비위가 상하는데 그들이 멀쩡한 것을 보면 내가 병든 것인지, 맛을 상실한 게걸스러운 그들의 위장이 튼튼한 것인지 모를 일이다.

# 17

# 21세기 반미 달러와의 전쟁

　미국의 군사력은 달러의 횡포를 보호하기 위해 존재한다. 물론 그 실세는 유대 자본이 막후에서 영향력을 발휘한다. 이라크 후세인이 달러와 독점적으로 연동된 석유결재를 유로 등으로 다변화시키려 하자 최종적으로 제거된 이유이다.

　IMF 외환사태와 이후 국내에서의 구조조정도 달러화로 연동된 자산이 의도적으로 빠져나가자 정부가 백기를 들고 그들의 자유방임 경제정책을 세계화라는 미명 아래 일방적으로 받아들이면서 초래된 불행한 사태이다. 이로써 공동체와 가족이 해체되고, 극단적 경쟁과 내로남불이 배태된 것이다.

　달러화, 세계화 곧 미국화는 우리의 일상과 경제의 기준을 넘어서서 우리의 존재를 규정하는 절대적인 관념이자 형이상학적 이데올로기로 고착화되어 온 것이다. 이와 관련해서 일본의 학자가 외부적인 시각에서 우리를 바라본 의견을 살펴보자.

요로 세계화란 것과 싸우기는 상당히 어려워요. 그런 의미에서 철저하게 경제적으로 세계화를 진행시킨 곳이 한국이지요.

나코시 그렇네요. 1997년 아시아 통화위기로 재정이 파탄에 이르렀고, IMF의 개입을 받아들이면서 집약형 경제가 되었어요. 동아시아에서는 세계화 경제의 전형이지요.

요로 지금도 커다란 실험이 이어지고 있는 모양인데 그런 의미에서 한국의 상황을 주시할 필요가 있어요. 한국의 기업이 열심히 일해 수익을 올려도 외국 투자가들이 이익을 가져가고 국내에는 혜택이 돌아가지 않아요. 그래서 시간이 지나도 경제가 나아지지 않아요. 일해도 나아지지 않는 상황이 된 거지요. [요로 다케시. 나코시 야스후미, 타인을 안다는 착각, 2017년]

일해도 나아지지 않는 세상! 세계화, 미국화, 달러화로의 종속은 피할 수 없는 운명인가? "'세계화가 절대적 正義다'라는 생각이 하나의 벽이 되어 앞일을 생각지 않아요. 무언가가 절대적으로 옳다고 판단하면 세계가 그 옳음과 유익함을 반영하는 존재로만 보이는 게 인간의 한계라고 생각합니다."

화폐는 신뢰에 기반한다. 지금도 돌덩이에 신뢰를 부여하면 화폐로서 그 기능이 구현하게 되는 것이다. 우리는 지난 시절 분단과 전쟁이라는 역사적 환경 속에서 미국의 패권을 과도하게 도덕적으로 받들어오면서 달러에 대한 일방적 신뢰를 부여해왔다.

하지만 천문학적인 양적 완화로 달러의 신뢰가 미국 내부에서부터 무너져 내리고 있다. 다양한 지역 화폐의 등장은 그 전조이다. 이제 우리도 새로운 시대의 흐름을 타고 민족 간 교류를 활성화해 나감으로써 달러 패권을 넘어서는 공동체를 남에서 그리고 남북, 해외에서 복원해가야 한다. 감정으로서 반미는 그 벽을 넘어설 수 없다. 이제 자기의 한계를 스스로 넘어서야 한다. 니체가 그러했듯이 자신의 머리를 딛고 올라서야 한다. 달러가 아닌 한반도를 아우르는 돌멩이에 신뢰를 부여하자! 거기에서부터 새로운 창조가 시작된다.

절실하면 통하기 마련이다. 그 절실함으로 이제 우리의 한계를 스스로 넘어서야 한다. 니체가 그러했듯이 자신의 심장과 머리를 딛고서라도 올라서야 한다. 달러가 아닌 차라리 한반도를 아우르는 돌멩이와 조개에 신뢰를 부여하자! 거기에서부터 어린아이와 같은 새로운 창조가 시작될 것이다.

"아이들은 바닷가에서 놀고 있었다. 그때 파도가 밀려와서 그들로부터 장난감을 빼앗아 바다 깊은 곳으로 가져갔다. 그래서 아이들이 울고 있는 것이다. 그러나 같은 파도가 아이들에게 새 장난감을 가져다주고 아이들에게 알록달록한 새로운 조개들을 쏟아 놓으리라!" 짜라투스트라는 이렇게 말했다!

## 18

# 분단시대에 필요한
# 돈키호테의 모험과 용기

　돈키호테의 사명은 "약한 자, 가난한 자를 돕기 위해 운명이 부여하는 그 어떤 모험에도 내 힘과 내 한 몸을 내던질 굳은 결의를 품고, 모험을 찾아 인적 없는 고적한 들판을 헤매"는 것이다.

　돈키호테는 왜 풍차를 향해서 거대한 팔이 네 개 달린 괴물로 보고 돌격을 하였는가? 왜 산초는 거인이 아니라고 경악을 하면서 말렸는가? 돈키호테가 본 것은 광기로 헛보인 괴물이었을까? 아니면 빵과 일상에 충실한 종자 산초에게 비친 것처럼 풍차였을까?

• 풍차를 향해 돌격하는 돈키호테 •

슬픈 몰골의 기사 돈키호테는 과감하게 풍차에게 몸을 날려 결국 팔이 네 개 달린 거인의 거대한 손에 상처를 입히는 혁혁한 공을 세웠고, 이로 인한 충격으로 애마 로시난테와 함께 땅바닥에 내동댕이쳐졌다. 하지만 좌절하지 않고 일어난 돈키호테는 그만의 모험을 마지막 눈 감는 날까지 스스로의 팔과 다리만으로 이어간다.

혹자는 우리를 가로지르는 저 풍차와 같은 분단을 우리의 삶을 괴롭히는 분단 권력 괴물로 본다. 혹자는 어쩔 수 없는 제국에 의해 규정된 일상 시스템으로 간주한다. 풍차는 우리에게 동력을 제공하며 삶을 풍요롭게 하기도 하니 말이다. 그런데 과연 풍차는 일상을 풍요롭게만 하는가? 우리의 삶에 경계를 긋고 소통과 통행을 가로막는 제국이라는 이름 아래 우리의 팔과 다리를 연약하게 만드는 시스템이지는 않는가?

괴물로 비친 풍차와 같은 분단과 비정상의 현실을 광기로 바라본 돈키호테가 미친 것인가? 분단의 비정상을 결정된 일상으로 받아안고 양처럼 순하게 시스템에 길들여져 사는 우리가 미친 것인가? 도대체 누가 미친 것인지 모르지만 분단의 광기와 비정상이 우리의 일상인 것만은 분명하다. 민주와 인권을 높이 산다면서 우리는 반인륜 범죄자 태영호로부터의 사상검증을 태연스럽게 지켜본다.

아인슈타인은 고전물리학의 결정론을 넘어 상대성 이론을 통해 빛조차 굴절된다고 주장했음에도 신들은 주사위 놀이를 하지 않는다고 결정론에 빠졌지만, 니체는 〈짜라투스트라는 이렇게 말했다〉에서 "그대는 내가 보기에는 신들의 우연을 위한 무도장이라는 것과 신들의 주사위와 주사위 놀이를 하는 자들을 위한 신들의 탁자라는 것이 그대의 순수함이다"라고 했다.

결정론적인 고전물리학과 다르게 양자역학에 따르면 정상과 비정상, 삶과 죽음, 질서와 무질서가 명확한 것도 아니고 무작위적으로 공존한다고 하니 이 시대 지금 우리에게 필요한 것은 일상의 시스템으로 존재하는 현실을 무시하고 풍차를 향해 돌진하는 돈키호테의 광기일지 모를 일이다. 결국, 돈키호테의 이루지 못한 광기는 종자 산초를 통해서 되살아나니 말이다. 우리도 돈키호테와 더불어 우연에 몸을 던지고 분단을 넘어서는 모험에 나서야 하지 않겠는가? 달려라 달려 돈키호테~ 날아라 날아 돈키호테~ 돈키호테~ 돈키호테!

제4장

## 윤리에 대하여

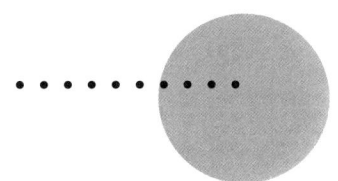

"특히 선한 사람이라고 자처하는 자들이야말로 가장 무서운 독파리라는 것을 나는 발견하게 되었다. 그들은 아주 천연덕스럽게 남을 쏘아대고 거짓말을 한다. 그러니 그들이 어떻게 나에게 정당하게 대하겠는가!"

"나는 남을 동정함으로써 행복을 느끼는 인정 많은 자들을 좋아하지 않는다. 그들은 전혀 수치심을 모르기 때문이다. 내가 동정을 베풀어야 할 경우에도, 나는 인정이 많은 자라고 불리기를 원하지는 않는다. 그러므로 내가 동정을 베풀어야 할 경우에 나는 멀리 숨어서 동정을 베푼다. 그리고 동정을 베푼 사람이 나라는 것이 알려지기 전에 얼굴을 가리고 도망친다. 나는 그대들에게 그렇게 하기를 명령한다. 나의 벗들이여!"

# 01 진보의 망설이지 않는 윤리학

반대편을 비판하는 게 비판의 본질이라는 부족주의적 고정관념에서 벗어나 같은 편을 비판하는 게 비판의 본질이 되어야 한다는 '비판의 뉴노멀'은 어떨까? 라고 강준만은 주장한다.

"나는 보수에 애정이 없다. 나는 보수의 수준이 진보의 수준을 결정하고, 진보의 수준이 보수의 수준을 결정한다고 보는 관점에서 보수가 잘 되길 바라지만, 보수가 잘 되게끔 애를 쓰거나 깊은 생각은 없다. 따라서 보수 비판보다는 진보 비판에 더 끌린다."
[강준만, 부족국가 대한민국]

부족국가의 성원들은 내가 옳고 상대는 악마라는 망설이지 않는 윤리로서 더 큰 악마를 내부적으로 키우고 있는 것은 아닐까 하는 성찰이 빠져있다. "우리는 지성을 계량할 때 그 사람의 진지함과 정보량과 현장경험과 같은 것을 계산에 넣지 않는다. 그것보다는 그 사람이 자신이 알고 있는 것을 얼마만큼 의심하고 있는가, 자신이 본 것을 얼마만큼 믿지 아니하는가, 자신의 선의에 섞여 들어온 욕망을 얼마만큼 의식화할 수 있는가를 기준으로 해서 판단한다"처럼 말이다. [우치다 타츠루, 망설임의 윤리학]

지금 진보는 망설임의 윤리학, 윤리에 있어서 망설임이 빠져있다. 폭력의 배양지는 악의가 아니다. 나는 무구하다는 믿음이다. 대표적인 것이 문재인 정부에서도 여전히 악용되고 있는 국가보안법에 대한 방치와 남북의 화해와 공존을 밝힌 공동성명과 역행하는 역대 최고급 천문학적인 군비증강이다.

"문재인 대통령도 재임 기간 국방비 예산을 평균 6.5% 증액하면서 한국보다 인구가 2.5배 많은 일본의 국방비를 앞질렀다고 소개했다… 그러면서 한국이 세계에서 6번째 군사 대국(글로벌 파이어파워 조사)으로 유럽 전체를 합한 군사력보다 앞선다고 평가했다… 한국의 보수 정부가 국방에 더 강력한 입장이라 중국에도 더 단호한 자세를 취할 것이라고 보도하고 있지만 이런 가정은 몰역사적이라는 것이다. 그러면서 2015년 박근혜 대통령이 주요 민주주의 국가 지도자들 가운데는 유일하게 중국의 전승기념 행사에 참석해 시진핑과 블라드미르 푸틴 옆에서 인민해방군을 향해 박수를 친 사례를 들었다." (By S. Nathan Park, OCTOBER 22, 2021, foreignpolicy)

• 블라디미르 푸틴 러시아 대통령 •

외국의 언론에 비친 현실이다. 이러한 현실에 대해 제대로 된 보수라면 사이비 진보의 반일을 넘어 분단이 자신들에게 족쇄로 작용하고 있다는 성찰에 기반 "사실 북한과의 평화공존, 공동번영 과제는 북한과 남쪽의 좌파가 합작할 때가 아닌, 한국의 보수 우파정권과 북한 정권이 협력할 때 비로소 복합적이고 효율적으로 작동할 수 있다. 또 그래야 남쪽의 정권교체와 상관없이 지속 가능하다"[김대중, 조선일보, 2021. 11. 7.]와 같은 주장의 구체적인 실현을 위해 노력해야 할 것이다.

무리 속에 갇혀 의식적으로 외면하고 싶겠지만 남북의 화해와 협력을 밝힌 공동선언에 역행하는 천문학적인 군비증강과 이에 비례하는 민생의 무능은 진보의 망설임 없는 이념적 무구에서 나왔다. 오래된 관습으로 이를 지켜본 보수의 악의적 무능은 그 동전의 양면이다. 반북에 젖어 모르겠지만 오히려 보수의 짐이 돼버렸다는 것이다.

## 02 진보를 사칭하는 '나쁜 자아'

노무현 시대는 왼쪽 깜빡이를 켜고 오른쪽으로 갔다는 사후 혹독한 역사적 평가를 받았다. 이명박 정부의 탄생을 바라볼 수밖에 없었던 이유이다. 문재인 정부에서도 같은 현상이 반복되고 있다. 왜일까? 문재인 정부 스스로 진보를 칭하고자 하니 진보가 진보라는 이름 아래 진보에 반하는 이유를 살펴보자.

· 노무현 전 대통령 ·

제4장 윤리에 대하여

"윤리적으로 '좋은 자아'는 자기 성찰적이고 지적으로 성실하고 사상적으로 전위적이다. 반면에 자기중심적인 '나쁜 자아'는 무반성적이고 지적으로 불성실하고 사상적으로 반동적이다."

자기중심적 '나쁜 자아'는 스스로를 윤리적이라고 생각하면서 타자의 존재를 규정하고 심문하는 무반성적이고 반동적인 자아이다. 그렇다면 '나쁜 자아'는 왜 스스로를 윤리적이라고 규정하고 타자에 대해서 더 모진 심문을 하는가?

피차별자, 피억압자, 인종적 소수파, 장애자, 모든 종류의 사회적 '약자'를 나 자신의 증인(예를 들어 과거 자신이 한때 윤리적이고 선했다는 운동의 기억이나 기부행위, 선행 등)으로서 소환해서 "그들은 '나의 타자'(예를 들어 표현하면 자기가 함께했다는 과거 민중 등)이다. 그들의 현전(現前, 내 앞에 나타남)은 내가 무반성적으로 '나'에 안주하고 있는 것을 허용하지 않는다"라고 선언함으로써 스스로 반성적이라고 생각하는 권력자로서의 '나'는 망설임 없이 '타자' 즉 피차별자에 대한 심문의 권리를 손에 넣는 것이다.

하지만 "〈타자〉, 그것은 원리적으로 우리의 통제와 지배가 미치지 않는 우리의 이해와 공감이 되지 않는 자를 가리킨다." 남을 이해하고 공감한다는 것이 그리고 이를 지속한다는 것이 얼마나 어려운 일이던가?

스스로 윤리적이라 생각하지 않는 보수는 타자를 이해와 공감의 대상으로서가 아닌 — 힘들고 불가능하다는 것을 누구보다 잘 알기에 — 처벌과 지시와 보상의 대상으로서 타자를 바라본다. 대중들도 이를 잘 알기에 보수의 불감에 대해서 진보만큼 분노하지는 않는다.

"경험적으로 말할 수 있는 것은 자신의 사악함에 관해서 적정한 평가를 하는 사람은 자신의 '사악함'을 자각하지 못하는 사람보다도 사회적으로 끼치는 피해가 적다는 것이다"라는 사실을 대중들 또한 경험적으로 잘 알기 때문이다. '착하게 살자'를 문신으로 새기고 다니는 조폭에 대해 정말 착하게 살기를 바라고 그게 아니어서 실망하는가?

"내가 말하고 싶은 것은 혹여 '사악함'의 정도와 성질이 적절하게 표시되고 있다고 하면 주위 사람들은 '사악함'의 피해를 최소한도로 줄일 수 있다는 것이다. 이것은 역의 경우 '자신은 선량하다고 믿고 있는 사람'이 가져올 폐해에 비하면 훨씬 관리하기 쉽다"라는 것이다.

공감과 이해를 바랐던 피차별자, 약자로서 타자인 '나' 그리고 '우리'가 사악함이 적절하게 표시된 나쁜 놈보다 스스로 윤리적이라고 하는 '나쁜 자아'에 더 분노하는 이유이다. 위선에 대한 경멸을 에너지 삼아 더 높고 더 나은 세계로 넘어서지 못한다는 좌절감은 대중들에게 위선이 아닌 퇴행의 선택으로 내몬다.

윤리적으로 착하다고 생각하는 위정자들은 대중의 망각을 디딤돌 삼아 또다시 '나쁜 자아'로의 퇴행을 반복할 것이다. 한번은 비극으로 다른 한 번은 희극으로. 이제 그 퇴행적 반복을 단절시켜야 할 때이다.

"지금 일본에서 정치가나 재계인, 관료나 언론의 전략은 대미종속을 위한 대미종속입니다. 국가로서의 목표는 더 이상 없습니다. 대신 무엇을, 어떤 이익을 추구하고 있을까요? 바로 개인의 이익입니다. 지금 일본의 시스템은 대미종속을 합리적, 효율적으로 할 수 있는 인간이 출세하는 구조입니다." [우치다 타츠루, 완벽하지 않을 용기]

"철저히 지적인 사람은 철저히 구체적인 생활자가 된다"와 같은 이유로 문재인 정부가 철저히 지적이라면 숭고한 한미동맹이라는 도덕적 가치가 아닌 '철저히 구체적인 생활자'로서 제국의 등 뒤에 숨지 않고 민생을 중심으로 한 남북교류 협력의 구체적인 주체로 나섰을 것이다.

*위 따옴표 인용은 우치다 타츠루의 <망설임의 윤리학> 인용

## 03

# 남 탓과 유책감의 상실

"순치와 적응의 천재인 자아는 그 심리적 부하를 억압 기제로서 숨기고, 숨기지 못하는 부끄러움의 흔적은 허위의식의 도움을 빌려서라도 정당화하는 탁월한 전략을 구사한다." [김영민, 인간의 글쓰기]

자신의 부끄러운 실체를 숨긴 채 급조한 마스크를 쓰고 나서는 이들일수록 외부의 권위로 자신을 숨긴다. 위정자 문재인과 검사 윤석열이 내세우는 공정과 정의 그리고 소통이라는 허위의식이 그러하다.

"그러나 정신분석학의 기본 역학이 말해주듯이 대체(代替)와 억압과 합리화를 다 동원하더라도 빌려 쓴 마스크로 자신을 표현하고 있는 태도로 인한 부끄러움을 완전히 몰아낼 수는 없는 법이다(김영민)." 따라서 은폐되어야만 하는 부끄러움은 자기 안의 인성 분열을 뚫고 오히려 적반하장으로 공격적으로 나오기 마련이다. 즉 도둑이 매를 드는 것이다. 공정과 소통이라는 이름으로.

경험상 지켜본 검사의 유형을 나눈다면 사건 중심의 '직업적 검사' — [검사내전]의 저자로서 자칭 생활형 검사 김웅을 들 수 있겠는데 부끄러움으로써 생계형을 자칭한 김웅조차 결국 정치검사의 본질을 드러냈을 뿐 — 와 '정치검사'로 나눌 수 있겠다. '정치검사'라 하면 이들은 흔히 안보, 정의, 공정 등의 도덕적 가치를 내세우면서 국가폭력을 사사로이 휘두르고, 이로써 자신들의 이익과 권력을 악착같이 지켜가는 세력이다.

문재인에 대한 환멸로 사람들이 간과하고 있는 사실이 하나 있다. 윤석열은 여전히 그리고 이후에도 검사라는 것이다. 검사가 하루아침에 공정과 정의를 이야기한다고 그 공정과 정의가 자연스럽게 펼쳐지겠는가? 몸에 밴 사람의 습관은 하루아침에 바뀌지 않기 마련이다. 문재인의 무책임에 대한 분노의 반사체로 떠오른 윤석열에게 공정과 정의를 욕망하지만 윤석열은 여전히 그리고 앞으로도 검사일 뿐이다. 심문하는 자, 검사는 뻔히 드러나는 국가폭력과 인권유린에 대해서도 스스로 인정할 수 없는 존재이다.

"내가 이해한 바로, 레비나스는 '타자를 위해서 대신' 속죄함으로써 주체성은 기초 지어진다고 생각한다. '주체의 주체성은 유책성(有責性, 스스로 책임을 지우는 것) 혹은 피심문성(被審問性, 심문을 당하는 것)이며, 그것은 뺨을 때리는 자에게 뺨을 내미는 전면적인 드러냄이라는 형태를 취하게 된다.'" [우치다 타츠루, 사랑의 현상학]

유책성은 大小를 비교하는 식의 모든 논의에 앞서, 자신의 책임을 스스로 자명하다고 인정하는 주체에 의해서만 받아들여진다. 타인의 책임만을 묻는 유책성에 대한 개념이 존재하지 않는 검사에게 책임의 대소를 비교하고 네거티브로 대응을 한다는 것 자체가 의미 없다. 오히려 대중으로부터 환멸만 더 커질 뿐이다.

"'인간적 공정'은 '법리적 공정'에 우선한다. 왜냐하면 윤리는 상징성이나 평등성의 이념 위에는 구축될 수 없기 때문이다. 윤리란 요컨대 유책성(有責性, 스스로 책임을 지우는 것)의 인수에서 '내가'가 다른 사람들에 앞선다는 것이다. '내가 유책자입니다'라고 자처하는 것을 다른 사람에게 강요하는 일은 누구에게도 허락되지 않는다. 신에게조차 허락되지 않는다."

이처럼 "지상에 윤리를 있게 하는 것은 '법리적 공정'이 아니라 '인간적 공정'이다. 내가 '타자'에 앞서, '타자'를 밀쳐내고서, '내가 여기에 있습니다Me vioci'라고 선언하고, 죄를 받기 위해 일보 앞으로 나가는 것이다. 비록 신이 '평등'을 명한 경우조차도 유책성을 인수하는 우선권만은 양보하지 않는다는 '불평등'에의 고집, 그것이 '인간적 공정'을 기초 지우는 것이다. 도덕성은 평등성 안에 생겨나는 것이 아니다."

즉 리더십은 내가 불평등을 감수하며 '타자'에 앞서 앞으로 나가는 것에서 주어진다. 법리적 공정에 자신의 몸을 숨기는 법률가들에게는 유책성과 리더쉽이 존재하지 않는다. 국가폭력 아래서 타인을 심문하거나 반론하거나 그 책임과는 비켜선 존재들일 뿐이다.

결국 "평등에 기초해서 평등을 실현하는 일은 불가능하다. '법리적 공정'에 기초해서 '인간적 공정'을 실현하는 일도 불가능하다. 왜냐하면 '평등한 것들' 사이에서는 타인에 앞서 유책성을 인수하는 일이 애당초 원리적으로 허락되지 않기 때문이다. '법리적 공정'은 권익이나 이득의 분배에서 불평등을 바로잡고, 평등을 회복하는 것을 목적으로 한다. 따라서 거기서는, 훔친 자는 누구인가? 찬탈한 자는 누구인가? 책망받아야 할 자는 누구인가? 하는 '검찰 같은' 물음이 지배적인 어법이 된다. 그것은 정의를 실현하는 것이기는 하지만 윤리를 기초 지우는 것은 아니다." 지금 대중이 묻는 책임은 '법리적 공정'이 아닌 '인간적 공정'이다.

우리는 젊은 시절 과도한 국가폭력과 조작사건에 대해서도 그 유책성을 부인하지 않았었다. 오히려 더 당당히 그 시련을 받아들였다. 지금 문재인 정부에 대한 대중의 환멸은 민주와 진보를 이야기하면서 반대의 결과를 초래한 채 여전히 남 탓만 하는 바로 그 무책임성이다. 형식적 민주화 이후 수십 년의 세월을 지나 잃어버릴 것이 더 많아진 자신의 몸뚱어리가 책임이 아닌 변명으로 몰아가고 있다. 자신을 앞세우는 유책성을 상실한 것이다.

"'다른 사람들'의 어느 쪽이 세계의 부정에 대해 유책인지, 혹은 세계의 부정으로부터 어떻게 수익을 얻는지 하는 '법리적 공정'을 규준으로 하는 논의를 아무리 거듭하여도, 거기에서 '인간적 공정'을 이끌어낼 수는 없다. '인간적 공정'을 실현하기 위해서는 '선택'의 의식을 갖는 인간이 등장하지 않으면 안 되기 때문이다. 자신은 다른 사람들보다도 많은 책무를 지고 있다고 하는 것을, 비교의 절차 없이 '느닷없이' 선언하는 인간이 등장해야 한다."

이처럼 위정자 문재인에 대한 반감으로 등장한 윤석열 현상에 대한 극복은 스스로 그 유책성을 짊어지고 '느닷없이' 선언하는 인간이 등장해야 한다. 검사 윤석열에게서 도대체 무슨 책임을 바라는가? 뼈를 깎는 심정으로 진술하게 사죄하고 책임을 지겠다고 선언하고 그에 앞서 나아가야 하는 이유이다.

건강한 개인이 건강한 국가를, 병든 개인이 병든 국가를 만든다. 다른 모든 사람을 자신에게까지 끌어내리는 천민은 "내가 천민이면 너 역시 천민이어야 한다"라고 독거미 타란툴라의 심보는 다짐하고 유혹한다. 하지만 "국가의 정점에는 좀 더 높은 인간이 서야 한다."(니체) 그래야 하지 않겠는가?

## 04
## 부끄러움을 상실한 망각의 정치

"풍경은 망각에 의해서 재생산된다. 현대 한국의 파행은 친일이라는 기원, 독재라는 기원, 부패라는 기원을 망각함으로써 쉼 없이 재생산되는 이미지의 연쇄 구조다. 그렇기에 발본의 개혁이 아니라 풍경의 외장(外裝)으로 제시되는 반성과 결심, 다짐과 결의, 모토와 슬로건을 믿지 말아야 한다."

"정치의 일차적인 소임이 가장 그럴싸한 '풍경'을 재생산하는 일이기에 오히려 그 풍경의 기원에 대한 충격과 환멸은 더욱 거셀 수밖에 없다. 풍경을 먹고 사는 자일수록 기원을 단속해야 하는 것은 당연하니, 정치인들의 다수가 결국 은폐를 존재의 방식으로 삼을 수밖에 없을 것이다." [김영민, 산책과 자본주의]

문재인 정부가 낳은 가장 큰 해악이라면 진보라는 풍경과 이미지 뒤에 망각이 끊임없이 재생산됐다는 것이다. 휴전과 분단체제의 근본 문제에 대한 성찰도 반성도 없이 기획되고 있는 종전선언

이벤트 또한 또 다른 망각의 슬로건일 뿐이다.

부동산 가격 폭등 또한 망각 속에 반복되어 온 '합법적 약탈'이다. 따라서 합법과 불법의 경계를 넘나드는 것에 능한 법률가들이 그 합법적 약탈에 유능할 수밖에 없다. 대장동 사건에서 밝혀졌듯이 법조계 전관예우가 부동산 먹이사슬의 상층부인 이유이다. 노무현 정부와 문재인 정부에서 유독 심하게 부동산값이 폭등하였다. 하지만 이러한 사실 또한 풍경에 의해서 망각이 재생산되고 있다.

"정직한 꿈을 꾸며 살았던 우리가 나쁜 사람들을 더욱 나쁜 사람들과 비교하여 옹호하는 것은 우리 시대의 논리다"고 파시즘에 맞서 싸웠던 영국 시인 세실 데이루이스가 개탄했지만 문재인 정부를 향한 분노에 대해 성찰 없이 이를 더 나쁜 사람들에게로 돌리는 행위는 전형적으로 비겁한 행위가 아닐 수 없다.

"경험적으로 말해 인간이 완전히 무동기적으로 우둔해지거나 사악해지는 경우는 없다. 인간은 심사숙고 끝에 이런 태도를 선택한다. 우리가 자신의 폭력성이나 우둔함을 긍정하는 때는 이를 통해 얻을 수 있는 것이 잃는 것보다 크다는 계산이 섰을 경우뿐이다." [우치다 타츠루, 사가판 유대문화론]

결국 자신이 우둔하다는 사실을 인정하면서까지 손에 넣고 싶어 하는 것은 질병 이득이다. 바로 프로이트가 이야기한 사회로부터의 동정 등을 들 수가 있다. 하지만 지금의 성난 민심 속에 우둔한 척해서 얻을 이익이 있을 리 만무하다. 위기 속에 감춰진 민낯만이 더욱 드러나기 때문이다.

반복된 풍경 속 망각을 내세워 근본문제를 은폐하려 한다면 상업적 대중주의에 의탁해 그럴싸한 풍경의 재생산 속에 성장한 위정자에 의해 자신들 또한 그 망각으로 사라질 뿐이다. 반복된 망각의 은폐 속에 근본적 비판을 희석하거나 무력화하며 돌려막기식으로 형태를 달리해 반복해서 존재해온 것이 한국 위정자들과 지식인들의 처세술이지 않았던가?

… 05

# 카뮈의 〈이방인〉
# 무리냐 단독자의 길이냐

 카뮈는 실존주의의 대표적인 작가다. 그의 작품 〈이방인〉은 현실에서 소외되어 이방인으로 살아가는 현대인이 죽음을 앞두고 비로소 마주하는 실존 체험을 강렬하게 그린 작품이다. 대중 사회의 현대인들도 대중매체와 기성관념 등이 토해내고 강요하는 세태에 휩쓸려 자기 존재의 의미(실존)를 망각하고 살아간다.

 한국 사회에서 우리의 존재를 규정하는 정신은 외부로부터의 한미동맹이다. 이에 길들여진 환경과 보호 속에서 살아가는 우리는 죽음을 앞두고 스스로 마주하는 실존 체험조차 거부당하게 된다.

 입에 담배를 문 반항자 이미지로 떠오르는 까뮈에게 가장 중요한 문제이자 카뮈 작품의 일관된 주제는 죽음이다. 나치에 저항한 레지스탕트였던 카뮈는 나치에 대한 대항으로서의 폭력과 살인을 거부하지 않았다. 단, 조건이 있었다.

"한 명의 싸움 상대에 두 명이 달려들어서는 안 된다. 비겁하기 때문이다. 이러한 기본적 계율을 지키지 않는 자는 남자가 아니다."[카뮈]

즉 싸움조건의 평등성이다. 이를 위반하고 제삼자에게 분쟁 해결 개입을 추구하는 것은 카뮈에게는 비겁한 행동으로서 철저히 배제되어야 했다. 이런 계율을 지키지 않는 자는 남자가 아니다. 비겁한 인간, 비겁한 남자라는 것이다.

안보라는 이름으로 남을 죽이고자 할 때는 자신의 목숨을 걸어야 한다. 그 위력을 비겁하게 남에게 의탁하고 그의 지시에 따른다면 그는 최소한 남을 죽일 권리가 없는 것이다. 한국의 위정자들과 지식인들은 한미동맹을 금과옥조로 입에 올린다. 스스로 자신의 목숨을 걸 용기가 없기 때문이다. 밖으로 비겁할수록 안으로 비열해지기 마련이다. 한국 사회의 권력과 자본이 약자에 구조적으로 비열한 이유이다. 한국의 노동운동과 지식인, 페미니스트는 이를 간과하고 있다.

우리는 한미동맹에 대해 부끄러움만큼 북의 위협을 과장해서 부여하고 그만큼 북을 증오해왔다. 단독자로 서지 못하는 우리 안의 비겁을 직시하고 경멸했다면 우리는 이미 한미동맹을 벗어났을 것이다. 결국, 한미동맹은 이념의 문제, 안보의 문제가 아니다. 자신을 바라볼 용기의 문제일 뿐이다. 남자로서 목숨을 걸지 못한다면 그 누구도 안보를 입에 올리지 말아야 한다.

선거 때마다 저마다 안보를 읊조린다. 하지만 동맹을 읊조리는 위정자들과 어설픈 지식인들, 언론인에게서 목숨을 건 당당한 이미지가 떠오르지는 않는다. 〈이방인〉의 주인공 뫼르소는 햇빛에 눈이 부셔서 우발적으로 방아쇠를 당긴 자신의 살인행위에 대한 제삼자의 개입과 평가를 거부하고 그 변명이 아닌 스스로의 죽음을 선택한다. 우리는 단독자의 길을 갈 것인가? 익숙한 무리의 길을 갈 것인가?

## 06

# 당신 안에 숨어 있는
# 어떤 괴물

"그 모든 사회문화적 변화는 기성의 자연(스러움)이 서서히 부자연스럽게 여겨지고, 어느덧 이상하게 보이다가, 마침내 기괴한 꼴불견으로 낙착하는 사연과 대체로 일치한다"라고 한다. [김영민, 산책과 자본주의]

자, 그러니 이것을 당신 안에 숨어 있는 어떤 괴물의 모습을 상상하며 천천히 들어보아라.

언제나처럼 평온하게 보이던 우리의 일상이 뜻하지 않은 인물과 사건을 만난 후 그 속에서 어떤 낯선 것을 대면할 때가 있다. 이 순간이 우리가 일상에 젖어 잊고 지냈던 진실이 튀어나오는 순간이기도 한데 대부분의 사람은 그 진실을 외면하기에 급급하다.

그만큼 우리에게 다가온 진실이 더럽고, 하찮고, 추악하고, 섬뜩한 모습을 하고 있기 때문일 것이다. 문제는 우연한 사건 속에서 송곳처럼 드러난 진실 자체가 아니라 그 진실을 외면하는 사람들의 방식이다.

그 추악하고 섬뜩한 진실이 마치 다른 사람의 것인 양, 자신과는 무관한 양 숨으며 저 깊은 변명 속으로 겹겹이 숨기고 딴청을 부리며 그럴싸한 다른 의제, 예를 들어 구체적인 현실 속 문제를 남 일처럼 외면하면서 그 시선을 돌려 편안한 과거 속으로 우리 자신을 안락하게 도피시키며 안전한 선동을 해대는 것이다.

다가온 진실을 감추고 부끄러운 현실을 모면하기 위해서 우리는 우리 안의 또 다른 괴물을 눈앞에 불러낸다. 그렇게 불러낸 괴물 즉 자발적인 친미로서의 도덕적 굴종과 노예근성은 이제 우리의 의지와는 상관없이 제멋대로 날뛰고, 제멋대로 우리를 이끌어 가도, 우리는 우리 스스로 괴물을 통제하고 있다고 착각 즉 숭고한 한미동맹이 자주적 한미동맹이라고 생각하면서 국뽕을 생산해내기에 이른다. 고마운 괴물이니까…

우리 안의 이 괴물 덕분에 우리는 편리하게 진실을 외면한다. 이것이 바로 우리가 우리를 잃어버리는 기본 공식이다. 자신들이 괴물을 불러낸 것도 모른 채, 자신들의 눈앞에 진실이 나타난 것인지도 모른 채 그들은 정말 최선을 다해 노력하는 것이다. 가자 북으로! 오라 남으로! 과거의 환청일 뿐 우리가 불러낸 괴물에 의해 이내 묻혀버린다. 이게 바로 당신 안의 괴물이 작동하는 방식이다.

우리가 진실을 외면하는 기본 공식 둘, 그러니까 그것은 가족 탓! 그러니까 생존의 문제인 것이다. 문재인도 살고자 하는 범부이고, 우리도 살고자 하는 범부이고, 심지어 이근안도 사랑하는 가족을 위해서, 그 생계를 위해서 육체의 땀을 쏟아내며 본업인 고문에 충실했던 범부인 것이다. 아, 천수를 누리는 전두환은 또 어떻단 말인가? 이렇게 진실은 생존과 따로따로 분리해서 현실을 외면할 수 있었던 것이다.

문재인은 일상에 젖어 자신을 망각해온 우리에게 추악한 진실로서 다가온 부끄러운 괴물이다. 그 불편한 진실을 숨기기에 급급했던 우리 안의 또 다른 괴물은 이렇게 진실을 외면하는 공식 두 가지에 의해서 우리 스스로도 진실을 적극적으로 외면한 채 괴물과 공조해왔던 것이다. 그렇다면 문재인이 괴물인가? 우리가 괴물인가?

\*이기호 장편소설 《차남들의 세계》 인용

## 07

## 남진과 나훈아, 니체와 소크라테스

최근 나훈아의 신곡 〈테스형〉을 들어보면 그 노래에서 소크라테스와 같은 삶의 퇴조 허무주의 즉 데카당스에 호소하는 느낌을 받는다. 아버지의 죽음과 무덤을 이야기하며 슬퍼한다. "아~ 테스형 세상이 왜 이래 / 왜 이렇게 힘들어 / 그저 와준 오늘이 고맙기는 하여도 / 죽어도 오고 마는 / 또 내일이 두렵다~"

반면 남진의 신곡 〈오빠 아직 살아있다〉라는 경쾌한 라틴풍의 노래를 들어보면 삶의 기쁨과 희열로서 태양이 꺼지는 죽음조차 거부하는 생의 의지로서 니체를 느낄 수 있다. "오빠 아직 살아있다 / 나 아직 살아있다 / 은빛 정렬의 사나이! / 저 하늘 불타는 태양이 꺼져버린다 해도 / 내 사랑 내 여인 영원토록 지켜줄게~"

두 노래의 다른 느낌은 두 가수의 표정과 눈빛에서 그대로 느낄 수 있다. 50 넘은 남자의 얼굴에서 읽히는 표정은 그 사람의 정직한 삶의 이력이기 마련이다! 그 삶의 자세 또한 상이하다. 남진은 광장에서 대중과 소통하고, 나훈아는 신비주의 장막 뒤로 숨는다.

차이는 어디서 오는 걸까? 전라도와 경상도, 목포와 부산, 김대중과 문재인… 김대중은 죽음의 공포를 넘어 삶의 의지로 승화시켰고, 문재인은 노무현의 사제로서 죽음의 그림자를 벗어나지 못한다. 민주화와 자주의 측면에서 전라도가 한발 앞서 오며 희생을 했고, 그 수혜로서 최초의 정권교체와 6.15 공동선언 그리고 노무현 정부의 탄생으로 이어졌음은 부인할 수 없는 역사적 사실이다.

혼탁한 지금 이 시대의 문제는 탁란과 이를 통한 전라도의 경상도화(化)이다. 문빠로 대표되는 경상도는 전라도에 알을 낳고 그 성과를 가로채는 오래된 수법을 취해왔다. 이 과정에서 세상에 맞서던 전라도의 저항성과 독립성이 상실되면서 그조차도 작은 기득권에 포섭돼 삶의 퇴조와 예속에 서서히 물들어 자기 검열적이고 퇴행적인 돌격대장 역할을 해왔다는 것이다.

탁란의 대표주자 유시민은 김대중에게 하야하라는 악담을 퍼부으며 한나라당이 집권해도 나라 망하지 않는다며 대놓고 선동을 해왔다. 전라도가 경상도의 탁란 대상이 되는 것을 거부하면 차라리 한나라당이 되는 것이 나쁘지 않다는 협박이다. 문제는 대의에 얽매인 전라도가 이런 공갈에 포섭돼서 전라도의 독립성과 신명을 상실해가며 경상도화 즉 자포자기적 삶의 퇴조에 함께 빠져들어 갔다는 것이다.

하지만 세월을 넘어 2020년 남진을 통해서 여전히 니체의 생의 의지를 느낀다. 반면 독배를 마시고 죽어감으로써 예수 스토리의 원조가 된 소크라테스와 이를 부른 나훈아를 통해서는 화려한 무대와는 별개로 삶의 퇴조 데카당스를 느낀다. 전라도와 재경 전라도인 그리고 범진보는 하루빨리 삶의 퇴조와 예속으로서의 경상도화를 벗어나 여전히 살아있는 은빛 정렬의 사나이 '오빠 남진'의 생의 의지와 긍정을 회복해야 한다.

"나훈아 신곡 테스형 들어봤지요? 네, 들어봤아요. 노래가 멋있던만요. 그래서 누리꾼들이 테스형 나왔으니 남진 선생님은 플라톤, 라톤형으로 하면 어떻겠느냐는 의견이 있어요. 근디, 난 영어형 소리는 못하죠. 영식이성 만복이성… 하하하." [TBS 최일구의 라디오 방송 중, 2020. 10. 28.]

그렇다. 남진에게서 영어English형 브라더는 못할 일이다. 영식이성, 만복이성이 자연스러운 일이다. 농담 속에 나온 이야기지만 공교롭게도 소크라테스의 제자가 플라톤이다. 여전히 살아있는 남진의 본능이 예속화, 경상도화될 일은 없을 듯하다. 오빠 아직 살아있다!

## 08

# '타락한 천사' 민주당의 국보법 사용 메뉴얼

"파격이나 일탈은 규칙을 숙지하는 사람에게만 가능합니다. 악마는 신학적으로 천사가 타락한 것이라고 봅니다. 신과는 조금도 관계가 없는 곳에서 악마가 고립적으로 태어날 수 없습니다… '신이 무슨 생각을 하는지 잘 모르는 악마'는 없습니다." [우치다 다쓰루, 어떤 글이 살아남는가]

지난 조국 법무부 장관 인사청문회에서 국보법에 대한 의견을 묻자 조국은 장기적으로 폐지되어야 한다는 하나 마나 한 답변을 했다. 폐지할 의지가 전혀 없다는 심증을 드러낸 것이다. 지금이 아닌 모든 계획은 결국 변명이며, 반복되는 위정자들의 상투적 회피에 불과하다는 것은 역사가 증명했다. 그래서 마르크스는 거짓말쟁이와 허풍쟁이에게 "여기가 로도스 섬이다. 여기서 한번 뛰어보아라Hic Rhodus, hic saltus"고 했던 것이다.

민주당 정부에서 국보법 악용이 발생하고 지금까지도 방치된 이유는 '타락한 천사'로서 국보법 일탈의 사용 메뉴얼을 누구보다 잘 알고 있기 때문이다. 그렇다면 그들이 알고 있는 일탈의 규칙으로서 국보법 사용 메뉴얼은 무엇일까?

노예도덕으로서 한미동맹이다. 진보와 민주를 참칭하며 분단체제에 안주하며 살아온 세월에 대한 안위와 그 파괴 후에 불어올 새로운 세상에 대한 두려움이 민주화 이후에도 민주라는 이름 아래 '신이 무슨 생각을 하는지 잘 아는' 타락한 천사에 의해 적극적으로 방치되어 온 국보법의 존재 이유일 것이다. 아니란 말인가? 그렇다면 "여기가 로도스 섬이다. 여기서 한번 뛰어보아라Hic Rhodus, hic saltus."

국보법이 무엇을 저지하려는지 잘 아는 타락한 천사여야 국보법이 가로막고 있는 새로운 세상의 실현을 허탕 치게 할 수 있다. 문재인 정부 국정원장으로서 국보법 폐지를 반대하고 악용을 방치했으면서 정작 윤석열 정권을 향해 안보 장사하지 말라고 한 박지원이 이를 증명한다. 조국은 알고 윤석열은 모르는 것! 그것이 바로 국가보안법이다. 순진함과 동정 구걸의 연민을 벗어나야 다가올 진실이다.

시종일관 국보법을 지능적으로 외면한 문재인과 그 주군을 모시며 국보법 악용을 방치한 민정수석 조국의 귀환은 신이 생각하는 세상에 대해서 '타락한 천사들'이 허탕 치고자 하는 기괴한 동정 구걸일 뿐이다. 그래서 요한복음서에서 신이 밝힌 새로운 세상은 "내가 진실로 진실로 너희에게 말하노니 밀알 하나가 땅에 떨어져 죽지 않으면 한 알 그대로 남고, 죽으면 많은 열매를 맺느니라"라고 했던 것이다.

# 09

# 조국의 상징자산
# 진보의 패션으로 전락한 국보법

조국은 〈법고전 산책〉에서 국보법에 의한 피해사례로서 재일교포 간첩 조작 사건으로 서승, 서준식 그리고 북한 만경대 방명록 사건 강정구 교수, 시인 김수영의 시 '김일성 만세', 소년 빨치산 김영승 선생 등의 사례를 들고, 이어서 문재인과 자신의 사건을 같은 맥락이라며 다음과 같이 소개한다.

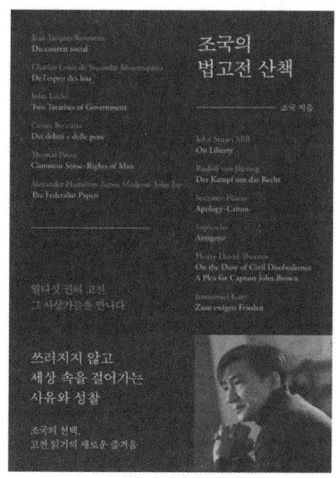

· 법고전 산책 ·

제4장 윤리에 대하여   317

"같은 맥락의 사건이 또 있습니다. 전광훈 사랑제일교회 목사는 2020년 광화문광장 집회에서 '문재인은 간첩이다', '문재인은 공산주의자 조국을 앞세워 대한민국의 공산화를 시도했다' 등의 발언을 했습니다. 제 이름이 나오죠. 1심과 2심, 그리고 대법원은 모두 무죄판결을 내렸습니다." [조국의 법고전 산책, 283쪽]

최근의 저서에서 위 2020년 사건을 소개한 것은 결국 자신들이 여전히 극우나 보수주의자들에 의해 친북 프레임으로 몰린 피해자라는 것을 세상 사람들에게 부각하고자 하는 것이다. 사상의 자유도 아닌 그저 전광훈이 뱉은 개소리를 같은 맥락의 사건이라고 하는 것도 허무맹랑하지만 자신들이 재임 시 악용된 2018년 8월 국보법 사례는 의식적으로 빠져있다. 의식적 외면은 결국 의식적 인식 외에 다름 아니다.

일본의 철학자 우치다 타츠루에 따르면 어떤 것을 모르고 있는 이유는 대개 알고 싶지 않기 때문이라고 한다. 즉 자기가 무엇을 '알고 싶어 하지 않는지'에 대해 생각하는 것을 원하지 않기 때문이다. 단순한 지식의 결여가 아니라 '알고 싶지 않다'라는 마음가짐을 갖고 한결같이 노력해온 결과가 바로 무지이다.

조국과 문재인 등에게 있어서 국보법은 적극적인 인식과 무지의 결과로서 약자 코스프레와 동정 구걸을 위한 의식적 액세서리로 존재할 뿐이며, 국가권력에 의해서 언제든지 저질러질 수 있는 악법이라는 문제의식은 존재하지 않는다. 국보법이 여전히 방치되는 이유이다. 최소한의 문제의식이 있다면 자신이 민정수석으로 재임 중에 일어난 국가에 의한 구속영장 청구위조와 간첩 조작 사건도 되짚어보며 그의 주장처럼 다음과 같은 말을 했어야 했다.

"밀의 자유주의의 핵심은 민주적 절차에 따라 수립된 권력이라 할지라도 그 권력을 통제해야 하고, 주체적 개인이 자신의 양심, 사상, 개성을 충분히 살리면서 살아가는 데 국가권력이 방해하지 못하도록 막아야 한다는 것입니다." [조국의 법고전 산책, 296쪽]

국보법은 하나의 구체적인 예일 뿐 윤석열의 실정 뒤로 몸을 숨기는 위정자 조국과 문재인 그리고 그 무리 군중들을 통해서 우리가 바라봐야 하는 문제는 그들에 대한 호불호와 찬반이 아니라 반복된 변명과 의도적인 회피 너머 외면되고 있는 사태의 본질이다. 저들은 태평스럽게 책방운영과 북 콘서트를 하고 휩쓸리며 한국 사회의 구체적인 현실을 외면하면서 시민들에게는 눈먼 투쟁을 하라고 선동하는 것이 말이 되는가?

"그러기에 예링은 시민들에게 일상에서 자신의 권리를 위해 적극적으로 싸우라고 요청하는 것입니다. '국민 각자는 사회의 이익 속에서 권리를 위해 태어난 투사다'라는 말에 그의 사상이 잘 드러납니다." [같은 책 340쪽]

유시민이 지난 2006년 5월 중앙일보와의 인터뷰에서 "한나라당 박근혜 대표나 이명박 서울시장이 집권해도 나라가 망하진 않는다. 대한민국은 이미 일정한 궤도 위에 올라와 있어 국민은 과거보다 여유 있는 입장에서 집권세력을 선택할 수 있다"라고 말했듯이 윤석열 집권으로 나라 망하지 않는다. 형법 위반이 있으면 처벌을 받는 게 법치이지 차마 딸까지 대동하고 다니면서 멸문지화 소리가 왜 나오는가? 가족이 독립운동을 했는가? 여전히 문제의 본질을 외면하고 있는 것이다!

"자유로운 정신(즉 권리를 위해 싸우는 시민 등)이 어떻게 정신적인 자유의 적대자에(즉 위정자 문재인과 조국 등등) 대해서 판사가 되고, 사형 집행인이 될 수 있겠는가! 오히려 구토증을 유발하는 병자의 모습이 의사의 마음을 움직이는 것처럼, 그 적대자의 모습은 자유로운 정신의 마음을 움직인다." [니체, 아침놀, 101쪽]

위 니체의 잠언을 우리의 속담으로 쉽게 비유하자면 병신이 반복해서 꼴값을 떨면 제정신 가진 시민들은 그로 인한 염증을 당해낼 재주가 없다는 것이다. 즉 병신이 이긴다. 이유 있는 이들의 반복되는 병신 짓으로 인해 자유로운 정신은 전반적인 퇴화의 모습에 압도되고, 그 좌절로서 위정자 그들만의 후안무치한 전성시대가 열린 것이다. 적대적 공존으로서!

무리에 휩쓸린 격해진 감정에 취해 자신을 잃어버리지 말고 문재인 정부의 어용 지식인을 자처했던 차분한 유시민보다 더 깊고 더 냉정하게 성찰할 때이다. 실정만이 그대들의 희망과 요행이 되기에는 검사라는 존재가 악마는 아니다. 한때의 충격이 서서히 잊혀지자 망각을 파는 위정자들과 더불어 그대들의 병이 다시 도지고 있다.

내가 대결하고자 하는 것은 동정을 구걸하는 자들과 그대들이 빠져버린 연민이 아니라 국보법을 휘두르며 처형하려 들던 2018년 서울중앙지검장 윤석열과 당시의 조국과 문재인 그리고 그 너머이다. 우리는 여전히 그 시점에서 맴돌고 있다. 모르겠는가? 2018년 9.19 평양 공동선언은 거대한 사기이자 그 한계의 징조였음을!

## 10

## 분단에 젖어
## 분단을 망각한 삶

하이데거는 서양철학과 현대인의 문제를 존재 망각의 역사라고 했다. 신의 사망 이후 그 자리를 대신한 근대 과학과 기술이 만들어 놓은 구조에 매몰되어 살면서 정작 그 속에 형성된 자신의 존재를 망각한 채 살아가는 현대인들을 이야기한다. 물속에 사는 물고기가 물의 존재를 망각하고 살듯 인식의 주체가 세상에 휩쓸려 오히려 자신을 망각하고 살아가는 것이다.

• 하이데거 •

우리의 삶과 가치관을 지배하고 있는 분단의 구조가 그러하다. 분단과 분단의 공포를 숙주로 살아가는 보이지 않는 분단체제의 횡포가 너무 내재화되어서 정작 우리는 분단을 망각하며 살아간다. 분단은 북을 향해서 존재하는 것이 아니라 바로 우리의 일상을 지배하고 있는 존재 그 자체인 것이다. 결국, 남북관계 개선 또한 우리를 향하는 문제인 것이다.

한국의 남자라면 국가의 의무로서 군대에 가야 한다. 그런데 그 군대가 머리가 없는 멍텅구리이다. 여전히 군대를 갔다 와야만 사람이 된다는 위계 문화가 횡횡하지만, 진보는 침묵한다. 세계화 시대 자유로운 영혼의 새 세대가 분단체제에 반항도 못해보고, 그 이유에 대한 성찰도 없이 입대하는 현실이 여전히 이어지고 있다. 저항하며 거부하고 감옥을 선택할 수 있는 자유도 망각됐다.

독재 시대를 넘어 민주주의 시대라는 지금 그런 자유를 선택한다면 오히려 상식과 숙명을 거스르는 정신병자 취급과 매도를 당할 것이다. 저항했던 세대는 오히려 분단에 순응돼 저항을 자신을 향한 상품으로 내세우며 위계적이고 가치 종속적인 한미동맹을 더 반복해서 외치며 그 도덕을 내재화해 왔기 때문이다. 변화하는 세계에서 변화되는 상황을 인지할 노력도 하지 않고 구조에 갇혀 밥상을 살피며 서로의 눈치만 살핀다.

브래진스키가 이야기한 제국의 〈거대한 체스판〉 속 졸의 처지에서 당사자인 우리는 분단체제를 망각한 채 강대국에 휩쓸려 끓는 냄비 속 개구리처럼 미지근한 일상을 이처럼 반복해서 살아간다. 체념과 복종이 일상화된 무기력한 삶과 일상의 반복 속에 그 어느 때보다도 새로운 비전과 시대를 넘어서 판을 깨는 용기와 결단이 필요하지만 눈치와 휩쓸림을 넘어서지 못한다.

하이데거는 죽음을 앞당겨서 경험할 때 진정으로 경이로운 세계를 독립적인 존재자로서 경험하게 된다고 한다. 그래야만 자기 고양을 넘어서서 전체가 고양될 수 있도록 서로 돕는 존재가 된다는 것이다. 자기 욕망에만 갇혀 죽는 날까지 강자의 눈치를 보는 것이 내면화된 분단체제 속에서 한국의 위정자들에게 눈칫밥을 넘어서는 그 어떤 정신적인 고양을 기대할 수 있겠는가?

## 11

# 위장의 한계를 넘어서는
# 뇌의 탐욕 그 범죄의 시작

　사회적 존재로서 공동체의 구성원으로 살아갈 수밖에 없는 인간에게 생존의 필요 이상을 넘어서는 축적은 본능적으로 그리고 사회적 범죄로 취급받으며 단죄되어 왔다. 그럼에도 반복되는 이유가 있다면 그것은 신체의 한계를 뇌가 항상 망각한다는 것이다. 한계와 늙음과 죽음을 감지하는 몸과 달리 "뇌는 우리를 불사의 존재로 본다."(요로 다케시) 반복되는 탐욕과 축적의 시작이다.

　"우리는 다른 사람이 피땀 흘려 일해서 거둔 성공을 배 아파하지 않는다. 부동산 가격이 폭등해서 큰 불로소득을 얻었다거나 할 때에 배가 아프다. '배 아픈 것'을 좀 점잖게 말하자면, '정의감'이나 '공정의식'이다. 자신이 손해를 좀 보더라도 정의에 반하거나 불공정한 것은 못 견뎌 한다는 말이다." [강준만, 우리는 왜 이렇게 사는 걸까]

　뇌가 저지르는 범죄는 가정과 사회를 넘어 국가를 파탄시킨다.

그에 비해 여론에 과도하게 화자되는 몸이 저지르는 범죄는 물리적인 한계로서 그 악영향이 한정적일 수밖에 없다. 그런데 우리는 사소한 것에 더 분노하듯이 더 해악적인 지능형 범죄에 대해서는 관대하다.

"기원전 6세기 페르시아 제국, 황제 캄비세스Cambyses는 시삼세스 판사가 뇌물을 받고 잘못된 판결을 하자, 산 채로 판사의 피부 가죽을 벗기는 형벌을 내린다. 산 채로 살가죽이 모두 벗겨진 후에야 참수형을 받게 했다고 헤로도토스의 '역사Historia'는 페르시아의 재판관 뇌물사건을 기록했다.

헤로도토스의 기록은 여기서 그치지 않는다. 캄비세스 황제는 시삼세스 판사의 아들 오타네스를 판사로 임명하고, 벗겨낸 살가죽을 아버지가 앉아 판결을 내리던 의자에 덮은 후, 아버지의 살가죽이 덮인 의자에서 재판을 보게 한다."

근대로 접어들며 몸을 불편해하는 이성이 그 절대적인 우위를 점하면서 지능적인 이성이 저지르는 범죄에 대해서 과도한 권력과 힘 그리고 그 범죄에 대한 연민과 동정이 또 하나의 권력으로서 주어진 것은 아닌가?

자신의 어긋난 감정과 잘못된 판단으로 인해 안보를 빙자한 전쟁이 일어난다거나 사리사욕에 젖은 금융정책과 부동산값 폭등으로 수많은 가정이 절단난다면 대역죄인으로서 그 책임을 물어 공중 앞에서 살가죽을 산 채로 벗기고 그 교훈을 광화문에 걸어 효시해야 하는 것이 아닌가? 그게 진정한 죽창가이지 않겠는가? 그렇다면 실행 여부를 떠나 진영을 넘어 그러한 생각조차 하지 못하는 이유는 무엇일까?

하지만 더 큰 문제는 권선징악으로서 죄에 대한 처벌을 넘은 양심과 지성의 실종이다. 실제로 죄를 범했으므로 그 죄에 대한 책임감을 각성하는 것이 아니라 '범하지 않은 죄'에 대해서조차 그 책임성을 갖는 자세의 실종이다. "그것이 레비나스가 '나는 자신이 범하지 않은 죄에 관해서 유책하다(스스로 책임을 진다)'는 말에 위탁한 의미"이다. [우츠다 타츠루, 레비나스 타자를 말하다, 277쪽]

# 12

# 행복의 질병에 빠진 진보

"이미 탈식민성 문제가 '종속적 대외관계에 국한되지 않고 (중략) 정작 중요한 것은 오히려 이미 그 종속성이 우리 자신의 삶과 앎을 서로 소외시키고 속으로부터 우리 정신을 피폐하게 만드는 내면의 문제로 체화되어 있다는 사실'을 뼈저리게 통감했던 것입니다." [김영민, 탈식민성과 우리 인문학의 글쓰기, 1996년]

인문학자가 통감한 1996년을 지나 30년 넘는 세월 속에 위정자들의 한때 반미에 대한 추억은 오히려 더 큰 내재적 종속으로의 퇴행을 불러왔다. 촛불의 염원으로 광장에서 탄생한 문재인 대통령이 "한미동맹은 우리 안보의 근간… 향후 긴밀한 정보협력을 바탕으로 양국 간 협력의 지평을 넓히는 데 이바지해 달라"[이도형, 세계일보, 2021. 10. 15.]고 일개 미국 CIA 국장에게 당부하는 풍경이 뉴노멀이 돼버린 것이다.

문제는 반미를 추억 삼아 위정자들의 종속성이 더 철저하게 내면화되어 왔다는 사실에 대한 망각이다. 도덕적 우월감에 빠져 나는 무오하다는 믿음에 빠진 자신들의 도덕적인 종속이 우리 사회에 더 큰 퇴행을 불러왔다는 사실을 외면한 채 여전히 북의 위협을 변명 삼은 안보놀이에 빠져 민생 — 망각을 재확인하자면 공동성명 이행과 국보법 철폐가 곧 민생이다! — 을 외면해온 것이다. 이것은 우리가 익히 보아온 보수의 풍경이다. 이념적 무오를 감히 주장하지 못했던 보수보다 더 퇴행적인 풍경이 지금 진보의 이름 아래 펼쳐지고 있다.

아프칸에서 미군은 왜 철수를 했는가? 탈레반이라는 저항정신이 있었기 때문이다. 결국, 한국에서의 미군의 주둔은 물리력을 넘어 우리 정신을 피폐하게 만드는 내면의 종속성 때문이다. 문재인은 우리 사회 내재적 종속성으로 인한 부유물이지 불순물이 아니다. 결국, 문제는 내재적 종속성에 빠진 위정자들과 이를 편하게 손뼉 치면서 지켜봐 온 우리 안의 종속성에 의한 부력의 결과물로서 문재인과 달레반인 것이다.

뜨거운 진보는 옛 시대의 안개예요. 보세요.
집집마다 토끼를 기르고 있잖아요.
(중략)
토끼들은 넥타이를 매고
회사로 백화점으로 거래도 가고
신용카드를 쓰고 사인도 하네.
행복에 이르는 기나긴 질병

누군들 그 병에 걸리고 싶지 않겠는가.
야수적 창조성보다 행복한 순응이 더 좋아.
[김승희, 토끼들의 시대]

저항의 시절 야수적 창조성으로서 항일무장투쟁을 이야기하던 청춘들은 이미 토끼장 속 행복에 취해서 상처받는 세상의 현실을 모르는 채 이제는 청와대 속에서 숭고한 한미동맹을 읊조리는 행복한 토끼가 돼버렸다. 하지만… "피거품의 부력을 이용하여 나는 듯, 나는 듯" 다시 망각 속에 잊혀진 미친 세월을 기억하고 송곳처럼 뛰쳐나오는 토끼는 절규한다.

어느 토끼
한 마리는 도저히 시대에 적응할 수가 없다.
(중략)
구구단을 외우듯이 살 수는 없다. 없다고
한 토끼는 도저히 미치지 않고서 사는
동시대인들을 못 견뎌

무릎 꿇고 여기 앉아!
싫어요!
무릎 꿇어!
싫어요!
무릎 꿇어!
못 꿇어요!

[김숭희, 사이코 토끼]

"김숭희의 표현처럼, 행복에 이르는 기나긴 질병이 만연하고 있는 토끼장의 평화 속에서는, 진정 용감한 것처럼 선한 것이 따로 어디에 있을까. 우리 시대의 미덕은 이제 명철(明哲)이 아니라 오히려 끈기며 용기다." [김영민, 인간의 글쓰기]

기나긴 질병에 만연한 토끼장 안의 평화가 대지에 발을 딛고 시련에 맞서는 용기를 비웃으며 자신들을 향해 안으로 들어오라고 눈을 깜박인다. "우리 모두는 똑같다"라며 그것이 진보라고 욕망에 젖은 채 얼굴을 붉힌다.

# 13

# 풍경에 가려진 한미동맹의 기원

니체는 대중 사회의 도래와 더불어 가축의 무리로 전락할 나약한 인간에 대한 깊은 연민으로서 초인을 제시했다. 스스로 명령하고 굴러가는 자로서 동정 구걸을 넘어 자신의 머리를 움켜쥐고 하늘을 오르는 인간이기를 바란 것이다.

한나 아렌트는 국민국가의 몰락 — 글로벌 자본주의의 도래 — 과 현대 대중 사회의 출현에서 전체주의적 지배의 기원을 발견하고 "파블로프의 개"처럼 쓸모없는 존재, 잉여 인간으로 몰락한 대중의 자유 폐지에 대한 두려움으로서 〈전체주의의 기원〉을 집필하고 그 기억을 대중에게 안겨줬다.

대중 사회의 출현과 더불어 풍경이 기원을 은폐하고 현대 정치는 그 풍경을 재생산하며 먹고 산다. 그 풍경은 대중의 망각에 의해서 다시 재생산된다. "그렇기에, 발본의 개혁이 아니고 풍경의 외장으로 제시되는 반성과 결심, 다짐과 결의, 모토와 슬로건을

믿지 말아야 한다."[김영민, 산책과 자본주의]

분단 이후 안보라는 미명 아래 대중의 망각을 강요해온 친일은 가치관의 붕괴를! 뒤이은 군사독재는 위계적 산업화 시대 물질만능주의를! 문민의 시대와 함께 도래한 글로벌 자본주의는 자유주의와 개인주의라는 미명 아래 약육강식과 각자도생의 길을 풍경으로 제시하며 각자 그 기원을 은폐해왔고, 그 은폐는 망각을 통해 재생산되어 왔다.

"자신의 신념과 미학을 관철시키려면 대립에 따른 고통을 피해서는 안 된다. 강자는 일부러 이 길을 선택한다. 타인으로 인한 고통을 견디고 타인에게 고통을 주면서까지 지키고 싶은 자신의 신념과 미학이 있기 때문이다."[나카지마 요시미치, 니체의 인간학]

바야흐로 새로운 풍경을 꿈꾸는 정치의 시절이 도래했다. 대중의 망각에 의존해 대립에 따른 고통을 피하면서 연출되는 예능이 아니라 풍경이 가리고 있는 그 기원을 바라보는 용기와 결단이 필요하다.

하지만 현실은 "무사들이 정직한(!) 피를 뿌리면서 스스로의 무능을 자인하며 죽어가는 순간에도, 문사들은 좀비처럼 부활한다."[김영민, 공부론] 거짓이 반복되고 변명으로 번복돼도 목숨이 좀비처럼 연명하는 문사의 소음이 아니라 진검으로서 한 번의

합에 자신의 목숨을 걸어야 하는 무사의 결단이 필요한 이유이다.

결단이란 무사의 칼처럼 하나뿐인 자신의 목숨을 걸고 겨루는 일이다. 정치인과 문사들의 말은 예능처럼 습관적으로 번복되어 왔다. 정치생명 운운하는 결단이 희화화된 이유이다. 나라의 근본과 그 미래를 바꿀 국보법 철폐가 여전히 외면되면서 어설픈 간첩 조작 사건이 문사들 아래 반복되어 온 이유이기도 하다. 예능은 시청자들의 망각을 먹고 산다.

탐욕과 나르시시즘에 젖은 나이 먹은 어린이들과 같은 예능의 길이 아니라 결단을 향한 칸의 길, 위정자의 길을 가고자 한다면 풍경에 가려진 시대의 문제, 그 적들의 뿌리와 정직하게 대면한 채 치열하게 싸우는 결단을 피할 수는 없다. "검술의 진정한 도(道)라고 하는 것은 오직 적과 싸워 이기는 것이며, 이것을 제외하면 아무것도 없다." [미야모토 무사시, 오륜]

무사의 몸이 칼이 되듯이 시대정신이 곧 자신의 몸이 되고, 그 몸이 끌고 가는 길이 역사가 되기를 바래본다. 합!

## 14

## 진보를 가장한 도덕적 폭력의 몰락

"사람들은 지금까지 인간 일반에 관련하여 (인간의 미래를 포함하여) 촉진, 유용성, 번영이라는 의미에서 '선한 사람'을 '악한 사람'보다 훨씬 더 가치가 있다고 평가하는 일에 조금도 의심하거나 동요하지 않았다. 만약 그 반대가 진리라고 하면 어떠할까?" [니체, 도덕의 계보학 서문, 홍성광 옮김]

정치 무당 김어준은 2023년 5월 10일 유튜브 방송에서 김남국 의원의 코인 논란에 관해 이야기하다 "진보가 도덕적이어야 한다는 건 잘못된 생각"이라고 여러 차례 강조했다.

그는 "오랜 세월 보수가 우리 사회를 지배하면서 진보를 도덕성이라는 굴레에 가두는 데 성공했다"라며 "이걸(도덕성)로 때리면 위축돼서 스스로 반성하는데 잘못된 생각"이라며 "김남국의 60억 (논란이) 가능한 토대도 진보가 도덕성을 자기 본류로 삼고 있기 때문"이라고도 했다.

김어준이 자인하듯이 그간 '선한 사람' 문재인의 민주당이 가능했던 토대는 도덕성이라는 굴레에 가둬진 것이 아니라 도덕성도 없으면서 피해자 코스프레로 도덕적인 척 위선을 부리며 대중들을 향한 동정 구걸을 본류로 삼았기 때문에 가능했는데 이제 스스로 이 위선을 적극적으로 벗어던지겠다는 것이다. 도덕성이 까발려진 현실에서 도덕에 대한 구차한 변명보다는 있는 그대로의 모습으로 범죄를 적극적으로 옹호하겠다는 것에 불과하다.

그런데 그들을 대변하는 정치 무당 김어준의 이런 후안무치한 발언조차 그들이 사냥개들에 비해 상대적으로 도덕적이라는 착각에 빠져서 여전히 도덕을 토대로 나온 발언이다. 도덕은 공공재의 성격을 갖기도 한다. 그들은 시정잡배들과 달리 도덕을 사사로이 팔아먹었기에 더 해악스런 행위였다는 자성과 성찰이 빠져있다. 그러한 도덕으로서 동정 구걸의 몰락과 더불어 이제 스스로의 가치로 서야 할 시간이 다가온 것이다. 즉 가치창조로서 도덕이다.

14일 부동산 투기 의혹으로 출당된 후 복당한 민주당 양이원영 의원은 "진보라고 꼭 도덕성을 내세울 필요가 있느냐"고 했다. 17일 천주교 정의구현사제단 소속 지성용 신부는 페이스북에서 "욕망 없는 자, 김남국에 돌을 던져라. 진보는 돈 벌면 안 되는가"라고 했다.

사냥개와 더불어 드러난 사이비 도덕 정치의 민낯, 노예도덕의 몰락과 함께 "시대를 초월하는" 가치를 향한 인류의 미래가 이글

거리는 정오의 태양과 함께 다가오고 있다. 그건 바로 그들이 잃어버린 주인으로서의 고귀한 도덕과 낡은 체제를 파괴하는 새로운 시대를 향한 하나의 강한 의지이다!

"오, 짜라투스트라여! 지상에서 생장하는 것 중에 고귀하고 강한 의지보다도 더 큰 기쁨을 주는 것은 없다. 그것이야말로 대지의 가장 아름다운 식물인 것이다. 그러한 나무 하나로 인해 풍경 전체가 생기를 얻는다."

부끄러운 한미동맹을 가리려 그대들이 상대적 도덕이자 마지막 보루로서 친일을 그대들의 채권인 양 소환하며 반일 코스프레를 반복한다면 일본강점기 치안유지법(국가보안법의 전신)으로 고초를 겪다 간 1941년의 윤동주의 삶을 되돌아보기 바란다.

• 윤동주 •

그는 풍경을 밝혀준 하나의 나무로서 스치는 바람에도 괴로워하며 자신에게 주어진 길을 걸어갔다. 반일을 외치는 그대들이 제시하는 풍경인가?

> 죽는 날까지 하늘을 우르러
> 한 점 부끄럼이 없기를
> 잎새에 이는 바람에도
> 나는 괴로워했다
> 별을 노래하는 마음으로
> 모든 죽어가는 것을 사랑해야지
> 그리고 나한테 주어진 길을
> 걸어가야겠다
> 오늘 밤에도 별이 바람에 스치운다

## 15

# 현실과 죽음의 부정
# '의전 마약'

"〈의전의 민낯 : 겉치레를 죽여야 나라가 산다〉의 저자 허의도는 '의전 마약'의 가장 큰 문제는 '리더를 조직의 본질과 격리시킨다는 사실이다'라고 말한다." [강준만, 경향신문, 2021. 9. 14.]

"당사자는 그렇게 붕 뜬다… 의전에 휩싸인 리더는 허수아비나 피에로처럼 권력을 행사한다. 정작 본인은 제법 근사하게 리더십을 발휘하고 있다는 착각 속에서. 실로 안타깝고 위험한 독극물이 아닐 수 없다."

2020년 9월 21일 열린 제2차 국정원 검찰 경찰개혁 전략회의에서 국정원장 박지원은 "우리는 3대 권력기관인 국정원, 검찰, 경찰 100% 개혁했다"라면서 자화자찬한다. 개혁이 완수됐다는 그 조직은 상전을 붕 뜨게 하는 꽃가마를 태우고 국가폭력을 악용하면서 그 말단에서 안보를 빙자한 조작 사건이 여전하고, 벌거벗은 임금님은 피에로처럼 조직의 추잡한 현실과 괴리된 채 허공을 향한 꽃길을 걷는다. 문재인 배후에 간첩이 있다는 경찰청장 출신 김석기의 발언은 이에 대한 공개 조롱일 뿐이다!

"인간이 상상할 수 있는 최악의 사태는 모든 것이 변하고 사라지는 가운데 혼자만 '불사'로 머무르는 일이다. 데즈카 오사무는 〈불새〉에서 그 '죽지 못하는 공포'를 집요하게 묘사했다. 그리하여 데즈카가 이끌어낸 결론은 〈우주 소년 아톰〉에서와 마찬가지로 상쾌하고 명료하다. 바로 '인간은 죽을 수 있기 때문에 행복하다'라는 것이다." [우치다 타츠루, 거리의 현대사상]

위정자 문재인의 가장 큰 문제는 '의전 마약'에 빠져 죽음을 거부하고 불사에 머무르려는 착각이다. 죽음을 거부하는 그 의전 마약이 또 다른 의전 마약의 중독을 찾으면서 발밑의 현실을 외면하고 있다. 그 마지막 의전 마약이란 무엇인가? 바로 남북공동응원단이 열차를 타고 평양을 거쳐서 베이징 동계올림픽에 공동 참가하는 것이다.

의전이 사라지면 문재인에게 무엇이 남겠는가? 장막으로 가려져 왔던 부끄러운 국가폭력의 잔재가 대중의 기억과 함께 공포로 되돌아오는 현실을 맨몸으로 맞이하는 것뿐이다. 만시지탄이지만 지금이라도 할 일이라면 의전이라는 마약물을 뿌리치고 사람과 의견과 부딪히며 현실에 발 딛는 일이다. 죽을 수 있어서 행복하다. 미룰수록 괴로운 죽음을 맞이할 것이다.

## 16

# 심문을 통한 응징으로서
# 소환된 검사 윤석열

문재인에 대한 염증으로서 대중들로부터 검사 윤석열이 소환됐다. 검사는 심문받는 대상이 아닌 철저하게 타자를 심문하는 사람이다. 대중들이 자기중심적이고 무반성적이며 지적으로 불성실한 문재인에 대한 심문으로서 검사 윤석열을 소환했는데 향후 검사 윤석열에 대한 검증이 가능하다고 생각하는 자체가 무력한 발상이자 현실에 대한 부정이다.

"현재 '타자'라는 말을 누군가가 입에 담을 때 그것은 반드시 '심문'이라는 행위와 세트가 되었다. '타자'라는 말을 입에 담을 때 그들은 반드시 누군가를 날카롭게 따져 묻고 들볶고 단죄하기 위해서 그 말을 이용하고 있다." [우치다 타츠루, 망설임의 윤리학]

이명박·박근혜를 지나 지금 회자되고 있는 타자는 문재인이다. 이처럼 심문이 가지는 의미는 누군가를 고발하고 단죄하고 탄핵하고자 함이다. "불행하게도 철학자들은 '사랑'에 관해서 말하기

보다도 '심문'에 관해서 말하는 것을 선호한다. 그 대상이 설령 자기 자신일 때조차도 그들은 '사랑하는 것'보다도 '고발하는 것'을 선호한다." 같은 이유로 대중들은 지금 자신이 선하고 올바르다고 착각하는 문재인에 대한 강력한 심문으로서 윤석열을 소환한 것이다. 그렇다면 왜 하필 홍준표도 아닌 검사 윤석열일까?

"'선한 사람'을 '악한 사람'보다 훨씬 더 가치가 있다고 평가하는 일에 조금도 의심하거나 동요하지 않았다. 만약 그 반대가 진리라고 하면 어떠할까? 만약 '선한 사람'에게도 퇴보의 징후가 있다면[니체, 도덕의 계보학]"이라는 대중들의 의심 속에 "현재의 삶이 좀 더 안락하고 덜 위험하지만, 또한 보다 하찮은 방식으로 더 저열해지는 것은 아닐까?(니체)"라는 나태함에 대한 본능적 거부감으로 위험하지만 하찮은 방식으로 문재인 정부의 퇴보에 대한 응징으로서 검사 윤석열이라는 위험한 그림자를 소환한 것이다. 삶에 염증을 느낀 도시인들이 도심을 떠나 대자연 속 오지를 찾아 위험한 익스트림 스포츠를 즐기는 것과 동일한 현상이다.

원인을 모른다면 아무리 애를 써도 해답 자체가 존재하지 않는다. 하지만 원인을 알았다면 성공과 실패 여부를 떠나 해답의 길을 찾아갈 수는 있다. 심문의 대상에서 벗어나 검사와 그 조직을 대하는 방법은 무엇인지 경험적으로 살펴보자. 니체가 진리를 만나기 위해서 채찍을 들었듯이 검사 윤석열을 만나기 전에 반드시 용기를 준비해야 한다.

검사가 가진 무기는 사건에 대한 기소독점, 유리하고 불리한 증거에 대한 자의적 채택 그리고 불리한 사항을 은닉하거나 그 사실에 대한 반론에 대한 선택적 기억상실 등을 들 수가 있다. 이들은 심문의 주체이고 지금의 대중이 바라는 것도 문재인에 대한 심문이기에 이들을 개혁의 대상으로 검증한다는 발상 자체가 지금에 와서는 아무런 의미가 없다.

검사시대와 대결하려면 무엇보다도 첫째 나를 변명하려 하지 말고 던져야 한다. 변명하는 순간 말린다. 지금 대중이 심문하고자 하는 것은 문재인에 대한 환멸이다. 이를 한 팀이라는 미명 아래 변명으로서 안고 간다는 것은 섶을 들고 불에 뛰어드는 것이다. 변명은 구차한 변명으로 이어지고 반드시 지는 싸움으로 말려들 뿐이다.

둘째 검사에 대한 검증이 아닌 용기로서 맞서야 한다. 시스템에 젖어 법을 내세우는 검사는 인간의 용기를 제일 두려워한다. 국가폭력을 독점한 그 조직을 벗어나면 검사는 오히려 세상에서 가장 겁 많은 존재에 불과하기 때문이다. 용기 앞에 검사의 정신이 붕괴하고 인간이 보여줄 수 있는 가장 저열하고 비겁하게 일그러진 표정의 민낯을 대중들 앞에 그대로 노출할 것이다. 더불어 쌍욕을 퍼부어라. 욕은 약자가 아닌 강자와 비열한 인간을 향해서 저 깊은 저항에서 타고 올라와 터져 나오듯이 내뱉는 것이다.

셋째 단독자로서 혼자 나서야 한다. "주체라는 것은 자신의 이해를 넘어서서 자신의 책임하에 그 의미를 해석하는 것을 가리킨다. 그러한 방식으로 책임을 질 수 있는 자만이 주체로서 설 수 있는 것이다. 아브라함은 단독자이다… 단독자라는 것은 나의 판단의 옳음을 객관적으로 평가할 수 있는 자가 한 명도 없는 국면에서도 옳다고 믿는 행동을 실천하는 자를 가리킨다." [우치다 타츠루, 망설임의 윤리학]

무능력하고 부도덕한 기존의 인사들과 적극적으로 아무것도 하지 않은 문재인을 한 팀이라는 미명 아래 그대로 안고 간다는 것은 스스로도 감출 수 없는 비겁하고 부끄러운 변명을 서로 안고 간다는 것일 뿐이다. 위 제시된 조건에 자신을 비춰 검사 윤석열을 향해 맞설 수 있는 단독자가 나서지 않는다면 윤석열은 또다시 반복될 것이다. 검사에 대한 검증 운운해서는 대중이 검사 윤석열을 소환하고 있는 어두운 그림자를 절대로 벗어날 수 없다는 것이다.

검사는 존재 자체가 검증받는 존재가 아닌 심문하는 존재이다. 검사 윤석열이 대중에 의해서 내세워진 것은 문재인에 대해서 심문을 하겠다는 것이다. 따라서 윤석열을 검증해서 극복하겠다는 발상은 사태파악을 여전히 못하고 있다는 방증이다. 평생을 검사하던 윤석열의 머리에 든 사상이 무엇이고, 그에게 대중들이 바라는 것이 진정 공정과 정의겠는가? 분노에 앞서 '우리'에 갇힌 자신들을 먼저 바라볼 이유이다.

## 17

# 탐욕에 감염된
# 인간들의 온정주의

"우리가 누군가를 미워한다면, 그건 우리 자신 안에 잠들어 있는 것들을 미워하는 것이다. 우리 자신 속에 없는 것들은 우리를 흥분시키지 않는다." [헤르만 헤세, 데미안]

나는 그대들과 다른 이유로서 혹은 같은 이유로서 우리 자신 안에 잠들어 있는 인간말종들을 미워한다. 하루만 긴장을 놓고 방관하면 부정하고픈 내 안에 박혀 있던 타자를 향한 동정 구걸의 노예근성이 스멀스멀 기어오르기 때문이다. 인간을 향한 온정을 그리워하는 나약한 상념이 검고 진득한 칡넝쿨처럼 나를 무겁게 칭칭 휘감아 오기 때문이다.

존재의 가벼움으로써 사건과 인간말종에 대한 흥분. 그러니 나도 혹시 감염된 인간이 아니었던가? 그래서 죽음과 병을 부정하고픈 본능으로서 햇살을 향해 달려가곤 했던 것은 아니었던가? 그래서 역겹고 더럽게 내 몸을 역청처럼 감싸며 기분 나쁘게 젖어

드는 추잡한 감정을 떨쳐버리려고 나는 정오의 태양 아래 뜨거운 햇살로 나를 내몰았던 것인가?

"바그너가 도대체 인간이란 말인가? 오히려 그는 어떤 전염병이 아닐까? 그는 그가 손대는 모든 것들을 병들게 한다." [니체, 바그너의 경우]

2023년 5월, 그들이 손대는 모든 것들을 병들게 한다. 민주, 진보, 시민, 조국, 남국, 코인, 책방, 도덕, 결백, 선량, 소명, 86, 창당, 온정, 동정, 열정, 연대. 원희룡과 조폭 그리고 5월 뜨거운 한낮의 분신, 서늘한 기운과 냉소… 게슴츠레한 눈빛과 숨겨진 욕망 너머 스멀스멀 기어오는 탁란!

내 삶에 적용되지 않은 모든 미덕과 미사여구가 세상에 넘쳐난다. 내 몸에 체화되지 않은 도덕과 정의가 난무한다. 그들은 서로서로 비벼대며 애무해주며 온정으로 쓰다듬는다. 공허함에 배회하던 군중들도 이내 온정에 휩쓸린다. 감염됐는지 불분명한 인간인 나는 낯뜨거워 그들의 교잡을 지켜보는 것조차 차마 힘겹다.

선악을 넘어 이제 나 같은 회의주의자가 기댈 작은 언덕조차 세월과 더불어 늙어버린 벗들과 함께 사라져버린 것일까? 시간을 훔쳐 가는 서늘한 회색 인간들처럼 우리 사회를 검게 드리우고 있는 페스트가 우리의 양심과 사랑과 도덕을 모두 거두어간 것일까?

모모 "인생에서 중요한 건 딱 한 가지야. 뭔가를 이루고, 뭔가 중요한 인물이 되고, 뭔가를 손에 쥐는 거지. 남보다 더 많은 걸 이룬 사람, 더 중요한 인물이 된 사람, 더 많은 걸 가진 사람한테 모든 것은 저절로 주어지는 거야. 이를테면 우정, 사랑, 명예 따위가 다 그렇지. 자, 넌 친구들을 사랑한다고 했지? 우리 한 번 냉정하게 검토해보자."

모모는 입술을 덜덜 떨며 물었다.
"우리가 누구예요?"

# 18

# 저들의 권리,
# 우리의 의무로서 도덕

"우리의 의무는 우리에 대해 갖는 다른 사람들의 권리이다." 도덕이 그렇다. 그들이 이른바 '도덕적'이라고 부르는 지침들은 그들의 권리로서 우리에게서 행복을 바라지 않는다.

《모든 도덕의 기원이 다음과 같은 혐오스럽고 비소한 추론 속에서 구해질 수 있는 것은 아닐까? "나에게 해로운 것은 악한 것, 즉 그 자체로 이미 해로운 것이다. 반면에 나에게 이로운 것은 선한 것, 즉 그 자체로 이미 기분을 좋게 하고 유익한 것이다."》 [니체, 아침놀, 157쪽]

한국 사회 위계질서의 최상위 단에서부터 꼬리를 물고 내려오는 도덕의 기원은 비소한 위정자들의 탐욕이지 않을까? 결국, 그들에게 이로운 것을 기준으로 한 도덕적 지침으로서 자유민주주의, 진보, 정의, 한미동맹을 강요하며 내리 먹임하는 것이 위정자들의 도덕이라면…

그렇다면 그대들도 그대들에게 이로운 것을 도덕이라고 내세우고 있는가? 내세울 수 있는가? 내세울 수 없기에 무리 군중들 속에 묻혀 저 너머 믿음으로서 현실을 회피하고 관습에 대한 저항을 포기하고 맞서지 못하는 것은 아닌가? 차라리 맞서는 자를 비하하며 그에 비례하여 자신들이 윤리적이다는 게으른 착각에 빠지는 것은 아닌가?

"하나의 믿음을, 단지 그것이 관습이라는 이유 때문에 인정하고 받아들인다는 것은 정직하지 못한 것이고, 비겁하며 게으르다는 것을 의미한다! 그래서 정직하지 못함, 비겁함 그리고 게으름은 윤리의 전제조건이 아닐까?" [같은 책 156쪽]

도덕으로서 한미동맹도 결국 미국에게 이로운 것이지 않겠는가? 이를 가치로서 숭고하다고 찬양하는 위정자들 또한 그들에게 이로운 것이고, 나에게는 해로운 것이지 않겠는가? 한미동맹이 도대체 나에게 무슨 이득이 있고, 미·중 분쟁에 대한 분석이 나와 어떤 상관이 있는가? 그들의 도덕을 넘어 나에게 이득인가만이 중요할 뿐! 타자의 이익으로서 도덕을 자기의 도덕과 의무로 착각하거나 또는 용인하거나 결국 넘어서지 못하는 것은 그대들의 비겁함과 게으름 때문이지 않겠는가?

오래된 관습을 벗어난다는 것이 쉬운 일은 아니지만 게으른 변명으로서 후세들의 새로운 길, 가치창조를 막는다면 이는 이득을 넘어 죄악이지 않겠는가? 그대들은 이미 가치창조를 포기했기에

개의치 않는다는 것인가? 그렇다면 그것도 세상에 대한 기만보다는 차라리 하나의 정직이다. 하지만 나는 아직 이런 용기를 보지 못해왔다! 그들은 여전히 도덕과 정의 그리고 안보로 포장된 노예도덕으로서 한미동맹과 자기 자신들을 향한 탐욕으로서 친북을 외친다!

중국 전국시대 철학자 양자는 자기 자신의 털 하나를 세상보다 더 소중하게 생각하며 자신의 털 한 올을 뽑아 세상을 이롭게 할 수 있다고 해도 하지 않겠다고 했다. 맹자는 극단적 위아주의라고 비판했지만, 위정자들이 세상을 구한다는 명분 아래 자신들을 향한 도덕을 강요하고, 그렇게 뽑혀서 쌓인 털들이 모여 흉측해진 털북숭이 괴물을 만든 것은 아닌가?

그렇다면 어떻게 해서 그들은 이런 권리를 갖게 되었을까? 결국, 그들이 아닌 우리들의 비겁과 게으름이 삶과 그 사상을 향한 정치를 키우지 못하고 그들의 동냥질과 그로 인한 연민에 빠져들었기 때문이다.

저들의 동정 구걸이 불쌍해 연민을 품는가? 북한의 위협을 빙자해 외치는 한미동맹 아래 우리가 불쌍한가? 미국이 불쌍한가? 탐욕이 넘쳐나는 제국이 불쌍한가? 없는 형편에 맞선다고 여전히 굶주리는 북한이 불쌍한가? 타자에 대한 입장을 자신의 입장으로 감정 이입해서 받아들이는 동정은 자기를 망각하는 것으로 파멸로 향하게 할 뿐이다. 자기 없이 타자가 존재하겠는가?

"동정심이 많고, 자기 자신의 관심사에는 흥미조차 느끼지 않으며, 오로지 공공의 이익에 관심을 가지고, 사회에 이바지하려는 인간이 오늘날 도덕적인 인간으로 느껴지는 사실은 아마도 기독교가 유럽에 야기한 가장 보편적인 영향이며 변화일 것이다." [같은 책 205쪽]

분단체제에서 우리의 아이들이 작전권도 없는 군대에 징집되는 것을 당연시 해오던 오래된 관습과 대결하며 자기 자식을 위해 그 시간에 그들이 자유로운 여행을 하고 다양한 취미를 갖도록 노력하는 것, 본질을 회피시키는 감정적 반일을 넘어서는 것, 정치인과 그 가족에 대한 동정에 빠져 자신을 망각하기보다는 자신과 그 이웃을 사랑하는 것 그것이 자신과 세상을 향한 도덕이지 않겠는가?

오래된 관습과 습관을 넘어서는 대결과 그 고통 뒤에야 비로소 그만큼 사상과 자유의 길이 열리기 마련이다! 공자가 말한 종심(從心)이, 니체가 말한 초인의 길이…

# 19

# 사회적 윤리의 상실과
# 김건희의 일탈

타자에 대한 지배욕과 힘의 의지로서 존재자인 '나'와 자신을 죽이지 말라고 다가오는 '타자의 얼굴'로서 보편적인 윤리는 병행 가능할까?

《이재명은 대선이 끝난 지 두 달도 안 된 2022년 4월 말에서 5월 초에 걸쳐 한국조선해양 주식 1,670주와 현대중공업 690주 등 총 2억 3,125만 원 상당의 주식을 매입했다… 이는 전재수를 포함한 많은 사람에게 충격을 안겼다… 경향신문 정치 에디터 구혜영은 2022년 10월 21일 칼럼에서 주식투자 사건과 무관하게 "이재명 리스크의 핵심은 불신이다. 주변 평가는 '자기 생존밖에 모른다'가 지배적이다"라고 했는데, 주식투자는 "자기 생존밖에 모른다"라는 심성을 말해주는 에피소드로 인식되기도 했다.》 [강준만의 회색지대, 신동아, 2023. 7. 31.]

자기밖에 모르는 다른 사건으로서 2023년 7월 논란이 된 김건희 명품쇼핑과 관련 보도를 접한 강준만은 "7월 14일에서 20일까지 처음엔 이 명품쇼핑 논란을 믿기 어려웠다. 인간이 어리석어도 그렇게까지 어리석을 수는 없을 거라는 생각 때문이었다. 그래서 더불어민주당의 '김건희 스토킹'이 워낙 심해서 나온 오보이거나 뭔가 크게 과장된 이야기일 거라고 생각했다. 그러나 그간 일반인들의 상상을 초월하는 언행을 해왔던 김건희는 이번에도 결국 일관성의 미덕을 보여주고 말았다." [강준만의 화이부동, 경향신문, 2023. 8. 1.]

민생과 유리된 안보를 즐긴 문재인의 관종질이나 김건희의 명품중독이나 타자를 통해 자신을 비춰보는 윤리의 상실로서 각자 위심이 부른 공통적인 사태이다. 이들 주변에 그들을 비춰주는 윤리적 거울이 없기에 '일반인들의 상상을 초월하는' 일들이 일관성의 미덕을 가지고 연이어 일어나고 있다.

문제는 반복될 그 일탈의 지속성이다. 김건희의 명품사태가 발생하기 약 1년 전인 2022년 8월 23일 BBS 라디오에서 민주당 의원 우상호는 "저희 입장에서는 특별감찰관 없이 김건희 여사가 계속 사고 치는 게 더 재미있다"라고 말했었다. 윤리적인 개탄은커녕 이를 재미 삼아 지켜보던 그들의 도덕성이 그렇지 않아도 거리낌이 없던 김건희의 일탈을 키워왔다.

백치미의 원조로 알려진 중국의 미인 포사는 좀처럼 웃지 않았다고 한다. 이에 애단 주나라의 유왕이 무료해하는 그녀를 웃기게 하려고 오랑캐가 쳐들어왔다고 봉화를 올려 제후들을 속이자 비로소 포사가 웃음을 터트렸다고 한다. 반복된 봉화놀이로 주나라(서주)는 망하고 제후들이 활개 치는 무한전쟁의 소용돌이로 빠진 동주시대 즉 춘추전국시대가 열렸다.

이처럼 "사람은 권력을 지향한다. 나쁘게 표현하면 사람은 사람을 갖고 노는 것을 제일 재밌어한다. 여자아이들이 인형을 갖고 노는 것처럼 남자아이들은 강한 존재, 예를 들어 슈퍼맨이나 스파이더맨 같은 장난감을 갖고 논다. 때로는 약한 친구들을 괴롭히며 스스로는 재밌어한다." [니체, 아침놀, 이동용 주석, 359쪽]

김건희가 하늘에서 떨어진 별종이 아닌 한 작금의 사태는 '일반인들의 상상을 초월하는 언행'과 추악한 현실을 권력의 핵심 그 가까이에서 지켜보며 윤석열을 키워 문재인과 대결하여 승리한 김건희가 심심해서 그 보상심리로서 보란 듯이 사람을 갖고 노는 사태일지 모를 일이다. 개별자 '김건희'를 통해서 개별자 배후의 오래된 '보편자'로서 심심함을 참지 못해 반복되는 인간말종들의 권력놀이의 그림자가 어른거리는 현실이다.

# 20

# 늙은 어린이들의 전성시대에 어른이 된다는 것

 귀는 오래된 것을 좋아하고, 눈은 새것을 좋아한다는 속담이 있다. 어린 시절 동요는 기억이 생생해도 그 시절 이미지는 귀만큼 생생하게 떠오르지는 않듯이 말이다. 늙으나 젊으나 우리의 눈은 과거보다는 새것을 좋아하기 마련이다.

 디지털미디어 시대의 도래와 더불어 아날로그적인 감상과 숙고는 점점 사라지고 지금 우리는 저마다 붙잡은 디지털 기기 속에 빠져들며 더 자극적인 것, 더 새로운 것을 추구한다. 각자의 SNS 세계 속에 파편화되어 있지만 자유로운 개인으로 존재하는 것이 아니라 군중으로서 몰려다닌다. 그 모든 것의 특색은 고귀함의 언어가 아닌 분량(구독자)과 자음(ㅋㅋㅋ)에 있으며 무리를 떠나 잠시도 고독을 참지 못한다.

 2018년 서울구치소에서 본 늙은 어린이 강용석의 경우가 그러하다. 홀로 있는 것을 참지 못했다. 독방에서의 생활을 불안해하

제4장 윤리에 대하여 355

고 초조해하더니 결국 혼거방을 신청해서 나갔다. 나로서는 이해 못할 일이었다. 어쩌면 이것이 화려한 이력을 가진 사회적으로 영향력 있는 자들의 감춰진 민낯이 아닐까? 외로움을 참지 못하는 그들은 SNS 세계 속에서 서로가 서로에게 더욱 중독되어 가는 것이다. 강용석의 반면이 자기 시대에 대한 반성이 전혀 없는 문재인이고, 그 반면이 세태에 휩쓸리며 존재를 상실한 채 살아가는 현대인이다.

"그대들, 가련한 무리들이여! 만약 무대 위에서 주인공이 되고자 한다면 절대로 합창에 끼어들 생각을 하지 말아야 한다는 사실을 기억해두어야 할 것이다. 그렇다, 어떻게 합창을 부르는지에 대해서조차 알아서는 안 된다." [니체, 아침놀, 264쪽]

하지만 지혜가 없는 늙은 어린이들일수록 무리를 지어 무리 속에서 젊은이보다 더 지독한 각자위심(各自爲心)을 추구한다. 벌거벗은 동화 속 주인공처럼 주연을 꿈꾸며 해맑은 세상 속을 주유한다. 그 세상에서 공간을 상실한 아이들은 대결하기보다는 패배주의에 빠져든다. 중앙대 김누리 교수는 어른들을 절대 믿지 말라고 한다. 아이들을 위한 미래에 전혀 관심이 없다고 한다.

《"나는 어제도, 오늘도 진지하네. 자네도 이번에 한번 진지해져 보게. 사람이 진지해지면 그 사람만 목숨을 구하는 게 아니네. 세상이 목숨을 구한다네. 어떤가, 오노, 내가 하는 말 알아듣겠나?"

평소 잠꼬대 같은 말만 하던 무네치카의 이 일생일대의 연설에 오노는 정신이 번쩍 든다. 그리고 솔직히 이렇게 대답한다.

"음, 알아들었네."
"난 진지하네."
"진지하게 알아들었네."
"그럼 됐네."
"고맙네."》 [우치다 타츠루, 어른이 된다는 것, 234쪽]

위 〈우미인초〉의 작가 나쓰메 소세키는 1907년 당대 표본 삼을 어른이 없는 일본에서 '아무도 어른이 되는 방법을 가르쳐 주지 않는다면 내가 가르쳐 주지'라고 결단했다. 결단한 순간 나쓰메 소세키는 단숨에 '일본 최초의 어른'이 되었던 것이다.

• 나쓰메 소세키 •

2023년 대한민국의 늙은 위정자들은 어른이 될 생각이 없다. 결단할 문제는 회피하고 잔칫상, 제사상 가리지 않고 여전히 자기만 봐달라고 응석을 부린다. 이들을 지켜본 약은 젊은이들은 이들을 따라 이들보다 많이 늙어버렸다. 그래서 문제는 결국 어른의 부재이다!

## 21

## 망각의 가해자
## 진보의 "내 새끼 지상주의"

문재인에 대한 염증으로 윤석열이 집권한 뒤 윤석열의 실정이 쌓이자 그 염증을 부추기면서 또다시 친문세력이 윤석열에 대한 반대가 최우선 과제인 듯 공포와 연민에 기대 최악을 이야기한다. 이것이 바로 인간말종들의 전략으로서 윤석열이 만들어진 이유이다. 비록 흥행에는 처참하게 실패했지만 "문재인입니다"의 귀환은 그들에게는 차라리 기획된 작품이다. 무리 군중의 망각을 이용한 자기 자신들의 권력욕을 향한 정치에 있어서 그들은 귀재인 것이다.

2023년 8월 4일 중앙일보에서 작가 김훈은 "아마 '내 새끼 지상주의'를 가장 권력적으로 완성해서 영세불망(永世不忘)의 지위에 오른 인물은 조국 전 법무부 장관과 그의 부인일 터인데, 그는 아직도 자신의 소행이 사람들에게 안겨준 절망과 슬픔을 모르는 것처럼 보인다. 그의 일가가 관련된 재판의 과정을 보면서 나는 인간의 가장 고귀한 인연인 부모와 자식의 관계도 미망일 수가 있겠구나'라는 생각이 들어 나 자신의 무명(無明)과 마주 대하고 있었다"라고 비판했다.

2023년 8월 10일 조국 전 민정수석은 소셜미디어(SNS)를 통해 "차라리 옛날처럼 나를 남산이나 남영동에 끌고 가서 고문하길 바란다"라고 하자 조국 지지자들은 《검찰이 조국 전 법무부 장관의 딸 조민 씨를 '입시 비리' 혐의로 재판에 넘긴 것에 대해 서영교 더불어민주당 의원은 "정치적 기소이자 조 전 장관에게 '또 덤비면 알지'라는 검찰의 경고 신호"라는 해석을 내놓았다.》 [박태훈, 뉴스1, 2023. 8. 11.]

남산이나 남영동은 안기부가 대공 수사 즉 국보법으로 피의자를 끌고 가 고문을 하던 잔재로서 국가폭력에 대한 기억이다. 차라리 민정수석과 법무부 장관으로서 검찰의 인권유린 그리고 보안법과 대결을 했다면 조국의 피해자 코스프레가 심금을 울릴 일이지만 조국의 가족에 대한 과도한 형사처벌이 마치 거대 악에 의한 인권유린으로 치환하려는 인간말종들의 계산된 연민은 괴이한 감정과 더불어 역풍을 불러일으키고 있는 것이다.

"프레임을 부인하려고 할수록 오히려 프레임을 활성화시키는 거죠. '코끼리를 생각하지 마'라는 말을 들으면 코끼리를 먼저 떠올리게 되듯이 '이것이 사실이 아닙니다'라고 말하면 이게 사실인지 아닌지를 생각하게 됩니다. 그럼 어떻게 해야 할까요? 상대의 공격을 반복하는 대신 자신의 견해를 말해야 합니다. 자신의 도덕적 입장과 신념, 그리고 실제로 무슨 일이 있었는지 이야기해야 하죠."[김용규 김유림, 은유가 바꾸는 세상, 302쪽]

즉 그들이 표창장 위조에 대한 처벌이 너무나 과도하다고 동정 구걸을 해도 사람들은 오히려 표창장을 떠올리게 된다는 것이다. 그렇다면 조국은 왜 아직까지도 표창장 위조 프레임을 벗어나지 못하는 것일까? 조국이 뻔한 표창장 프레임을 반복하면서 동정을 구걸하는 것은 사실 내세울 자신의 도덕적 입장과 신념이 없기 때문이다. 헤어나오지 못하는 연민에 눈이 멀어 아직도 모르겠는가? 거지에게 연민을 한다고 그에게서 도덕적 신념이 나오기를 바라는가?

"그러나 거지들은 가까이하지 말라. 거지들에게는 주는 것만으로도 화나는 일이고, 주지 않는 것 또한 화나는 일이다."

니체는 약자의 원한이 전도된 가치로서 지배적인 도덕과 권력이 되어가는 과정을 그 기독교 노예도덕을 비판했는데 지금의 한국 현실에 비춰보면 니체는 약자가 아닌 가해자가 약자 즉 피해자 코스프레로 전환해서 권력화되어 가는 사태를 예견하지 못한 것은 아닐까?

영화 〈밀양〉의 아동유괴 살인범은 스스로 하느님으로부터 용서를 받았다며 전도연의 눈을 까뒤집었다. 조국은 도대체 누구에게 용서를 받았길래 가해의 기억과 무능이 부른 사태는 망각하고 피해자로 태세전환을 해서 또다시 권력으로 다가서려고 하는가? 바로 무리 군중들의 망각이다. 망각이 그들에게는 당나귀와 같은 '신'이다. 우리는 그들 '망각의 신'에 대항해야 한다. 하지만 대중들의 망각은 결국 그 망각을 거부하는 자를 향해 손가락질을 한다. 그들의 재집권 전략은 망각이고 불편한 기억에 대한 혐오이다.

하지만 니체가 인간말종과 동정 구걸에 대한 경멸로서 초인을 꿈꾸었듯이 우리 또한 동정 구걸의 종말로서 과거를 딛고 새 시대를 열어갈 전사를 그린다. 동정과 연민에 흐느끼는 인간말종과 무리 동물을 넘어 하나의 전사를! 그래서 어설픈 몰락이 아니라 거대한 몰락이 다가와야 한다. 그들이 두려워하는 창조는 몰락의 무덤에서만 비로소 꽃피기 때문이다. 그렇게 우리는 인간말종들의 집단무덤 위에서 단 하나의 전사가 꽃피기를 바란다!

과연 무엇이 좋음인가에 대한 판단은 "모든 저급한 자, 열등한 자, 범속한 자, 천민적인 자들에 비해서 자기 자신과 자신의 행위를 '좋은(탁월한) 것'으로서, 즉 최상의 것으로 느끼고 평가하는 고귀한 자, 강한 자, 드높은 자, 고매한 자들에서 비롯된 것이다. 그들은 이러한 거리의 파토스에서 가치를 창조하고, 그것의 이름을 새길 권리를 비로소 획득하게 되었다." [니체, 도덕의 계보, 박찬국, 34쪽]

## 22

## '글러먹은 인물들'의 파시즘적인 정치

"파시즘의 본질은 무엇일까요? 여러 가지 설이 있지만 끝까지 파고들다 보면 파시즘 특유의 권력 획득 패턴에 도달합니다. 인간이 품고 있는 포지티브한 감정과 네거티브한 감정 가운데 나쁜 쪽의 감정을 지지 기반으로 하여, 그 나쁜 감정을 밀어내 없애려고 하기보다 오히려 그것을 증폭시키는 발언을 하고, 그것에 공명하는 자들을 스스로의 권력 기반으로 키워갑니다. 이러한 정치를 파시즘적인 정치라고 정의할 수 있지 않을까요?" [우치다 다쓰루, 속국 민주주의, 96쪽]

2023년 8월의 거리에 민주당과 제 단체들이 홍범도 장군과 후쿠시마를 내세운 반일구호가 넘쳐난다. 과연 작금의 반일구호가 주권을 상실한 일제 식민지 시절에 대한 치욕으로서 그 부끄러움을 극복하겠다는 의지일까? 아니면 여전한 속국의 현실을 숨기고 역사 속으로 회피하는 자신을 향한 게으른 탐욕일까?

반면 윤석열은 자유민주주의를 외치지만 결국 철 지난 이념의 다른 표현으로서 반북선동에 매달리고 있다. 자기 철학이 부재하니 철 지난 뉴라이트보다도 못한 저열한 참모를 끼고돌며 반일에 대한 대응이자 그 반동으로서 반북 감정에 휘둘려 그 나쁜 감정을 증폭시키려 하지만 오히려 그가 외치는 자유민주주의의 위선만 더 드러나고 있을 뿐이다.

"자민당 의원들이 저지른 일련의 불상사나 비열한 언동을 보아도 알 수 있듯이, 상당히 의도적으로 질 나쁜 사람들이 국회의원으로 뽑힌다고 생각합니다. 지금 정치의 저열화는 유권자들이 '글러 먹은 인물'을 통치자로 뽑은 것이 가장 큰 원인일 것입니다." [같은 책 98쪽]

반일이나 반북이나 '글러 먹은 인물'들이 사적 욕망을 감춘 채 저열한 감정을 증폭시키며 통치라고 날뛰는 현상은 결국 눈먼 친북과 친일의 감정적인 소용돌이 속에 속국 민주주의와 그 노예도덕의 현실을 서로 앞다투어 가리는 한국적 파시즘 정치에 다름 아니다.

"국가 주권이 없다는 것을 전제해야 '어떻게 해야 주권을 탈환할 것인가'라는 구체적인 물음이 분명해집니다. 하지만 주권이 없는데도 '있다'고들 하고, 모두가 그렇다고 믿는 척하는 한 주권을 탈환할 방법은 없습니다. 정확한 현실 인식에 기초하지 않는다면 현실 개혁이니 뭐니 가능할 리가 없습니다. 그런데도 현실 인

식이 어긋나 있습니다." [같은 책 37쪽]

민족자결과 국가주권에 대한 외면으로서 반북이나 반일은 서로가 서로에게 반면일 뿐이다. 누가 이기든 제국의 손바닥 속 손오공의 처지지만 그로써 휩쓸리는 우리는 그 '글러 먹은 인물'들이 경멸하는 개돼지를 벗어나지 못한다는 것이다! 탐욕에 굶주린 소시오패스들이 무리 군중을 대상으로 벌이는 권력 게임으로서 선거가 다가올수록 요행을 바라는 그들의 소음은 커지고 반복될 것이다.

하지만 "주사위가 자기에게 행운을 가져다주었을 때 부끄러워하며 '나는 사기꾼인가?' 하고 스스로에게 묻는 자를 나는 사랑한다. 그는 멸망을 원하기 때문이다. 행동하기 전에 황금과 같은 말을 던지고, 항상 자기가 약속한 것보다 더 많이 실행하는 자를 나는 사랑한다. 그는 스스로 몰락을 원하기 때문이다." 짜라투스트라는 이렇게 말했다!

# 23

## 우울증에 대한 도피로서 무리 짓기

인간은 사회를 구성하고 그 관계 속에서 살아간다. 관계가 불평등하거나 그 관계에서 손해를 본다는 느낌이 엄습하면 인간은 그 비등가성에 분노를 표출하거나 아예 관계가 파탄 나기를 바란다. 이런 인간의 심리는 부당함보다는 차라리 손해를 선택한다는 게임이론으로 제시되기도 한다. 하지만 이조차 관계 속에 있을 때 일이다. 관계와 격리된 채 혼자 있으면 인간은 우울증에 빠진다. 홀로 있는 공포에 대한 두려움으로서 인간이 무리 짓기를 향한 욕망에 빠져드는 이유이다.

지난 2023년 5월 1일 노동절 집회 마지막 행진이 끝나갈 무렵 용산 미군기지 정문 맞은편에서 자신들이 믿어 의심치 않는 귀족노조 건설노조의 행렬을 향해 크레인 꼭대기 간이무대에 선 사회자가 마이크를 움켜쥔 채 외친다. "재미있냐? 빨갱이 새끼들아! 나도 재미있다~ 이 빨갱이 새끼들아~"며 붉은 목청을 드러내던 사회자의 분노는 그의 신념일까? 아니면 무료함에 휩쓸리는 무리 군중 속에서 인정받는 자신에 대한 희열로서 삶을 향한 의지를 즐기는 것일까? 멀리서 봤기 망정이지 초라한 행색을 가까이서 봤다면 그들의 믿음은 흔들렸을 것이다.

"네가 어둠 속에서 너무 멀리 보려다 보니 진실을 상상과 혼동한 모양이다. 눈이 멀리 있는 것에 얼마나 속기 쉬운지 저곳에 가면 잘 알게 될 것이다. 그러니 좀 더 빨리 움직이자." [단테, 지옥편, 31곡]

그렇다면 진보의 풍경은 다르단 말인가? 진보는 진실을 상상과 혼동하지 않은 어떤 신념을 가지고 있다는 것인가? 반일 뒤에 숨는 친미와 민주와 인권을 희롱하는 국보법 악용은 어떻게 설명할 수 있는가? 그러니 세칭 좌나 우나 실존으로서 그 어떤 이념이나 신념이 반영된 몸부림인가? 아니면 참지 못할 존재의 가벼움과 그 나날 속에 어떤 우연한 계기로 어우러지고 무리를 짓다가 이후에 그 의미를 부여하게 된 것인가? 선 자리가 다르면 풍경도 달라진다는데 그래서 그들이 서게 된 계기는 필연일까? 우연일까? 우리는 진실을 멀리서 보며 무리 속에 있는 자신을 인식하지 못하는 존재이기에 우문일지 모를 일이다.

니체는 〈도덕의 계보학〉에서 "무리를 형성하는 것은 우울증과의 투쟁에서 중요한 진보이며 승리이다. 공동체가 성장함에 따라 개인에게도 새로운 관심(무리에 속하고 싶은 관심)이 강화되고 이러한 새로운 관심으로 인해 사람들은 자주 그 자신이 가장 사적으로

제4장 윤리에 대하여 367

느끼는 불쾌감이나 자기 자신에 대한 혐오를 넘어서게 된다. 모든 병자나 병약자는 음울한 불쾌감이나 허약한 감정을 떨쳐버리고 싶어 하는 갈망에서 본능적으로 무리를 형성하려고 한다. 금욕주의적 성직자는 이러한 본능을 간파하고 그것을 장려한다"고 했다.

그러니 사적인 불쾌감과 자기혐오로서 '예수 천국 불신 지옥'의 팻말을 들고 무리를 향해 자신의 우울증을 벗어나고자 종교에 빠져드는 이들과 친일매국을 선동하며 무리를 짓는 진보적이고자 하는 병약한 이들 그리고 친미와 반북을 외치며 보수적이고자 하는 허약한 이들이 예수를 팔아먹었던 바리새인들과 다르지 않단 말인가? "주여 저들은 자신들이 무슨 짓을 하는지 모르나이다!" 그래서 '정치를 종교로 만든 사람들'은 이러한 나약한 군중을 악용한다. 나약한 군중의 일원이었던 성직자 자신 즉 '정치 무당'들은 누구보다도 이러한 나약함을 자신들을 비춰 잘 알기 때문이다. 무리를 선동하는 데서 그들이 영리한 이유이다.

"무리가 존재하는 곳이면 어느 곳에서든지, 사람들은 나약함의 본능으로 인해 무리를 이루고자 했던 것이며, 사제는 특유의 영리함으로 무리를 조직했다."

평양 공동성명이 남긴 결과물은 부재한다. 문재인 때나 지금이나 근본적인 차이도 존재하지 않는다. 차이라면 잠시나마 청량감을 줬던 그 환희가 몰락하자 그 우울증이 더 깊고 더 어둡게 우리 속에 내려앉았다는 것 외에 존재하지 않는다. 우리는 우울증에 사로잡혀 혼밥을 즐기던 병약한 위정자의 감각적인 이벤트 속에서 순간을 즐기며 현실을 외면했던 후과를 지금 치르고 있을 뿐이다. 그런데 원인과 결과를 거꾸로 본 채 건강한 망각이 아닌 현실에 대한 병든 도피로서 또다시 자기 기만적인 기억상실에 적극적으로 빠져들고 있다.

현실에 대한 도피가 아닌 '과거로부터 온 미래'로서 21세기의 '신시' 디오니소스적인 축제로서 중국의 정사 삼국지 동이전에 묘사된 고구려의 '동맹' 부여의 '영고'가 강박적으로 되살아나야 할 이유이다. 한반도를 어둡고 깊게 드리우고 있는 하나의 우울증에 대한 치유로서 병약하고 히스테릭한 무리 짓기가 아닌 크게 모여(大會) 연일 마시고 노래하고 춤추는 건강한 무리 짓기로서 니체와 함께 춤을!

## 24

## 도덕적 폭력주의자들의 기억법

노무현과 문재인 정부의 대표적인 인사이자 정파적으로 어용 지식인을 자처했던 유시민 전 보건복지부 장관이 2023년 4월 9일 MBC 《100분 토론》에서 독백인지 자기변명인지 모르게 다음과 같이 말했다.

"예전 젊었을 때는 보수는 이익을 탐하다가 보수가 된다는 생각을 한 적도 있는데, 아닌 것 같고요. 그다음에 사명감이나 올바른 가치관을 가진 사람이 진보가 된다는 생각을 한때는 했는데, 그것도 아닌 것 같고요."

강준만 전북대 교수는 《권력은 사람의 뇌를 바꾼다》(2020)에서 "'도덕적 우월감'을 가진 문재인 정부와 강성 지지자들이 그 '선한 DNA'를 앞세워 정권 권력을 옹호하며 비판자들에게 온갖 모멸적인 딱지를 붙여대는 '도덕적 폭력'을 행사한다"라고 했다.

독재 권력의 폭력과 국보법의 피해 잔재로서 종북에 대항한 친일프레임 또한 그러하다. 지금 반일을 자처하는 민주당의 뿌리가 오히려 친일잔재에 뿌리를 두고 있지만, 반일에 대한 도덕적 우월감에 젖어서 도덕적 친미에 대해 부끄러워하는 모습을 보인 적이 없다. 같은 식민지성 아니겠는가? 대통령실에 대한 도청사건에 대한 대응이 문재인 정부라고 달랐겠는가? 뼛속까지 미국에 종속됐었던 위선과 그 무능의 관성을 '우상의 황혼' 제국의 몰락과 함께 지켜보고 있을 뿐이다.

정상회담을 앞두고 2018년 8월 국보법 피해 상징자산으로 출세 가도를 달린 민정수석 조국과 서울중앙지검장이자 조국의 선배 '석열이형'은 구속영장 청구를 위조해 피의자를 구속시킨 뒤 국보법을 악용 간첩 사건을 날조했었다. 조국은 외면했고 8월 윤석열은 국가기관에 의한 영장청구 조작과 국보법 남용에 대한 변호사와의 상담에서 "김호 씨 구속영장 청구(증거조작)에 아무런 문제가 없다"라고 했었다.

문제는 이들이 가해자의 기억은 소설 "살인자의 기억법"처럼 선택적으로 상실하고 대중의 망각을 악용하면서 여전히 피해자 코스프레를 한다는 것이다. "문재인입니다"라는 다큐멘터리 영화를 봐야만 알겠는가? 세칭 안 봐도 비디오일 것이다. 콩깍지가 쓰여 그저 믿고 싶고 보고 싶은 사람들을 향한 한 편의 러브스토리이자 찬양이 넘치는 종교영화일 것이다.

최근 조국은 그의 딸을 대동한 북 콘서트 등을 벌이고 있다. 2023년 4월 19일에는 "조국사태가 발생했을 때 지인 등과 연락이 완전히 두절돼 변호인들을 구하기조차 힘들었고, 1년여간 고립된 생활을 했다"라며 "썰물처럼 빠져나가는 경험을 했는데 그 자리를 저와 인연이 없는 분들이 채워주셨다"라고 밝혔다.

변호사 구하기가 정말 힘들었겠는가? 여전히 피해자를 강조하고 있다. 가족사야 안타까운 일면도 없지 않지만, 민정수석으로 재임 시 그가 휘두르거나 무능해서 방관했거나 이로써 벌어진 인권유린과 피해는 여전히 자각이 안 된다는 말인가? 의도적인 망각에 빠졌다고 봐야 할 것이다. 그렇다면 이들은 왜 여전히 도덕적인 척할까?

"도덕이나 집단의 힘으로 상대를 끌어내리는 이유는 자신들이 지배자 측에 서고 싶기 때문이다. 그러면서도 자신들이 착한 사람이라고 강조하며 도덕심을 내세운다. 스스로 힘을 길러서 맞설 생각은 포기하고, 자신은 그럴 힘이 없는 약자라고 자조하면서 힘 있는 사람을 도덕적으로 비판한다. 그러면서 속으로는 지배자가 되려는 야망을 품고 있다. 이 얼마나 위선적인가!"[오카모토 유이치로, 니체의 마지막 선물, 206쪽]

약자로서 북 콘서트에 함께 서는 자기 딸이 귀하면 남의 딸도 귀한 법이다. 필자의 딸도 2022년 외고에 합격했지만 내가 그해 1월 다시 법정 구속이 되면서 그 충격과 경제적인 어려움으로 입학과 동시에 일반고 전학을 했으나 이내 학업에 대한 불만이 쌓이자 자퇴하고 교정을 뒤로한 채 혼자 공부를 하고 있다. 일반적인 학부모가 그렇듯이 표창장 위조나 인턴경력 위조는 생각도 못한다. 자기 연민과 피해자 의식에 빠지지 말라고 못난 아비가 해줄 수 있는 것은 니체의 다음과 같은 격언뿐이다. 애꿎기는 조국도 자신의 페이스북에 인용했다는 것이다.

"나를 죽이지 못하는 것은 오히려 나를 더 강하게 만든다!" [니체, 우상의 황혼]

돈과 권력이 있을수록 그것이 없는 미래가 더 불안해서 더 가지려고, 더 비축하려고 타인을 짓밟으면서 오히려 불쌍한 척 동정 구걸을 하는 위정자들에 대한 연민과 자기 연민에서 단호히 벗어나야 한다. 정의를 가장한 도덕적 폭력과 그 추종이 오히려 힘없는 사람들에게 수많은 폭력으로 아프게 되돌아왔던 현실을 되돌아봐야 한다. 동정 구걸로 다시 살고자 문재인과 조국이 전면 나서는 현상은 결국 "우상의 황혼"이자 도덕적 폭력의 종말을 의미할 뿐이기 때문이다!

"나는 그대들에게 초인을 가르치려 하노라. 인간은 극복되어야 할 그 무엇이다. 그대들은 자신을 극복하기 위해 무엇을 했는가? 지금까지 존재하는 모든 자는 자신을 뛰어넘을 무언가를 창조했다. 그런데 그대들은 이 거대한 밀물의 한가운데서 썰물이기를 원하는가? 자신을 극복하기보다는 도리어 동물로 되돌아가기를 원하는가?" 짜라투스트라는 이렇게 말했다!

## 25
# 위선적 위아 對 극단적 위아

위선적 위아(爲我)에 대한 염증으로서 극단적 위아(爲我)인 윤석열 정부의 탄생은 하나의 문명사적인 사태이자 위선적 위아에 대한 경종으로서 공히 과도한 물질문명에 대한 염증과 그 피로를 반영한 것이다. 즉 "억압된 것의 회귀"로서 물질문명 너머 새로운 시대정신을 바라는 염원이 터져 나온 사태일지 모른다.

이러한 문명사적 전환을 요구하는 세태에 대한 자성과 성찰이 없이 상대에 대한 분노와 염증만을 불러일으켜 또 다른 물질문명의 한 형태인 쪽수로서 무리를 모아 상대를 이기겠다며 자기 안에 도사린 윤석열의 반면을 외면한다면 증오의 배설로서 순간의 짧은 쾌락을 즐길지 모르나 윤석열이 등장한 이유로서의 염증이 또다시 비춰질 것이며, 그 반복을 넘지 못할 것이다. 독재와 분단 체재를 지나 극단적 위아의 존재 이유는 단지 성찰 없는 위선적 위아일 뿐이기 때문이다.

"자본주의 경제의 춘하추동 순환(60년 주기)을 관찰한 공산주의 러시아의 경제학자 콘트라티예프는 자본주의 사회가 가을, 겨울의 시기를 거침으로써 봄, 여름 고도 성장기에 나타난 여러 사회모순을 해결한다는 사실에 크게 주목했다. 이는 외형의 고도 성장기인 전반기에 자본주의 공동체의 내면은 고갈된다는 사실을 관찰한 것이다. 이대로 계속된다면 공동체의 붕괴를 가져올 텐데, 음의 시기를 거침으로써 공동체의 가치를 회복하는 것이다."[강기진, 오십에 읽는 주역, 120쪽]

외형적 성장의 군부독재와 더불어 씨가 마른 듯했던 민주화의 불꽃이 되살아나 전두환을 넘어서 그 잔재에 대한 경종이 검찰 횡포에 대한 분노로 되살아나듯이 긴 시간으로 보면 새로운 세상을 바라보던 분노와 그 염원이 이기기 마련이다. 그러기 위해서는 어설픈 분노가 아닌 인간의 내면 그 밑바닥으로 내려가 성찰하며 리(利)를 넘어 공동체의 가치로서 의(義)를 회복해야 한다. 성찰 없는 염증은 반드시 되살아나 반복될 것이기 때문이다.

• 전두환 전 대통령 •

하지만 현실은 자신의 욕망을 위해 타자의 죽음을 딛고선 전두환과 다르지 않은 爲我로서 젊음과 물질과 이로움과 자신의 보존만을 앞세우는 양(陽)의 흐름이 넘쳐나는 풍토와 더불어 내면의 가치는 내팽개쳐지고 있다. 삶의 지혜가 넘쳐야 할 노인은 사라지고 어린아이 같은 위아만이 남녀노소 가리지 않고 번성하는 세태가 이를 반증한다. 양의 시대를 향한 탐욕은 더 이상 채워질 수 없으며, 제국을 중심으로 하는 양적인 팽창의 시대도 저물어가고 있다.

극단적 위아의 화신 살인마 전두환에 맞서 인간성과 공동체의 가치가 회복되었듯이 이제 우리는 분단 체재 아래 드넓게 드리우고 있는 爲我라는 극단과 마주해야 한다. 삶과 죽음을 가르는 전쟁 속에서 물질에 대한 욕망을 넘어 시퍼렇게 서린 영혼이 떠오르듯이 우리에게 필요한 것은 감정적 선동과 객기에 젖은 어설픈 전투가 아닌 위선적이고 극단적인 爲我와의 진실한 대면이자 전쟁이기 때문이다. 노자가 말한 부드러움이 강함을 이긴다는 의미일 것이다.

영화 〈서울의 봄〉의 흥행을 타고 윤석열에 대한 분노로서 전두환 독재와 검찰 독재를 동일하게 바라보며 또다시 상대적 도덕에 빠져드는데 전두환이 총칼로 人民을 굴복시켰다면 검사는 총칼이 아닌 피의자의 주저함과 거짓 그리고 얽히고설킨 욕망의 구조를 일분일초 단위로 폐차고 굴복시키는 존재이다. 그 겨눠진 칼날 앞에 자기가 우선 살겠다는 아비규환적 욕망의 구조는 일부만 드러났을 뿐 의(義)와 용기를 내세운 대면이 아닌 쪽수로 상대에 대한 염증을 일으켜 피할 수 있는 칼날이 아니다. 형량 감량을 위해 유죄는 인정하지만, 성찰에 무지한 조국사태로 무엇이 남았는지 되돌아보면 될 일이다.

• 서울의 봄 •

분노에 눈이 멀면 적을 바로 보지 못하듯 가치와 연대가 아닌 욕망을 향한 대결 구도 속에서는 협잡과 배신이 횡횡할 뿐 그 욕망과 분열을 다스리는 칼 쥔 검사를 절대로 넘어설 수가 없다. 가치가 상실된 힘의 대결만으로는 욕망의 분열구조를 겨눈 검사의 칼날을 당해낼 수 없기 때문이다. 욕망의 대결 구도를 넘어서야 국가와 안보를 운운하는 벌거벗은 검사의 나약함 그리고 시대의 진실과 마주할 것이다. 니체가 "왜 사는지를 아는 사람은 어떤 고난도 이겨낼 수 있다"라고 했듯이 고난을 극복하는 것은 뜻과 그 의지이다.

칼 쥔 자를 상대로 대중을 향해 동정을 구걸하는 상대적 도덕과 초라한 연민에 빠져 심문하는 자 검사의 존재를 애써 무시하며 눈 가리고 아옹 하는 안이한 풍조는 바늘도둑이건 소도둑이건 사건을 권력의 자양분으로 삼는 검사의 비열함을 더욱 키워갈 것이다. 사람은 물질적 존재이자 정신적 존재이기도 하다. 사건을 다루는 검사가 두려워하는 것은 욕망의 좌절로서 증오와 분노에 사로잡힌 이지러진 목소리가 아니라 성찰에 기반한 시대적 가치와 그 연대이다.

1963년 박정희의 집권과 더불어 시작된 한국 자본주의의 외형적 고도성장인 양(陽)의 시대가 콘트라티예프 파동 주기인 60년 1갑자를 정점으로 종결을 고하고, 2024년 본격적인 음(陰)의 시대로 접어들었다. 저물어가는 양(陽)을 향한 미련과 욕망으로서 공동체의 붕괴일지, 가치의 회복일지 바야흐로 문명사적 전환의 시간이다. 분단체제의 과제로서 남북관계의 미래 또한 제국과 함께 저물은 체제경쟁과 양적 성장이 아닌 인정(人情)에 기반한 교류와 협력 그리고 교환과 증여에 있다.

## 26

# 남과 북 "자기 속의 타자"

　서로가 잘 안다는 엇나간 마음이 불러온 실망보다 더 큰 불행으로의 초대도 없을 것이다. 그 희망에 정비례해서 환멸에 빠지니 말이다. 거의 20년 가까이 북과 관련해서 사업을 하며 지켜보고 느낀 것은 북은 알 듯해도 알기가 어렵다는 것이다. 우리의 인식과 떨어져 있는 존재라는 것이다. 사업상 주고받으면서도 항상 느껴오던 낯섦이었다.

　문재인 정부는 너무 잘 안다고 자만했다. 서로 다른 환경과 제도에서 살아온 세월이 70년이며 6.15 선언 이후 20년이 넘는 세월 속에 얼마나 그 선언이 실행되었는지를 되돌아봤다면 "내 안의 존재"가 아니라 "자기 속의 타자"로 바라보며 한발 한발 조심스럽게 실천으로 신뢰를 쌓아나가야 했다. 그런데 반대로 "내 안의 존재"로 바라보며 내 마음의 희망대로 상대가 움직이리라 생각한 듯하다.

북은 남은 아니지만 타자이다. 남을 나라고 여기는 순간 타자는 위계적 폭력의 대상으로 줄 세워진다. 누구든 내가 될 수 없기에 불신이 싹트기 마련이다. 판문점 선언, 평양 공동선언 이후 오히려 더 큰 긴장으로 치달은 이유는 "내 안의 존재"를 보는 데 대한 불편함과 분노가 터진 것이다. 누구나 자기로 존재하고자 하지 타인 안에 존재하기를 바라지 않기 마련이다. 타자인 북은 내 안의 존재가 아니다. 따라서 관계만이 숙명이고 미래는 가능성으로 열어두어야 한다.

북의 입장에서도 남은 타자이다. 북 또한 자신의 처지에서 세상을 바라보지 상대의 관점에서 바라보지 못한다. 남은 복잡다단한 대중 사회이다. 누군가의 결정으로 획일적 행동이 일어날 수 없다는 것이다. 그렇다면 정상회담과 공동선언이 무슨 의미겠냐는 문제가 제기될 수 있지만 그렇다고 그 감정을 그대로 드러내어 남북공동 연락사무소를 파괴한 것은 하책 중의 하책이었다. 남북 공히 행사에 대한 관종적 욕망과 경제 협력에 대한 조급함을 버리고 서로가 침묵 속에 시간을 두고 차분하게 지켜보는 시간을 가졌어야 했다.

일반적으로 알려진 것을 넘어 사업을 하며 경험한 것에 의하면 북은 철저한 통제 사회이다. 반면 남은 넘쳐날 정도로 개방된 사회이지만 북에 대해서만큼은 우리도 철저하게 국가가 통제하고 관리하며 심지어 국가보안법으로 처벌한다. 서로가 상대에게 적대적 타자인 것이다. 그런데 서로가 그런 자신들의 얼굴을 외면한다. 북은 국보법을 내세우며 민간의 교류에 대한 대외적 통제 명분으로 내세우고, 남은 북의 이중성을 들이밀며 그 위험성을 과장해서 교류에 대해 더 자폐적이다. 내 사건에 대한 국가보안법 처벌이 이를 반증한다.

결국 위정자들의 심기에 따른 정치적 부침에 휘둘리지 않고 공동선언의 정신을 전 민족적으로, 전 사회적으로 이행하려면 민간 속에서 다양한 교류와 교환이 이뤄져야 한다. 이를 통해 서로의 처지를 공유하고 마음을 나눠야 한다. 지난 10년에 더해 문재인 정부에서조차 민간교류는 단절되어 왔다. 정치적 이벤트에 대한 집착 속에 민간교류의 중요성이 가려지고 간과됐다. 인터넷에서 검색되는 국제학술논문이 영상인식 개발을 위해 제공되었다고 하여 이를 국가보안법상 편의 제공으로 공소 제기하는 현실이 이를 반증한다.

종전선언 등 이벤트에 가려지고 있는 작은 일에서부터 문제의 본질을 바라봐야 한다. 평화체제 수립 등 대결과 반목을 극복하는 것도 작은 일에서 시작된다. 주고받는 구체적이고 다양한 민생교류에서부터 평화와 협력이 오기 마련이다. 민생만이 남과 북을 가로지르는 하늘이다. 밥이 하늘이다.

- 2022년 3월 2일 서울구치소에서

27

# 국가 그리고 조작

"나는 네가 한 일을 잘 알고 있다. 네가 살아있다는 말이 있지만 실상 너는 죽었다."《요한의 묵시록》3:1

네가 한 일로 인해 "정녕 살아있지도 않았던 그들은 벌거벗은 채 거대한 파리와 벌떼에게 무참히도 찔리고 있었다. 찔린 얼굴에서는 피가 눈물과 뒤섞여 흘러내렸고 다리에서는 구더기들이 피를 빨아먹고 있었다." [단테,《지옥편》3곡 중]

근대 국가가 절대로 하지 말아야 할 일은 바로 주권자인 국민으로부터 위임받은 권력과 권한으로서 증거를 조작하는 악행을 저질러 억울한 인민의 눈에서 피눈물이 나지 않게 해야 한다. 그것이 신이 죽은 현대 사회의 우상으로서의 국가가 지켜야 할 최소한의 금기이다. 만약 이 금기가 무너진다면 국가는 "살아있다는 말이 있지만 실상 너는 죽었다"로 전락하는 것이며, 국가의 존재 이유가 상실되는 것이다. 독일 간첩으로 몰린 드레퓌스 사건에서 조작된 증거에 대해 프랑스의 지성이 들고 일어나 독일에 결과적으로 유리해진다는 반대 여론을 넘어 자국의 국가범죄를 철저하게 비판하고 세계 양심에 호소한 이유이다. 한국에서는 역사가 증명하듯 수많은 간첩 조작 사건이 번번이 일어났지만 뒤레퓌스 사건과 달리 이내 잠잠해지곤 했다. 지성을 넘어서는 눈치를 벗어나지 못하기 때문일 것이다. 이런 학습효과로서 간첩 조작 사건이 그 중독을 끊지 못하고 습관적으로 반복해서 일어나고 있다.

서울시 공무원 유우성에 대한 간첩 조작 사건에서 그 핵심증거를 조작했던 검사가 그 범죄에 대한 엄중한 처벌을 받기는커녕 2022년 새 정부에서 공직기강이라는 요직을 보란 듯이 차지했다. 증거조작이라는 국가범죄에 대한 사회적 지탄과 국가에 대한 책임을 넘어 그 개인에게까지 민형사상 책임이 물렸다면 증거조작 당사자인 해당 검사가 공직기강이라는 자가당착적인 요직에 앉혀지는 일은 절대로 없었을 것이다. 당사자의 책임이 국가라는 시스템 뒤에 무책임하게 숨겨지기에 반복되는 범죄이다.

한국 사회가 근대 국가라는 기본 가치를 공론으로 유지하고 있다면 지성과 여론에 의해서 "그들은 벌거벗은 채 거대한 파리와 벌떼에게 무참하게 찔리고 있었어야" 정상이다. 하지만 현실은 분단을 핑계로 그들의 중대범죄가 안보를 빙자하여 굴절된 채 무능한 민주당과 상식적 보수의 외면으로 한국의 근대는 여전히 "구더기들이 빨아먹고" 있는 현실이다.

- 2022년 6월 16일 서울구치소에서

## 28

# 조작 그리고 항소 이유

2022년 1월 25일 원심판결과 더불어 법정구속이 되며 땅이 꺼지는 줄 알았습니다. 당시 가장 먼저 떠오르던 생각은 "기획하고 있던 일들은 어떻게 하나…", "생활비는 어떻게 하지…"였습니다. 결국 민생이 우리에게는 하늘이니 말입니다.

판결문을 한동안 보지 못했습니다. 한장 한장 넘기기가 어려웠습니다. 너무나 낯선 존재가 거기에 있었기 때문입니다. 아이들을 생각하며 힘겹게 살펴보았습니다. 보안수사대가 내 사건을 어떻게 기획하고 조작하고 만들어오면서 호시탐탐 엿보고 있었는지 다시 한눈에 들어왔습니다. 검찰의 공갈과 가공도 한눈에 들어오더군요. 결국, 그들은 약자를 먹잇감 삼는 인간 사냥꾼이니 말입니다.

싸운다는 것은 말입니다. 정말로 싸운다는 것은 자신의 모든 것을 걸어야 합니다. 자기가 몸소 앞장서야 합니다. 도둑처럼 뒤에서 입으로만 외치는 안보는 비겁한 족속들의 비열함일 뿐입니다. 그래서 저는 싸우는 것이 두려웠습니다. 온몸으로 나를 던져야 한다는 두려움… 그런데 저들은 참 쉽게 안보를 외칩니다. 약자만을 향해서. 안보는 부끄러운 저들의 가면일 뿐입니다. 저들의 손과 발은 핏기가 없으며 눈에는 영혼이 없습니다. 그들이 괴롭힌 이들의 뜨거운 피가 지옥에서 그들을 맞이할 겁니다.

"선생님! 얼마나 고통을 받기에 이토록 처절하게 울부짖는지요?" 그가 대답했다. "간단히 말해주지. 이들에겐 죽음의 희망조차 없다. 앞을 볼 수 없는 생활이 너무나 절망스러워 언제나 다른 운명만을 부러워하지. 그들이 지녔던 명성은 세상에서 사라졌고, 자비와 법은 그들을 비웃지. 할 얘기가 없구나. 다만 보고 지나치자."[단체, 지옥편 3곡]

공소장과 판결문을 뜯어보면 북한 공산집단은 적화통일의 야욕을 여전히 저버리지 않은 반국가단체라는 것입니다. 그래도 다행은 판결문을 살펴보니 판결문과 제시된 증거목록에서 공소사실을 부숴버릴 실마리도 있었습니다. 그래서 따라가면서 항소이유서를 준비하였습니다. 2심 재판부가 어떻게 판단할지는 상식이 있다면 바르게 내려지리라 믿습니다.

2022년 2월 23일, 검찰의 항소이유서를 받았습니다. "장기간 북한과 불법적인 사업을 진행하며 국가와 사회를 위협에 빠뜨리고서도 무조건 나의 시각만이 옳다는 그릇된 주관적 주장만 반복하면서 현재까지 국가에 위협을 야기한 행위에 대해서는 조금의 뉘우침이 없는 피고인 김호에게 징역 4년 및 자격정지 4년을 선고한 원심의 선고형은 지나치게 가볍습니다"라는 것입니다.

나로 인해서 발생한 국가적 위험이 무엇인지 구체적으로 제기된 결과는 존재하지 않고 그 위험의 가능성만이 제기되었습니다. 결과도 없는데 도대체 무엇을 뉘우쳐야 한다는 것인지 모를 일입니다. 중국 국적 중개인마저 북한의 지령을 받은 공작원으로 조작하는 그 부끄러운 흔적은 UN에서조차 폐지를 권고하는 국보법과 함께 국제적으로도 비판받을 부끄러운 현실입니다.

사람을 잡는 것이 직업인, 선택적으로 법과 정의를 휘두르는 인간 사냥꾼 집단이 사회의 전면에 나선다는 것은 두려운 일입니다. 거기다 그 입에 안보를 올린다면 감당하지 못할 불행입니다. 정의건 안보건 때려잡겠다면 본인 스스로와 그의 주변이 정의로워야 할 것이나 그렇지 못하다면 그 선택적 칼날이 외치는 정의와 안보는 지옥으로의 초대입니다.

- 2022년 2월 23일 서울구치소에서

# 29

# 두려움을 뚫고 울려 퍼진 국보법 무죄판결

2023년 3월 23일 오후 2시 항소심 법정, 피고인석에 앉으라는 재판장의 안내에 따라 두 손을 모아 가만히 앉았다. 눈을 감았다. 오감을 동원하여 재판장의 말 하나하나를 내 몸과 일치시켰다. 강고한 벽, 불가능을 넘어설 수 있을까…

"먼저 양성일, 박두호는 반국가단체의 구성원이며…"라며 사무적으로 판결문을 읽어가는 재판장의 소리를 들으며 다시는 들어가고 싶지 않은 교도소 담장을 또다시 벗어날 수 없겠구나 하는 좌절감이 나를 무겁게 엄습해왔다.

하지만 원심에서 유죄로 인용된 4가지 항목 편의 제공, 금품수수, 자진 지원, 회합통신에 대해 읽어 나가는 재판장의 목소리가 점점 떨려왔다. 처음에 미세하게, 갈수록 그 파동이 더 크게… 법원을 지배하는 사무적인 공기 너머 가녀린 떨림으로써 인간의 목소리가 천상의 메아리처럼 점점 크게 들려왔다.

떨림! 재판장조차 검찰이 만든 공포와 사회적 관념으로서 국보법이라는 분단의 공포를 넘어서 결단하기가 두려웠던 것이다. 결국, 원심과 같은 항목을 정반대로 뒤집은 것은 인간의 용기였다. 나만큼 두려워했던 한 인간의 음성이 당사자인 나조차도 힘들게 할 정도로 느린 시간 속을 헤치면서 힘겹게 헤치고 들려온 이유였다.

"인격적 훌륭함이란 습관의 축적된 결과로서 생겨나는 것이다. 즉 윤리와 습관은 같은 말들이다… 용감한 사람이 되는 것은 용감한 행위를 계속해 버릇함으로써 그러한 습성이 생겨나고 그러한 성격 상태가 형성된다는 것을 의미한다." [김용옥, 중용 인간의 맛, 56쪽]

얼어붙은 분단의 공포와 전쟁의 위험을 이고 지고 살아가는 우리에게 이번 판결이 내린 발걸음은 이제 분단 앞에 '용감'이라는 하나의 성격 상태를 형성했다는 것을 의미한다. 그 역사적 의미는 거짓과 비겁한 변명이 습관이 된 사회에 대한 경종이다. 강고한 시스템을 넘어서는 인간 이성의 간지로서!

"여기가 로도스 섬이다. 여기서 한번 뛰어보아라 Hic Rhodus, hic saltus."

제5장

인간말종에 대하여

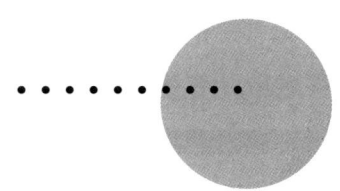

"나는 허영심이 강한 자들은 모두 훌륭한 배우라는 것을 알게 되었다. 그들은 연기를 하며 사람들이 기쁜 마음으로 자기들을 구경해주기를 갈망한다. 그들의 정신은 모두 이 의지 아래 있는 것이다."

"그대, 보다 높은 인간이여!" 천민들은 눈을 껌벅거리며 말했다. "보다 높은 인간이란 존재하지 않는다. 우리는 모두 평등하다. 인간은 다만 인간일 뿐이며, 신 앞에서 우리는 모두가 평등하다!"

"슬프다! 인간이 더 이상 별을 낳지 못하는 때가 오겠구나! 슬프다! 자기 자신을 더 이상 경멸할 줄 모르는, 경멸스럽기 그지없는 인간들의 시대가 오고 있다."

보라! 나는 그대들에게 인간말종을 보여주련다.

"사랑은 무엇인가? 창조는 무엇인가? 동경은 무엇인가? 별은 무엇인가?" 인간말종들은 이렇게 물으면 눈을 깜박인다. 그러자 대지는 작아지고, 그 대지 위에선 만물을 왜소하게 만드는 인간말종들이 깡충거리며 뛰어다닌다. 이 종족은 벼룩과 같아서 근절되지 않는다. 인간말종이 가장 오래 사는 것이다.

"우리는 행복을 찾아냈다." 인간말종들은 이렇게 말하며 눈을 깜박인다.

## 01 신촌의 개들

　그들은 자기 자신을 마치 남을 보듯 하거나 안 보이는 척하는 자기 분열과 장님 연기에서 타의 추종을 불허하는 전문가들이었다. 학문과 삶을, 특히 그가 탐구한 학문적 진실과 그 자신의 사생활을 철저히 전문적으로 분리하면서 그들은 인간이라면 누구나 그럴 수밖에 없는 저 분열적 기만의 최상위 그룹에 속하는 우수한 배우들이었다… 어떤 자칭 지식인들은 청춘기에 반항적인 아웃사이더가 되는 것은 선택의 문제가 아니라 엄중한 의무라고 선동하여 많은 친구들이 가시밭길을 가게 만들어 놓더니 정작 자신들은 밥상이라는 밥상에는 무조건 끼고 보는 간장 종지처럼 상하좌우 구별 없이 발을 담가 이익을 챙기는 신자유주의적 마당발 변태가 되어 잘 먹고 잘 살았다.

　"초라한 권력은 바보처럼 죽어지내는 비굴한 자들에 의해 유지된다." [이상 이상운, 신촌의 개들]

## 02

# 무능한 위정자들의
# 김대중 무릎 꿇리기

　서울대 김태유 교수가 번역한 〈황금의 샘〉은 미국의 석유에 대한 탐욕과 패권을 다룬다. 탐욕이 바로 제국의 속성이다. 그렇다면 부는 하늘에서 떨어지는가? 제국의 탐욕을 위해서는 이를 인내하는 수많은 굴종과 아픈 희생이 있어야 한다! 아메리카 원주민의 땅에서 골드러쉬로, 석유탐사로 그리고 전쟁을 통한 무기판매로…

　제국에 대한 굴종과 그 패권을 벗어나지 않는 선에서 식민지인들에게 작은 기득권이 부여된다. 이는 돈과 얽힌 비리와 이권으로 대표된다. 의사결정은 가급적 부여하지 않는다. 의사결정을 하는 독재자는 종종 친미에서 반미로 돌아서기도 하는 경우가 발생하니 부정부패는 용납해도 자주권은 용납하지 않는 것이다. 즉 독재자의 정책이 국익의 추구 속에서 이탈하는 것은 용납하지 못해도 부정부패는 용납하는 것이 제국의 통치전략이다. 이를 벗어나려면 박정희처럼 죽음과 대면할 각오를 한다.

지금의 한국 사회는 여야, 진보, 보수를 떠나 부정부패는 만연해도 국익과 자주와 민족윤리는 상실됐다. 성공한 이들의 대부분은 기존 체제의 기득권 범위 안에서의 다툼이다. 만약 이를 벗어났다면 그 작은 기득권도 존재하지 않았을 것이다. 그 기득권 체제를 관리하는 국가폭력 기구가 바로 검찰이다. 검찰은 사건에 대한 취사 선택권을 가지고 충실하게 기존 체제에 복무하며, 그 안에서 자신들의 성을 쌓는다. 기존 틀을 벗어나고자 하는 뜻있는 지사가 묻힐 수밖에 없는 이유일 것이다.

이러한 통치전략의 비근한 예로서 최근 가장 어이없는 일은 부모의 유언조차 외면하며 노벨평화상 상금을 슈킹한 민주당 비례의원 김홍걸 사태다. 그런데 이번 사건이 새로운 일인가? 이미 전에 비리로 감옥을 갔다 온 사람이다. 그런데도 누가 비례의원으로 그리고 대통령 직속 관변단체인 민화협 상임의장의 직책을 쥐여 줬는가?

김대중은 제국의 압제 분단체제를 벗어나려 했던 지도자로서 최초로 6.15 공동선언을 끌어냈었다. 2017년 대선에서 문재인은 호랑이 새끼가 되지 못한 개를 광주에 무릎 꿇려 흥행을 벌이더니 이내 아비의 남북화해 업적을 팔아 액세서리로 전락시키려 한다. 푼돈에 눈이 멀어 형제와 아비조차 부인하는 이런 인간말종에게서 무슨 남북 화해와 협력의 정신을 기대하겠는가? 자기보다 못난 자를 내세우는 못난 위정자들의 전형적인 통치전략일 뿐이다. 광주를 향해 김홍걸을 내세우고 저열하게 김대중을 파는 또 하나의 이유는 민정수석으로서 대북송금 수사를 진행한 자신의 부끄러운 전력을 분석하기 위함일 것이다.

· 김대중 전 대통령 ·

위부터 아래까지 그들만의 정의를 내세워 유유상종을 강요하고 무리를 짓는 세상이니 새로운 세상을 향한 목소리가 그 대결을 뚫고 나오겠는가? 피치 못할 상황 때문이 아니라 제국을 향한 도덕과 그 굴종에 갇혀 있기 때문이다. 본질을 가리고자 눈먼 분노를 선동하는 저급한 음모론에 휩쓸려 존재를 상실하지 말고 그럴수록 세상을 있는 그대로 봐야 할 것이다.

"껍데기는 가라. 촛불도 알맹이만 남고 껍데기는 가라. 껍데기는 가라. 한라에서 백두까지 향그러운 흙가슴만 남고 그 모오든 위선일랑 가라." [신동엽 시인]

## 03

# 강용석과 성재기,
# 분단이 허락한 여성 혐오

"여성 혐오가 좌우를 가리지 않는 '종특'이라면, 그건 그 어느 나라에서도 찾을 수 없는 남북 분단상황에서 병역의무제의 탓이 컸으리라." [오빠가 허락한 페미니즘, 강준만, 88쪽]

즉 한국 사회 페미니즘은 좌우 이념이 아닌 분단의 장벽에서 파생된 장벽을 넘지 못한다는 것이다.

자기보다 약자를 괴롭히던 일베 출신 성재기는 여성이 군 복무 문제 배제 등을 통해 과도한 특혜를 누리고 있다며 돈 뜯기를 빙자한 한강 투신 퍼포먼스를 열다 사망했다. 이 어처구니없는 죽음에 대한 일부 남성들의 분노는 여성을 향했다. 예컨대 2014년 12월 황선, 신은미의 통일 토크콘서트 현장에서 인화 물질을 터뜨린 오민준은 성재기를 매우 존경한 '성재기 키즈'였다.

강용석과 가로세로 연구소는 바로 이런 분단 마초들의 연장선이며, 여성 괴롭힘의 전형들이라고 할 수 있다. 이들이 고 박원순 시장의 죽음을 조롱하는 행각은 당연히 미투나 페미니즘과는 무관하다. 그들에게 미투는 정치공세일 뿐이다. 분단 권력을 악용해 온 보수는 그 어떤 경우에도 약자에 대한 피해자 중심주의와 전혀 무관하기 때문이다. 자신의 역사와 그 속에서의 가치를 망각하고 자기편이면 옹호하고 보는 진영에 갇힌 진보 또한 마찬가지이다.

각자도생이 판치는 정글 자본주의는 페미니즘을 더욱 거추장스러운 장식품 정도로 만드는 정서 확산에 기여할 것이다. 이는 자신이 겪은 고통에 대한 푸념이나 화풀이를 늘 힘이 센 주범보다는 힘없는 사람에게 해온 '몸에 각인된 타성'에 따른 해결방식으로 나타날 것이라는 의미이다. 특히 우리의 분단상황은 약자에게 더욱 비열하다.

페미니즘이 이런 정서를 전투적으로 벗어나려면 사자를 앞두고 2차 가해 운운하기보다 분단으로 인해 생성된 권력 구조와 위계질서의 문제를 적극적으로 제기해야 한다. 이런 노력을 병행할 때 좌우 가리지 않고 자행되는 마초들의 약자를 향한 삐뚤어진 공격에 대해 더 큰 저항을 할 수 있을 것이다. 진영에 갇힌 좌우 분단 꼰대들에게 분단을 미러링mirroring, 반사해야 한다.

우리는 아이의 땡깡이 절대 반지처럼 세상을 휘어잡던 시절의 본능을 가지고 있다. 삶의 치열함과 역정이 없는 로또처럼 주운 절대 반지가 복잡하게 얽힌 세상을 향해 일시적으로 흔드는 유일한 무기가 되어버린다면 오히려 그동안 쌓아온 성과마저 외면받을 위험에 처할지 모를 일이다.

지금까지 여성운동, 노동운동, 언론의 자유, 민족해방 등 인류의 인권은 치열한 투쟁의 과정이고 착종된 그 소실들이다. 자기만의 작은 세상에 갇혀 구조와 맥락을 상실하지 말고 그들이 그어놓은 틀을 벗어나야 할 이유이다. 우리 함께 분단을 반사하자!

## 04

# 민정수석 조국과
# 민정수석 우병우

　인간사 알고 보면 사냥터! 인간사냥의 연장이다. 이를 막기 위한 인문적 고뇌로서 종교도, 도덕도 만들어왔을 것이다. 하지만 예수의 사랑, 부처의 불살생과 자비, 공자의 서와 인을 거쳐왔건만 한국 사회는 여전히 극렬한 사냥터의 연장이다. 먹느냐 먹히느냐? 공포냐? 전율이냐? 승자의 입장에 따라 명분은 만들어진다.

　조국은 좌파의 인생역정을 가진 강남좌파의 캐릭터다. 사노맹 좌파 출신으로 국보법의 희생이 되어 사냥감으로 구속까지 됐었다. 그렇게 문재인 정부 초기 민정수석으로 발탁되어 최고 사냥꾼의 지위에 오른다. 지금껏 소위 사상범으로서 국보법 위반자가 민정수석이 된 경우는 조국이 처음일 것이다. 가히 분단사에 없을 반전이다.

　그 좋은 이력과 지위를 활용하지 못했다. 국보법 철폐, 양심수석방, 공안조직 해체 등 뭐 하나 제대로 수행해내지 못했다. 재임

시 간첩 조작 사건을 자초해서 결과적으로 지금의 남북경색을 불러들였다. 종국에는 사모펀드와 표창장 논란의 와중에 피의자 신세로 전락해서 검찰의 먹잇감으로 전락했다. 사냥꾼의 지위에서 관종의 대상이 돼버렸다.

그의 친구를 자처한 진중권은 권력 주변을 맴돌다 지금은 그를 향한 칼질을 하기 바쁘다. 명분도 없다. 그저 동양대 교수라는 주어진 밥그릇에서 배제됐을 뿐인데 화려한 반정부 이유를 들먹인다. 문재인 정부 동지였던 유시민과도 칼을 겨눈다. 뭐가 다르겠는가? 그저 또 다른 밥그릇 싸움일 뿐이다. 촛불 정부의 시작과 더불어 화려한 세월의 이면에서 이렇듯 불행의 씨앗이 자라고 있었다.

2018년 서울구치소 접견장! 통로에서 마주했던 여유롭고 자신만만하던 우병우의 눈빛이 잊히지 않는다. 마치 아무 일도 없듯이 자기 발로 나갈 것을 예견하던 그 당당함! 그 속에서 그는 또 어떤 세상을 예견하고 준비하고 있었을까?

지켜본 우병우의 눈빛은 악마적으로 성실한 전형적인 소시오패스의 눈빛이었다. 대기실 거치대에 삐딱하게 팔을 기대어 비스듬히 서서 손가락을 까닥거리며 변호사에게 상의 아닌 지시를 하는 그에게 변호사는 현직 부하처럼 연신 두 손을 앞에 모으고 머리를 굽신거린다. 이때 싸한 차가운 느낌이 불어왔다. 그리고 이후 이는 현실이 됐다. 우병우는 나가고 그 논란의 중심에 조국이

들어섰다.

"우병우 전 민정수석이 최순실 비리를 다 몰랐다면 그것만으로도 처벌받아야 합니다. 그런 걸 다 아는 게 민정수석의 의무거든요. 그게 안 되면 그 자리에서 사표를 던지고 나와야 합니다. 민정수석실은 정권의 건강함, 공직기강 이런 중심을 잡아줘야 하는 기구인데 주변의 일을 전혀 몰랐다면 왜 그 자리에 있었냐는 겁니다. 우병우야말로 봉급 다 반환하고 처벌까지 받아야죠."

누구의 발언일까? 대한민국이 묻는다. 문재인 후보의 발언이다. 문재인 정부 민정수석이었던 조국은 부인의 사모펀드를 몰랐다 한다. 블라인드 펀드라면서. 현직에서 한가하게 부인의 사모펀드를 지켜봤다는 자체가 절박한 촛불 민심을 우롱한 일이다. 더는 부끄러운 변명으로 무리 군중과 병졸들 뒤에 숨지 말자. 우병우조차 홀로 걸어서 감옥 문을 나갔다. 연극은 지나가고 스스로 설 시간만이 남았을 뿐이다.

## 05

# 현실에 대한 도피이자 도취로서 조민

국가보안법 피해의 상징자산으로서 우리는 위정자 조국을 떠올리지 않을 수가 없다. 하지만 그가 발을 디딘 세계에서 그가 겪은 국가보안법의 상흔과 그 극복을 위한 대결의 흔적을 찾을 수는 없다.

고전으로서 그리스의 정신이 가장 고귀하다는 사실을 이해하려면 현실에서 오디세우스가 굴욕적인 상황에 부닥쳤을 때 입에 담았던 말을 떠올리면 된다! "그저 견뎌내라, 나의 사랑스러운 심장이여! 너는 개보다 못한 인생도 견뎌왔다!" 하지만 조국의 최근 〈법고전 산책〉이라는 저서는 제목에서조차 확인되듯이 "자기 밖으로 나간 상태"로서 자신의 시대의 문제와 대면하길 거부하며 현실에 대한 부정으로서 도취에 빠져들어 있다.

그가 북 콘서트에 바라면서 대동하고 나서는 조민에 대한 대중들의 관종적 증상이야말로 그 도취적 현실의 생생한 반증이자 우리 시대 자기를 상실한 채 살아가는 무리 군중들의 초라한 몰골을 비춰주는 뜨거운 거울이 아닐 수 없다. 안타깝지만 조국과 조민에게서 대결 의지가 비치는가? "그래, 때리고 싶으면 때려라! 그러나 내가 말하는 것도 이제는 들어야 하리라!"는 그리스 전사의 행동과 용기가 보이는가?

그들은 구체적인 현실과 고통을 외면하고 심지어 현실에서 발생한 사태를 정직하게 바라보는 것을 적대시하며 하나의 예로서 그들에 의한 국보법 적용에는 그럴만한 이유가 있었을 것이라고 적극적으로 항변하며 심지어 국보법 악용을 제국을 향한 병든 자신들의 의지 — 한미동맹이건 안보건 또는 동정 구걸로서 진보를 가장한 권력욕이건 — 로 내세우기까지 한다.

"이에 반해 범죄자는 매우 자주 뛰어난 자기통제와 희생정신 그리고 영리함을 보여주고, 그들을 무서워하는 사람들에게 이러한 특성을 잘 일깨워준다. 범죄자에 의해 인생 위의 하늘이 어쩌면 위험해지고 흐려질 수도 있다. 하지만 공기는 힘차고 엄격하게 머물게 될 것이다. 그러나 무엇보다도 저 열광자들은 온 힘을 다해 삶 중의 삶이라는 가치로서 도취에 대한 믿음을 심어 놓는다. 하나의 끔찍한 믿음을!" [니체, 아침놀, 95쪽]

이처럼 조국에 이은 조민 증상은 시대와의 대결이 아닌 무리에 의한 하나의 끔찍한 도취이다! 디지털 시대 선택적 중독의 수단으로서 SNS의 확산은 무리 군중들의 감정까지 격렬하게 취하게 했고, "또 그것을(취한 감정) 원하는 욕망을 강력하게 품은 자들(누가 떠오르는가? 정치를 종교로 만든 사람들!)에 의해서 서서히 그리고 철저히 타락해가고 있다. 어쩌면 인류는 그것 때문에 몰락하게 될지도 모른다." 조민 증상은 건강한 몰락이 아닌 병든 몰락의 반증이다!

고단한 현실을 외면하며 갈등과 번뇌와 고통이 없는 세상을 살아가고자 하는 것은 인류의 오래된 인지상정이지만 그 정도가 깊어지면 대지를 딛고 숨 쉬며 살아가는 존재로서 자신을 부정한 채 "자기 밖으로 나간 상태" 즉 현실 부정으로서 염세적인 허무주의 상태로 깊게 빠져들게 된다. 자신들은 천상과 같은 무결한 세상 속에서 살아간다고 믿겠지만 니체가 제기한 무리 군중들과 작금의 영혼 없는 좀비들은 동일한 존재들이다!

"정말 견뎌내기 어려운 고통을 당하고 있는 자는 자신의 상태에서 엄청난 위력의 냉정함을 가지고 사물들을 바라본다. 그에게는 건강한 자의 눈에 보이는 저 마력들, 습관적으로 사물들이 물에 빠져 헐떡이고 있는 듯이 보이는 저 사소하고 거짓들로 충만한 마력들은 모두 사라진다. 그렇다. 그는 스스로 자기 자신 앞에 놓여진다. 거기에는 어떤 패배주의도, 어떤 이념의 색깔 논쟁도 끼어들 수가 없다." [니체, 아침놀, 176쪽]

불편한 현실과의 대결을 외면하며 '좋아요'라는 클릭 속에서 군중이 제공하는 도취의 유혹으로 빠져들기보다는 힘들수록 자신을 믿고 더 진지하고, 더 냉정하게 자신과 그리고 시대의 문제와 고독하게 마주해야 하지 않겠는가?

*[니체, 아침놀, 이동용 옮김, 95쪽 "도취에 대한 믿음" 인용]

## 06

# 빤스 목사 전광훈

　주말을 맞이하여 가벼운 마음으로 '친북좌익 척결! 빨갱이 사냥!'에 하나님의 이름으로 온몸을 던지고 계신 광화문의 태극전사 전광훈 목사님 사랑제일교회 빤스 목사님을 살펴보도록 하자. 현재 한국기독교총연회 대표회장이다.

　이분의 사랑은 성경에서 말하는 네 이웃을 내 몸같이 사랑하라가 아니라 여성도에 대한 사랑과 권력욕으로 넘쳐난다. "우리 교회 집사님들은 나 얼마나 좋아하는지 내가 빤스 벗으라면 다 벗어. 목사가 벗으라고 해서 안 벗으면 내 성도 아니지."

　엄마부대 주옥순 권사의 사랑은 더 주옥같다. 내 딸이 위안부였어도 일본을 용서하시겠다며 그 사랑이 원수를 사랑하라 하신 예수의 사랑을 가볍게 넘어선다. 그런 두 분이 주사파 빨갱이 척살을 위해 광화문광장에서 함께 "주여~"를 외친다.

한국에서의 기독교는 이웃과 동족에 대한 사랑보다는 핏발 어린 빨갱이 사냥의 증오가 더 근본적인 에너지원이다. 부인할 수 없는 현실이다. 그런데 한국의 지식인과 기독교인들은 이들이 굉장히 예외적이라고 생각하는데 나는 이들이 한국 기독교 본래의 모습이라고 생각한다.

한국 기독교 발전의 역사는 어디에서부터 시작할까? 평양 대부흥에서부터이다. 이때부터 조선의 기독교인이 폭발적으로 일어났다 한다. 기독교인에게 평양은 모스크바가 아니라 예루살렘이며 영적 뿌리이다. 분단 이후 한국에서의 부흥은 공산주의 확장에 위기의식을 가진 미 군정에 뿌리를 둔다. 광화문의 기독교인이 태극기와 성조기를 휘두르며 반북과 뗄 수 없는 관계인 이유이다.

그 화룡점정인 전광훈 목사! 전광훈의 얼굴이 한국 기독교의 얼굴이다. 99.9%이다. 반면 재야의 0.01% 고통과 고난의 역사가 있다. 이를 두고 한국 기독교의 본질을 희석시키며 반론을 제기한다면 난 차라리 전광훈의 얼굴이 한국 기독교의 본래의 모습 100%라고 주장하련다.

기독교의 황금률인 네 이웃을 네 몸같이 사랑하라는 나라 없이 핍박받아 온 민족이 겪은 설움일 것이다. 언제고 불우한 네 이웃의 처지가 될 수 있으니 보살피고 사랑하라는 역지사지의 생존을 위한 이스라엘 민족의 경험치이다. 하지만 한국 사회는 사랑이 넘쳐나는가? 증오가 넘쳐나는가? 그렇다면 그 많은 기독교인이 있는 한국 기독교의 본질이 0.01%에 있겠는가? 99.9%에 있겠는가?

하나님의 이름을 빌려 여신도를 자기 앞에 빤스 벗으라 할 수 있다면, 그런 검증을 하나님으로부터 부여받았다면 그 얼마나 통쾌한 권력이겠는가? 그 사랑으로 동족인 빨갱이를 척살할 수 있다면 이웃 부족을 멸살시킨 전쟁의 신, 구약의 야훼를 능가하고도 남을 권력을 가졌음이다.

내가 비록 광화문 거리에 끼는 은혜를 받지 못하고 이분들의 사랑과 권능을 먼발치에서 볼 수밖에 없었지만, 절대지존을 같은 공간에서 뵙고 같이 지냈으니 그분이 바로 만민중앙교회를 일으켜 세우신 이재록 목사님이시다. 서울구치소 11하 2방 옆 1방 독거방. 이재록 목사님의 사랑은 그 사랑을 넘어 치유의 권능까지 부여받았으니 전광훈 목사는 비할 바 못 된다. 이는 그들이 사고팔며 숭배하는 성도의 수가 증명함이다.

나는 2018년 서울구치소에서 그 권능을 조금이나마 나눠 받고자 진심을 다했다. 말벗도 해드리면서. 목사님의 손을 꼭 부여잡고 식사 많이 하시고, 운동도 규칙적으로 하시라고, 너무 걱정하지 마시라고. 좋은 결과 있을 거라고. 이렇듯 수인이 되면 우리는 모두 동병상련의 처지가 된다.

"그런데 목사님, 정말로 병자를 치유하셨어요? 그럼! 이야… 대단하다. 목사님, 어떻게 그럴 수 있나요? 하나님이 주신 권능이지! 정말 치유가 돼요? 내가 외국에서 집회하면 수십만이 모여!"
난 치유에 대한 방법을 물었는데 목사님은 신자의 수로 답변하신다. 그렇다. 쪽수가 많으면 길이 되고 뜻이 되는 것이다. 믿음은 쪽수에 있는 것이었다.

믿음이 부족한 나를 비웃기라도 하듯 광화문광장에서 양손에 이스라엘기와 성조기를 휘날리며 수많은 남녀노소 전사들을 전쟁의 신 야훼를 능가하는 권능으로 진두지휘하며 성급함 앞에 무릎 꿇리는 전광훈 목사여! 벗느냐? 벗기느냐? 욕망의 붉은 네온사인 빛이 넘치는 거리에서 오늘도 붉은 피 흘리신 예수를 짊어지고 바퀴 달린 십자가를 끌고 다니시며 자신의 신자를 확인하고 계시는 아~ 빤스 목사여!

## 07

# 국보법 폐지에 경악하던 이인영

　2019년 10월 20일 오후, 종로 어느 주막의 우연한 모임에서 "이인영 의원님이 국보법 폐지 나서기로 했다"라고 내가 응원과 격려 차원의 건배사를 하니 이인영이 "왜 빈정대시나? 언제 얼굴 봤다고"라고 얼굴을 붉히며 소위 모른 체하였다. 이후 좌석의 분위기가 싸해졌다. 나야 사석에서도 몇 번 봤지만, 그 얼굴 보고 먹고 살 일도 없는데 뭐 대단한 얼굴이겠는가? 느낀 점은 국보법 철폐는 쪽수가 부족해서가 아니라 문제의식 자체가 없었음을 확인한 것이다. 이것이 국보법이 존재해온 이유이다.

　세상사 일말의 진실은 우연히 튀어나와 세상에 알려지기도 한다. 마치 최순실의 태블릿 피시가 세상을 시끄럽게 하고 탄핵으로 이어졌듯이 말이다. 2018년 국보법으로 구속된 후 국보법과 관련해서 그동안 주위 인사와 소위 진보진영을 지켜봐 온 이상한 느낌이 결국 변명이 아닌 소신이었음을 확인했을 뿐이다.

2020년 국회의원 선거를 앞두고 국보법에 대한 소신을 밝히지 않는다면 공동선언 이행과 한국 사회 근본적인 개혁의 진정성은 물 건너간다. 한나라당과 열우당 사이를 시계추처럼 또다시 오갈 것이다. 철학과 절실함이 없는데 숫자만 주어진다고 해결될 문제가 아니다. 이는 이미 열우당 과반수 의석에서도 국보법 개정 하나 못한 것에서도 확인된 바다. 바닷물을 다 마셔봐야 아나? 되지도 않는 변명을 만들어주는 것도 반개혁일 뿐이다! 이런 변명이 소위 진보세력의 비겁함과 더불어서 국보법을 영속시켜 왔을 뿐이다.

보수는 국보법으로 인한 피해자가 누가 있느냐고 한다. 진보는 이런 공갈에 숨어 여론을 기만하며 속 편히 폐지를 외면하고 악용을 방치해왔다. 하지만 형벌과 고문의 목적은 공포이다. 형벌과 고문의 존재 이유는 공포를 각인시키는 것이다. 능지처참! 능시처참을 다 시키는가? 군중의 무리에서 한 명만 처벌해도 대중에게 물리적 공포를 몸서리치게 각인시킴과 동시에 대중 스스로의 자기 검열을 통한 내부통제가 가능하다. 그 공포를 뼛속 깊이 이중으로 각인시키는 것이다. 니체는 이것을 소위 문명화, 인간화의 과정이라 불렀다. 한국에서는 반북이라는 공포로 통용됐다.

2017년 대선후보 시절 문재인은 방송토론회에서 예수를 부정하던 유다처럼 국보법 철폐를 주장한 전임 노무현 대통령을 부정했다. 이처럼 지켜본 바에 의하면 문재인 정권은 철학도, 소신도, 인간적 의리도, 용기도, 민족의식도 없이 상갓집에서 출발하여 순가락 들고 국내외 가리지 않고 이집 저집 잔칫상에 숟가락 얹고 다니는 낭인 집단에 불과해 보인다. 무리에 껴서 얻어먹을 일도, 잘 보일 일도 없으니 비켜서서 그동안 느낀 대로 기록할 뿐이다. 내 작은 느낌의 공유로 사회 전반에서 진영을 벗어난 자유인의 지성과 용기가 넘쳐나길 바라며.

## 08

# 보안법 폐지를
# 경제위기에 연동하는 진보

　2020년 국회의원 선거가 끝나자마자 조선일보에서 경제위기 운운하며 국보법을 물고 늘어지자 민주당 이인영 원내대표가 덩달아 시기상조 운운하며 악법을 경제위기에 연동하는 프레임에 덥석 물렸다. 그리고 가축의 무리들 또한 경제위기와 시기상조를 합창한다. 한쪽은 영악하고 한쪽은 기만적이다.

　"17일 더불어민주당 선대위 해단식에 참석한 이인영 원내대표는 비례위성 정당 더불어시민당 우희종 대표가 전날 국가보안법 철폐 가능성을 언급한 것에 대해 '그런 희망을 저도 가질 수 있고, 누구나 다 가질 수 있다'라며 '지금은 경제 비상시국에서 국민 생업과 일자리를 지키기 위해 총력을 모으는 게 우선적'이라고 말했다." [장형태, 조선일보, 2020. 4. 17.]

　악법을 경제위기와 연동시키는 자체가 조선일보 등 수구들의 프레임에 놀아난다는 것을 정말 모르는 것일까? 천안함과 세월호

진상규명이 경제와 연관 있는가? 악법철폐가 지금의 경제위기와 무슨 상관이 있겠는가? 싸움도 전에 초반부터 저들의 프레임에 맞장구를 치며 물려가고 있다!

청 제국이 무너져갈 때 이를 극복하려는 노력의 일환으로 양무운동에 이어 변법자강운동(變法自強運動)이 펼쳐졌다. 서양과 비교할 때 자신들의 뒤처짐이 양무운동을 통해 확보한 무력도 아닌 법과 제도개혁에 있다고 생각한 것이다. 하지만 서태후를 비롯한 수구파들에 의해 좌절되었다.

변법자강운동이 제국의 구체제를 극복하고 서양처럼 강해지고자 하는 노력의 일환이었던 것처럼 반쪽짜리 반도에 갇혀 한국 사회의 자강과 민족경제를 막으며 민주와 공화를 부정하는 구체제의 산물이 바로 국보법이다. 삼팔육이 지금 거스를 수 없는 역사의 조류 앞에 결단을 못 내리고 그저 미룰 수 있는 대로 미뤄왔던 수구들의 습관적 작태를 보이는 것이다.

서울대 김태유 교수가 쓴 〈패권의 비밀〉이라는 책에서 핵심적으로 주장하는 것도 같은 연장이다. 후진국 영국과 미국 등이 제국이 되어가는 과정을 예로 들며 산업정책을 통해 새로운 산업혁명을 일으켜 새로운 부가가치 창출의 선순환 경제구조를 만들어야 한다고 주장한다.

즉 정책 수립의 결단을 통한 새로운 산업과 비전 제시가 정치가 할 일이고, 구시대의 나쁜 법은 자강을 위해 폐기시켜야 하는 것이다. 국보법이 그렇다. 구체제의 산물로서 우리의 평화경제와 대륙진출을 가로막고 있는 것이다. 폐지는 경제위기와 연동되는 것이 아니라 그 출구의 시작인 것이다. 친일의 역사 조선일보와 반대되는 프레임인 것이다.

문재인 정부 공직자들과 관료들은 어떤 가치와 산업정책을 수립하고 있는가? 감성팔이 동냥질 뒤에 숨어 사모펀드와 부동산에 정신이 팔려있었던 것은 아닌가? 금융서비스에 기반한 젠트리 세력이 영국 사회의 지배층으로 자리 잡게 되면서 산업을 등한시하고, 이에 따라 영국 정부도 새로운 산업을 육성하기보다 금융이익을 극대화하는 정책을 추구했다. 이로써 제국은 몰락하기 시작했다. 미국도 마찬가지이다.

제국은커녕 속국이면서 진보정권 위정자들이 사모펀드에 눈길이나 기울이고 있었으니 그 공직조직의 기강과 마인드가 어떠했겠는가? 사모펀드와 부동산 투기는 부가가치를 창출하는 산업정책, 산업을 일으키는 투자와 무관한 부가가치를 이전하는 고급 금융기술일 뿐이다. 이렇게 정신없는 세월을 살아왔으니 그 아래 간첩 조작 사건이 일어나고, 국보법 폐지를 경제위기에 연동하는 차마 말 같지 않은 무식한 소리가 나오는 것이다.

국보법에 갇혀 시기상조 운운하며 천 년이 지난다고 자립 자강 평화경제가 이뤄지겠는가? 무식하면 용감이라도 하던지. 이중텐의 〈국가를 말하다〉 그리고 김태유 교수의 〈패권의 비밀〉을 권한다. 국보법 폐지가 민생이고, 대륙을 향한 새로운 시장과 가치 창출을 통한 경제위기 극복이 길이다.

## 09
## 전우원의 통렬한 사죄와 반일집회장에 어슬렁거리는 이인영

"지금 난 알고 있다. 인간이 자기 자신을 향해 나아가는 일보다 더 하기 싫은 일은 없다는 것을!" [헤르만 헤세, 데미안, 64쪽]

나 자신을 포함 자신을 바로 본다는 것이 얼마나 어려운 일이던가? 자신을 보는 것을 외면하고 싶은 만큼 뒷골목을 어슬렁거리며 타인에 대해 뒷말하는 것처럼 재미있는 일도 없을지 모를 일이다. 초라한 자신들의 몰골을 외면한 채 친일을 뒷말하는 자들이나 종북을 뒷말하는 자들처럼.

전두환의 손자 전우원 씨는 2023년 3월 31일 광주 서구 5.18 기념문화센터 리셉션 홀에서 5.18 유족·피해자들과 만난 자리에서 "제 할아버지 전두환 씨가 5.18 학살의 주범"이라며 "5.18 앞에 너무나 큰 죄를 지은 죄인"이라고 자기 생각을 밝히며 묘지를 찾아 "저라는 어두움을 빛으로 밝혀주셔서 진심으로 감사드립니다. 민주주의의 진정한 아버지는 여기에 묻혀계신 모든 분들입니다"라는 방명록을 남겼다.

가해 당사자도 아닌 손자 전우원 씨가 광주학살에 대해서 반성하고 사죄할 이유가 있겠는가? 이에 대해 냉소적으로 삐딱하게 보는 사람들은 진정 전우원의 용기만큼 지난날 자신들의 무능과 선의로 가장된 폭력에 대해서 반성할 수 있겠는지 우선 되돌아볼 일이다.

위정자들의 선택과 달리 전우원이 전두환의 손자로 태어난 것은 어쩔 수 없는 일이다. 그래서 그 천륜을 넘어서 시대를 정면으로 대면한다는 것은 용기가 없으면 진정 불가능한 일이다. 전우원에게 무슨 도움이 되는 일이겠는가? 칸트와 헤겔이 말한 자연의 간지, 시대정신이 전우원의 몸을 통해서 소환된 사태가 아닐 수 없다.

이 시대정신을 통해서 비치는 것은 바로 문재인 정부의 어두운 유산이다. 위정자 문재인이 최대의 업적으로 내세우고자 했던 것은 바로 환희에 가득 찼던 공동선언이었다. 그 분단의 장벽을 뛰어넘는 일은 바로 국가보안법을 직시하는 것에서부터 진실해질 수 있었다.

그런데 문재인 정부 인사들은 오히려 이를 방치하고 악용하며 지능적으로 기피해왔다. 그 대표적 인사가 바로 민주당 원내대표였던 이인영이었다. 이인영은 국가보안법 철폐를 바라는 피해자들의 지나가는 의견조차 자신에 대한 비아냥이라면서 버럭 소리지르며 온몸으로 몸서리치던 인간이다. 이런 위정자가 문재인 정부 통일부 장관을 역임했었다. 근묵자흑이 아닐 수 없다.

문재인 정부 인사들은 국보법 철폐에 대해서 왜 그렇게까지 몸서리치며 기피했을까? 마르크스는 존재가 의식을 규정한다고 했다. 존치가 자신들의 존재에 편했기 때문이다. 즉 그들의 내장에 유리했다는 것이다. 그래서 국보법이 주는 존재의 편안함을 넘어설 사유도, 의식도 존재하지 않았던 것이다. 마르크스가 이야기한 존재가 의식을 규정한다는 것이 바로 이런 사태를 의미한다! 국보법이 불편해지는 상황에서만 또 다른 눈치를 볼 것이다.

반면 광주학살에 대한 통렬한 사죄가 전우원의 내장에 무슨 도움이 되는 일이겠는가? 무슨 대단한 명성을 얻겠는가? 시대정신으로서 그 사죄가 진실하게 다가오는 이유이다! 그 절실함이 전우원의 발길을 광주 묘역으로 이끈 것이다.

같은 시기 3월 군사독재에 맞섰다는 이인영의 발길은 어디에 닿고 있는가? 친일잔재 국보법을 지능적으로 외면하던 그가 반일 집회 현장을 좀비처럼 서성거리며 얼쩡거리고 있다. 초라한 몰골이자 니체가 이야기한 인간말종의 전형이다. "운명과 기질은 하나의 개념에 대한 두 개의 이름이다"라는 말이 온몸으로 이해되는 작금의 사태가 아닐 수 없다.

"만약 내가 두 도둑 가운데 한 명을 친구로 택한다면, 적어도 신뢰가 있는 상대를 뽑겠어. 눈물 짜며 징징거리는 개종자 말고, 다른 도둑이야말로 사나이답고 개성 있는 사람이야."[헤르만 헤세, 데미안, 82쪽]

용기를 갖고 자신과 대면한 전우원은 앞으로 나아갈 수 있지만 내내 징징거리며 눈치만 살폈던 문재인의 유산은 한 발짝도 나아갈 수 없을 것이다. 아니 그들에 대한 자그마한 연민도 전두환과 함께 무덤에 묻어버려야 한다. 전우원을 통해서 소환된 시대정신이다!

## 10

# 국보법을 빗나간 철학자 최진석의 표현의 자유

　니체는 철학을 하면서 노예도덕과 관념적 신의 폭력에 휘둘리는 인간의 해방을 위해 몸부림치다 광기로 접어들었고, 하이데거는 현대 속에 망각되는 인간존재 회복에 대한 근원적인 문제 속에서 시(詩)적인 인간을 제시했다. 결국 철학이 그 시대와 삶의 문제를 외면한다면 그것은 사변에 그치는 강단 철학에 머물 뿐이다.

　타국에서 만들어진 철학의 수입과 소개를 벗어나 한국적 시각의 필요성으로서 시대의 문제를 던진 철학자 중 하나가 바로 서강대 명예교수 최진석이다. 철학자 최진석은 〈탁월한 시선의 사유〉에서 한국 사회에 전략 국가라는 화두를 제시하였다.

　미국을 상대로 전쟁을 치른 전략 국가였던 일본의 예를 들면서 2등과 따라 하기가 아니라 1등을 하기 위해서는 자기만의 사유와 전략적 시선이 필요하다는 철학적인 문제 제기였다. 철학자 최진석의 시각에 나는 깊은 공감을 했다. 이런 시각이라면 한국 사회에서 미군의 명령을 받는 한국군의 처지 그리고 전략적 사유와 사상을 가로막는 국보법에 대한 신랄한 문제의식을 느끼고 있을 것으로 생각했다.

2020년 8월 29일 경술국치 110주년을 맞이하여 철학자 최진석이 조국과 민족의 번영을 바라며 9월 18일 페이스북에 글을 올렸는데 이에 대해서 나는 다음과 같은 질문을 던졌다.

"우리의 독립적인 사유를 가로막는 법적, 문화적, 정치적 제약은 먼 데 있는 것이 아니라 북한을 주적으로 여기고, 이를 강요하는 국가보안법에 있다고 봅니다. 반북을 내세우며 미국에 굴종하는 위정자들 문재인 대통령부터 숭고한 한미동맹을 입에 담습니다. 그 동맹이 향하는 것이 결국 일본과 같은 제국경영도 아니고 고작 반북입니다. 이에 대해 우리의 철학자 지식인들이 얼마나 문제의식을 느끼고 있나요? 스스로 전략을 수립하고 명령도 내리지 못하는 것이 우리의 현실인데 반북을 고작 숭고한 동맹의 뒤에 숨겨 굴종하는 것이 우리의 천박한 현실입니다. 반북을 해도 좋은데 문제는 그 반북이 향하고 처벌하고 심장을 움츠리게 하는 것이 북이 아니라 우리 자신을 향하고 있다는 것입니다."

"그렇군요. 많이 배웠습니다. 그런데, 저는 한미동맹을 고작 반북 때문에 하는 것이라고는 보지 않습니다. 그리고 '고작 반북'이 사실은 '고작' 이상의 의미가 있을 수 있습니다. 하신 말씀 중에 '우리의 독립적인 사유를 가로막는 법적, 문화적, 정치적 제약은 먼 데 있는 것이 아니라 북한을 주적으로 여기고, 이를 강요하는 국가보안법에 있다고 봅니다'라는 문장이 있습니다. 비슷하게 패러디하면, '우리의 독립적인 사유를 가로막는 법적, 문화적, 정치적 제약은 먼 데 있는 것이 아니라 북한을 주적으로 여기지 않고 이를 주의 깊게 보지 않는 국가보안법 폐지의 주장에 있다고 봅니다'로 할 수도 있습니다. 이 대립하는 두 문장의 '경계'에서 과학적인(최대한 감각적 믿음을 배제한 객관적인) 사고를 하는 것이 '독립적 사고'입니다. 제 생각의 폭을 더 확장할 수 있는 계기를 주셔서 감사합니다."

철학적 사유를 빚지며 배우는 처지에서 여기까지는 문제를 제기할 것이 없었다. 그저 서로 다른 시선에 대한 사유의 폭을 확장한다고 할 수도 있었으니 말이다. '국보법은 북한을 상대로 하는 반국가적인 목적이 아니라 반정부적인 목적으로 악용됐다'라는 문제를 제기하며 마무리를 했다. 문제는 이후 철학자 최진석 교수가 5.18 특별법에 대해서 표현의 자유를 제기하며 2021년 12월 11일 페이스북에서 맹렬한 감정을 쏟아부었다는 것이다.

"지금 나는 5.18을 저주하고, 5.18을 모욕한다. / 1980년 5월 18일에 다시 태어난 적 있는 나는 / 지금 5.18을 그때 5.18의 슬픈 눈으로 왜곡하고 폄훼한다. / 무릎 꿇고 살기보다 서서 죽기를 원하면서 / 그들에게 포획된 5.18을 나는 저주한다. / 그 잘난 5.18들은 5.18이 아니었다. / 나는 속았다."

5.18 특별법은 그 의미에 대한 역사적 해석을 획일적으로 규정한 문제라기보다 악의적인 왜곡에 대한 처벌을 목적에 두고 있다. 대표적인 예가 5.18의 배후에 북한 특수부대가 침투했다는 지만원, 조선일보 등의 반복적인 주장에 대한 처벌이다. 5.18에 대한 역사적 해석을 자유롭게 한다고 해서 그 배후에 북한 특수부대가 있다고 하는 악의적 허위사실에 대한 처벌이 표현의 자유를 근간으로 하는 민주주의의 훼손과 무슨 연관이 있겠는가?

이러한 비판에 대해서 철학자 최진석은 최근 조선일보와의 인터뷰에서 5.18에 대한 왜곡에 대한 질문에 천안함을 내세우며 전형적인 시선 돌리기, 소위 물타기를 하고 있다.

"여당은 5.18에 대한 왜곡·비방을 막겠다는 취지를 내세웠는데?", "천안함 사건은 민군합동조사단에서 북한 어뢰 공격으로 결론 났지만, 음모론자들은 여전히 있다. 그러면 '천안함 왜곡처벌법'을 만들어야 하나? 6.25를 '북침(北侵)'이라고 주장하는 이들에게도 그렇게 해야 하나? 역사적 사건마다 이런 식의 특별법을 만들어도 괜찮은가? 의사 표현의 자유는 중요한 것이다." [조선일보, 2021. 1. 4.]

철학자 최진석은 이어서 "표현의 자유를 제한하는 순간 민주와 자유는 숨 막히기 시작한다. 독재의 첫걸음은 표현의 자유를 제약하는 데서 출발한다"라고 주장을 하였다. 한국 사회 표현의 자유를 제한하고 민주와 자유를 숨 막히게 하는 실존이 바로 국가보안법이다. 그런데 이만한 문제의식을 국보법에 대해서 철학자 최진석은 느꼈는가? 인터뷰 매체인 조선일보는 국보법을 악용하여 표현의 자유를 극렬하게 탄압해온 매체이다.

철학자 최진석이 "구체적으로 등장해 있는 문제들에 대해서 사유하지 않고 발언하지 않고 행동하지 않는 것, 그것이 오히려 철학이 아닌 겁니다"라고 제기한 것처럼 강단에서의 철학이 교실과 책을 벗어나 구체적인 현실에 발을 딛고 사유하려는 흐름은 반길 일이며, 적극적으로 고무되어야 할 일이다. 하지만 자신의 발언이 과연 구체적인 문제에 대해 사유하고 있는지 돌아볼 일이다.

"동서고금을 막론하고 통용되는 다른 말도 있어요, '무식하면 용감하다'라는 말입니다. 자기 의견이 분명한 사람일수록 지적인 토대가 얕아요. 자기 의견이 과감한 사람일수록 지적인 넓이가 좁아요. 경계를 품은 사람은 과감하지 않습니다. 함부로 진리임을 확신하지 않습니다. 어느 시대건, 어느 나라건 무식한 사람은 용감합니다." [최진석, 생각하는 힘 노자 인문학, 207쪽]

용기를 가지고 전략적 시선을 가질 것을 주장하는 철학자조차 현상 너머 본질을 보기보다 편견과 감정에 휘둘린 주장을 철학이라고 용감하게 해대니 분단체제를 벗어나지 못하는 한국 사회에서 철학을 한다는 것이 그만큼 어려운 일인가 보다.

# 11
# 5.18 역사 왜곡에 대한 전우원의 사죄

한국 사회 대표적인 종북몰이는 바로 광주사태의 배후에 북한군이 있다는 괴담이었고, 최대의 피해자는 정치인 김대중과 빨갱이로 몰린 전라도였다. 2017년 전두환은 회고록에서 다음과 같이 주장했다.

"…특히 일반 시민이 장갑차를 몰고 이동했다는 건 해명이 되지 않는다. 이처럼 전개된 일련의 상황들이 지금까지 꾸준히 제기되고 있는 북한 특수군의 개입 정황이라는 의심을 낳고 있는 것이다…" [전두환 회고록 1,406쪽]

지만원 씨는 극우성향 미디어 사이트 뉴스타운을 통해 5.18에 대해 "북한군 특수부대의 배후조종에 따라 일어난 국가 반란이자 폭동"이라고 지속적으로 주장해왔다.

이런 괴담에 대한 5·18 역사왜곡처벌법이 2020년 12월 9일 국회 본회의를 통과하자 서강대 철학과 교수 최진석은 14일 중앙일보와의 통화에서 "자기 확신에 도취돼 역사 퇴행적인 상황으로 몰고 가는 법안"이라며 "5.18 역사왜곡처벌법을 넘어 그 연장 선상에서 전체주의적 독재의 길을 가고 있음을 지적하고 싶었다"라고 말했다.

2023년 3월 31일 "한일정상회담 후폭풍 속에 국민의힘은 '민주당이 비난해야 할 상대방은 정부가 아니라 북한'(김기현 대표), '민주당도 북한처럼 괴담 유포 지령을 내리는 것이냐'(유상범 수석대변인) 등 종북(從北) 프레임으로 화제전환을 시도했지만, 아직 큰 효과는 나타나지 않고 있다"라고 밝혔다. [김준영, 중앙일보, 2023. 3. 31.]

효과가 나타날 리 있겠는가? 같은 날 31일 전두환의 손자 선우원은 제이티비시 박성태 앵커와의 인터뷰에서 "가족들로부터 혹시 80년 광주에 대해서 얘기를 들으신 적이 있습니까?"라는 질문에 "네, 항상 궁금한 마음에 물어보면 민주화 운동이 아니라 광주는 폭동이고, 북한군 개입으로 일어난 일이고, 가족들은 피해자이다, 이런 식으로 항상 저를 세뇌하시던 것이 기억이 납니다. 여기 오고 깨달았어요. 어떻게 이런 새빨간 거짓말을 믿었을까. 저 자신한테 정말 크게 실망했습니다"라고 답변했다.

"무엇이 선인가? 용감한 것이 선이다. 훌륭한 전쟁은 모든 원인을 신성하게 만든다. 이처럼 호전적인 말을 한 사람은 일찍이

아무도 없었다." [니체, 왕들과 나눈 대화]

    공교롭게도 31일 같은 날 국민의힘은 여전히 종북몰이에 집착했고, 전우원은 종북몰이에 대해서 통렬하게 사죄하고 있다. 바로 종북몰이의 시대가 끝났음을 의미한다. 종북에 대한 저항이자 안티테제로서 정치적 유불리에 의해서 소환되는 구호적 친일도 서서히 저물어가고 있다.

    마르크스는 존재가 의식을 규정한다고 했다. 이제 서로 친일과 반북의 안주를 넘어 훌륭한 민생을 향한 새로운 밥그릇을 찾아 나가야 할 시기이다. 만시지탄이지만 친일반북 논란을 넘어 남북을 가로지르는 민생에서부터 새로운 의식이 솟아날 것이다.

# 12

# 종북몰이 심상정의 업보로서 류호정과 장혜영

퇴근길 조용한 마을버스 안, 60대 중후반의 어르신과 20대 초중반의 젊은 연인이 시비가 붙었다. 어린 여자의 목소리가 카랑지게 울려 나온다.

"아저씨, 왜 밀어요?" 젊은 여자의 앞에 서 있던 아저씨가 "밀긴 누가 밀었다고 그래? 버스가 움직이니 밀친 모양인데"라고 응수한다. 말다툼 속에 여자가 "난 버스에서 이런 경우 처음이야!"라고 목소리를 높이자 남자친구가 뒤이어 "사과하세요! 잘못했으면 사과를 해요!"라고 소리를 친다. 당황한 아저씨가 내가 뭘 잘못했다고 사과를 하느냐고 자식 같은 새끼들이 이런다고 높은 목소리조차 내지를 못한다.

결국, 전후 맥락 제거된 "새끼"만 남아 결국 나이가 벼슬이냐? 나이 먹으면 다냐? 왜 욕을 하느냐? 열을 올리고 반대편에서는 젊은 사람들이 내가 자식이 넷인데 말세네 말세! 그렇게 불편하면 버스를 왜 타고 다녀? 자가용을 타고 다녀야 한다고 한탄을 내뱉는 꼬리 물기식의 반복되는 말싸움이 이어진다.

불편함을 감수하면서 지켜보니 젊은이들의 피해의식이 과도하게 표출되는 것 같다는 생각이 든다. 상황의 전개가 비합리적이다. 나서지 못하고 참고 들어야 하는 상황이 내내 곤혹스럽다. 사람들은 언제나 그렇듯이 남들 일에 나서지 않고 눈치를 보기 마련이다. 남의 일에 나서면 피곤하기밖에 더할 것이 없다는 역사적 경험과 일상의 체험이 나서기를 주저하게 만드는 것이다.

아, 어쩌란 말인가? 왜 나는 이런 상황에 가끔 곤혹스럽게 처한단 말인가? "야, 이 새끼야! 그만해! 버스 안에서 부딪힐 수도 있지!" 복근에서 기합을 내뱉었다. 순간 버스 안은 정적이 흐르고 천장에 닿을 듯 건장한 청년이 당황해서 나를 쳐다본다. 이미 내 눈에서 번갯불이 나가고 있었으니 심상치는 않다고 생각을 했는지 "아저씨가 왜 나서요? 아저씨가 피해 당사자가 아니잖아요!"라며 풀 꺾인 목소리로 항변을 한다. 그 눈빛에 자신의 여자를 지켜야 한다는 안타까움이 녹아있다. 그 눈빛과 흔들린 목소리에 이어질 고함이 차마 목구멍에서 나오지 못하고 컥! 잠겨버린다. 차라리 다행이다. 막 나왔으면 삼자인 내가 나서 끝장을 봐야만 하는 상황으로 치달을 수밖에 없으니 말이다. 차창 밖으로 시선을 돌렸다.

2021년 5월 13일 국회 본회의장에서 류호정과 문정복 간에 싸움이 붙었다. 문정복이 박준영의 외교 행랑에 대해 해명한다며 "당신(3인칭으로 박준영 지칭)이 국정운영에 부담되는 것을 원치 않기 때문"이라는 취지로 이야기를 하고 있는데 류호정이 배진교 정의당 원내대표를 지칭하는 줄 알고 갑자기 "당신!?"이라고 고성을 지르면서 튀어나온 것이다. 이어 문정복이 "야!"라고 꽥 소리를 질렀고 '나이가 몇 살인데' 하니 류호정이 '나이 어리다고 내가 우습게 보이니?' 식의 일상에서 익숙한 개싸움이 돼버린 것이다.

이에 대해서 류호정은 14일 페북에서 '당신이란 단어는 무의미'라며 '야'를 끝까지 문제 삼는다! 장혜영도 "동료 국회의원을 '야'라고 부르는 건 부적절하다. 아무리 나이가 어려도…"라며 문정복 의원의 사과를 요구하면서 맥락을 단절시키고 피해자 호소를 한다.

버스에서 나이 드신 아저씨가 먼저 내리시고 뒤이어 버스에서 내리던 젊은 여자는 여러 감정 속에 슬픔에 복받쳤는지 울음을 터트린다. 하지만 부끄러움을 모른 채 맥락을 무시하는 무식함과 지엽 말단에 천착하는 경박함을 전투력이라고 생각하는 심상정 키즈 류호정과 장혜영의 전투력은 최소한의 성찰을 외면한 채 사사로운 일에 대한 분노와 여론몰이로만 줄곧 내달렸다.

2013년 9월 1일 심상정 원내대표는 이석기 의원 등 통합진보당 인사들의 '내란음모 사건'과 관련, "국민은 헌법 밖의 진보를 절대 용납하지 않을 것"이라면서 "진실에서 한 치의 어긋남도 없이 실체가 밝혀지도록 철저하고 엄중하게 수사돼야 한다"라고 말했다. 소위 진보가 국보법을 악용한 공안 사건에 바람잡이로 나선 것이다. 그 과거에 대한 부끄러운 자기 부정으로서 내세운 가치가 바로 청년을 가장한 정체불명의 페미니스트 류호정과 장혜영이다. 심상정의 업보이다.

한편 2023년 12월 11일 류호정과 장혜영이 소속한 정의당 내 "세 번째 권력"은 국회에서 기자회견을 열고 "병역에서부터 가사까지의 성평등"을 추진하겠다며 "여성 징병제·모병제"와 "남성 육아휴직 전면화" 등을 젠더 정책으로 발표했다. 류 의원은 여성 징병제는 저출산 사회에 대한 대책이 될 수 있다고도 덧붙였다.

이와 관련 장혜영 의원은 SBS 라디오에서 류호정 의원의 여성 징병제 등 젠더 정책에 관련해서 "군대 내의 성차별, 성폭력 문제부터 제대로 해결해야 한다"라고 반박하며 "다만 남녀평등을 기반으로 한 모병제 및 여성 징병제는 장기적으로 긍정적으로 본다"라고 밝혔다.

문제는 페미니스트를 자처하는 이들의 어처구니없는 주장이 아니라 이들이 여전히 이렇게 한 치의 부끄러움도 없이 나서대며 무식한 발언을 태연스럽게 뱉어낼 수 있게 된 사회적인 배경과 풍토이다. 거울의 부재, 어른의 부재가 낳은 참상이 아닐 수 없다.

# 13

# 김어준, 명랑을 가장한
# 삶의 퇴락 데카당

인간만이 자신을 벗어나 타인의 입장에서 다른 사람의 입장을 생각할 수 있다. 공감의 능력, 역지사지이다. 현대 심리학에서는 미러링mirroring, '거울 뉴런'이라고 한다. 태생적으로 인간에게만 있는 본능이다. 타인의 입장에서 볼 수 있는 능력으로 인해 인간은 협동을 이뤄왔고, 공동체를 발전시켜 왔다. 문제는 그 공감이 갖는 한계이다.

"블룸 교수는 실질적인 측면에서 공감은 절망적으로 제한된 기술이라고 말한다. 공감은 우리와 가까운 사람들, 즉 우리가 냄새를 맡고 보고 듣고 만질 수 있는 사람들에게서 느끼는 것이다… 우리가 스스로 선택한 소수에게 밝은 스포트라이트를 비추면 적의 관점은 보지 못하게 된다. 다른 사람들은 모두 우리의 시야에서 벗어나기 때문이다." [휴먼카인드, 303쪽]

이로써 우리는 유일하게 공감에 기반한 존재이면서도 동시에 가장 잔인한 종이 되기도 한다. 선 자리가 달라지면서 보는 풍경도 달라지듯이 내 편에 대한 공감은 네 편에 대한 혐오의 시작이 되는 것이다. 하지만 결국 혐오는 역지사지를 마비시켜 결국에는 자기 증오에 빠진 몰락의 길을 자초하기 마련이다. 가까이 봐온 현실을 눈앞에 두고서도 반복되는 이유는 왜일까?

"무언가를 공부하거나 어떤 철학을 고찰할 때는 오로지 사실이 무엇인지, 그 사실이 뒷받침하는 진실이 무엇인지만을 스스로에게 물어보라. 당신이 믿고 싶은 것 또는 만일 그것을 믿는다면 사회에 유익한 영향을 미칠 것이라고 스스로 생각하는 거 때문에 주의를 다른 곳으로 돌리지 말라. 오직 사실이 무엇인지 그것만 바라보라." [영국 철학자 버트런트 러셀, 1959년]

· 버트런트 러셀 ·

"내 목숨을 걸고서라도 지키려고 하는 것은 국가나 소위 말하는 애국이 아니야! 바로 '진실'이야"라고 사자후를 토하던 독재 시절 지성인 〈새는 좌우로 난다〉의 저자 리영희 교수의 일성과도 동일하다. 결국 진실을 외면하고 믿고 싶은 것만 믿은 지성의 퇴보이다.

역경이 다가올 때 사람의 진모가 드러나기 마련이다. 동물 세계에서 위기의 순간 겁먹은 꿩은 대가리만 숨긴다. 객관적인 상황을 바라보고 현실에 기반한 타산을 하는 것이 아니라 보고 싶은 것만 보고, 믿고 싶은 것만 믿는 것이다. 사람도 마찬가지이다. 겁먹은 동물이 자신의 세계에 갇히듯이 머리를 박는다. '눈 가리고 아웅' 하는 식이다. 손바닥으로 하늘을 가린다.

조선일보의 김대중 주필은 보수의 권력을 배후에서 좌지우지했던 실세였다. 언론 영향력 1위의 밤의 대통령이었다. 대기업 총수도, 정치인들도 김대중 주필의 눈치를 살펴야 했던 시절이었다. 이는 영화의 소재가 되기도 했다. 나꼼수를 시작으로 반대편에서 이러한 영향력을 행사한 이가 바로 딴지일보 총수 김어준이다. 패러디로 무장하고 지지자들을 열광시켰던 김어준이 오히려 영화 〈내부자들〉처럼 조롱의 대상으로 전락했다.

〈방송인 김어준 씨가 4.7 재보궐선거 참패요인으로 "조국사태" 등에 대한 더불어민주당 지도부의 실책을 지적한 김해영 전 더불어민주당 의원에 대해 "소신파가 아니라 공감대가 없어서 혼자가 된 것"이라고 말했다. 김 씨는 9일 TBS라디오 "김어준의 뉴스공장" 진행 중 "원래 선거를 지는 쪽에서 대체로 그 선거에 가장 도움이 안 됐던 분들이 가장 도움이 안 될 말을 가장 먼저 나서서 한다"라며 이같이 말했다. 그는 "이럴 때 튀어나와서 발언하는 분들이 꼭 있다"라며 "대체로 소신파라고 띄워주지만, 이분들 말대로 하면 망한다"라고 했다.〉 [중앙일보, 2021. 4. 9.]

인간은 인류 문명을 발전시켜 온 그 원초적인 유대감으로 인해서 근본적으로 무리에 갇힐 운명이지만 그 운명을 숙명적으로 받아들이는 것이 아니라 그에 대한 근본적인 혐오로서 수치심을 상실한 채 도를 벗어나 과도하게 잘난 척하는 놈들을 어떠한 방법으로든 사회로부터 격리해왔다. 수치심을 모르는 위정자들과 어설픈 마키아벨리즘에 빠져 편 가르기에만 유능한 무리에 휘둘리면 인민이 괴로워진다. 경멸로서 넘어서야 할 이유이다.

## 14 반미를 검증하는 반미투사 김민석

1980년 광주 미문화원 방화, 1982년 부산 미문화원 방화, 1985년 서울 미문화원 점거 농성, 왜 당시 학생들은 미국을 직접 상대로 점거와 방화투쟁을 벌였을까? 1980년대에 대학에 입학한 청년들은 광주학살의 참상을 알게 되었고, 그 학살의 배후가 미국이었다는 반미정서가 폭발했기 때문이었다.

1986년 4월 28일 전방 입소가 계획되어 있던 400여 명의 85학번 학생들. 가야쇼핑센터 부근에서부터 신림사거리에서 도로를 점거. 연좌한 채로 시위에 나섰다. 신림사거리 근처의 서강빌딩. 김세진과 이재호가 올라가 있었다. 여기서 둘은 학생들의 시위를 선도. 핸드마이크로 전방 입소를 규탄하는 연설을 했다.

이들은 유인물을 뿌리며 "반전박핵 양키 고 홈!", "양키의 용병 교육 전방 입소 결사반대!"라고 구호를 외쳤다. 학생들도 둘을 따라서 구호를 복창하며 시위를 했다… 경찰들이 올라오자 김세진과 이재호는 가지고 온 시너를 온몸에 뿌리고는 경고했다… 김세진과 이재호는 가지고 있던 라이터로 불을 켰다… 이재호는 불에 타는 채로 옥상에서 추락했고, 김세진은 옥상 바닥에 쓰러졌다. 한강성심병원. 김세진은 부모에게 미안하다고 한 후 곧바로 친구 이재호의 상태를 물어보았다.

[인물 1] 1965년 충주 출신 김세진은 1984년 서울대 자연대 학생회 부학생회장. 86년에는 자연대 학생회 학생회장 및 서울대학교 단과대학 학생회장단 대표 역임. 이천 민주공원 안장.

[인물 2] 1964년 광주 출신 이재오는 1986년 서울대 '반전반핵평화옹호투쟁위원회'에 참여위원장직을 맡으며 반미시위를 주도. 광주 5.18 망월동 안장.

[인물 3] 1964년 서울 출신 김민석은 1985년 서울대학교 총학생회장을 역임. 2021년 현재 민주당 국회의원.

2021년 7월 1일 경북 안동 이육사문학관을 방문한 이재명은 "사실은 친일청산을 못하고 친일세력들이 미 점령군하고 합작을 해가지고 다시 그 지배체제를 그대로 유지했잖습니까"라고 발언했다. 이념과 무관한 역사적인 사실에 대한 발언이었을 뿐이다.

그런데 이 발언이 논란이 되자 이낙연 민주당 전 대표와 정세

균 전 총리는 2021년 7월 3일 예고에 없던 오찬 회동을 긴급히 갖고, "후보의 정체성과 도덕성 검증"을 촉구. 바로 이어 민주당 김민석 의원은 기자회견을 갖고 "정책, 정체성, 도덕성이 철저하고 충분하게 검증될 수 있는 그러한 경선의 방안들이 당에서 모색되고 제시돼야 한다"라고 했다.

일본의 철학자 우치다 타츠루는 일본을 포함 "세계 어떤 나라라 해도 청년들이 성숙해지기 위해서는, '힘없고 가난한 사람들에게 공감과 연민과 양심의 고통을 느끼는 단계'를 거칠 수밖에 없다는 점에서 별반 다를 바 없다고 생각합니다"라고 한국의 독자들에게 전한다.

1986년 청년 시절의 고통을 건너 성숙해진 2021년의 586 김민석이 검증하고자 하는 것이 "일본 천황의 명령에 의하고 일본 대본영이 조인한 항복문서의 조항에 의하여 본관 지휘하에 있는 군대는 조선 영토를 점령한다"라는 맥아더 사령부 포고 제1호(1945. 9. 9.)에서 밝힌 점령군으로서 미 군정의 역사를 부인하는 것인가? 그렇게 미 군정을 옹호하기 위한 반미에 대한 검증이라면 하태경, 유승민, 오세훈이 설 자리에 김민석이 잘못 선 것인가?

역사적인 사실로서 제국에 의한 식민지 역사의 연속성을 비판하는 것을 종북으로 몰아 이념적으로 검증한다는 것이 민주당의 정체성이라면 민주당의 뿌리인 친일 정당으로서 한민당을 벗어나지 못했다는 사실을 스스로 드러내는 반증일 것이다. 친일의 잔재 국보법이 민주당에서조차 강력한 동기로서 남아 있는 이유일지 모를 일이다.

## 15

# 무능한 진보의
# 반면 반북 소년 안철수

지젝은 그의 저서 〈펜데믹 패닉〉에서 "이탈리아의 역사가인 카를로 긴즈부르그는 자신의 나라를 사랑하는 것이 아니라 부끄러워하는 것이 그 나라에 소속됨을 나타내는 진짜 증표일 수 있다"라고 주장했다.

2022년 1월 8일 안철수가 안보가 무너지면 나라가 무너진다며 페북에서 안보놀이에 빠졌다. "저는 NSC(국가안전보장회의)를 직접 주재하겠습니다"라며 "어제 천안 망향의 동산에서 위안부 할머님들을 생각하며 다시는 한 맺힌 삶과 눈물이 없는 강한 나라를 만들겠다"라고 약속드렸다며 "약한 나라는 국민의 생명과 안전을 지켜줄 수 없기 때문입니다"라고 밝혔다.

위안부의 한은 망향의 동산이 아닌 여전히 살아 숨 쉬는 그들의 몸에 새겨져 있는 살아있는 역사이자 가해자인 일본군과의 군사동맹인 지소미아를 통해서 그 상처에 소금이 다시 뿌려진 상태이다. 자신을 향한 안보가 아니라면 망향의 동상이라는 죽은 국가의 우상에게 고개를 숙이는 비겁이 아니라 한 맺힌 위안부 할머니들의 삶을 직접 찾아뵙는 용기여야 한다.

"국가란 모든 냉혹한 괴물 중에서도 가장 냉혹한 괴물이다. 또한, 그것은 냉혹하게 거짓말을 한다. 다음과 같은 거짓말이 그 입에서 새어 나오는 것이다. '나, 곧 국가는 민족이다.' 그것은 거짓말이다. 일찍이 여러 민족을 창조하고, 거기에다 하나의 신앙과 사랑을 내건 것은 창조자들이었다. 이와 같이 그들은 삶에 봉사했던 것이다."

"많은 사람들을 겨냥하여 함정을 파놓고 그것을 국가라고 부르는 것은 파괴자들이다. 그들은 그 함정 위에 한 자루 칼과 백 가지 욕망을 걸쳐놓았다." 이렇게 그들은 냉혹한 거짓말을 통해 숭고한 한미동맹이 선이라고 사람들을 기만하며 미국의 이해관계를 대신해서 죽음을 향해 자폐적으로 돌진해가는 의지를 애국과 안보동맹이라고 칭한다. 거짓이다! 그 함정 위에 그들을 향한 백 가지 욕망이 걸쳐져 있는 것이다.

"보라. 기어 올라가는 약삭빠른 이 원숭이들을! 그들은 서로를 기어 올라타고 넘는다. 그리하여 서로를 흙탕의 심연으로 끌어들인다. 그들은 옥좌를 차지하려고 서로 싸운다. 마치 행복이 옥좌 위에 있기라도 하듯이! 이것이 그들이 지니고 있는 광기인 것이다." 옥좌를 향한 그들의 광기는 죽은 우상인 국가와 안보를 내세우며 언어의 혼란을 통해 썩은 냄새 나는 악취를 숨긴다! 죽음을 숭배하며 자신들의 욕망을 감춘다!

"국가가 끝나는 곳, 나의 형제들이여 그곳을 보라! 그대들에게는 보이지 않는가? 그곳에 있는 초인으로 향하는 무지개와 다리가?" 분단체제를 넘어서는 그곳에서 한미동맹이라는 거짓된 우상을 넘어 우리 민족에게 초인으로 향하는 새로운 무지개다리가 놓여 있다. 전인미답의 창조와 새로운 삶의 다리가. 짜라투스트라는 이렇게 말했다!

## 16

# 한국 사회를 떠도는 유령, 정용진의 '피해자 게임'

한국 사회에 야성이 존재했는지 존재 상실의 시대 포퓰리즘 중 우정치의 홍수 속에 사라졌는지 모를 일이지만 지금은 위정자들과 무리 군중을 넘어 심지어 자본가들조차 피해자 코스프레를 하고 나선다. 그렇다면 도대체 가해자는 누구란 말인가?

정용진 신세계 부회장은 2021년 11월 인스타그램에 올린 "공산당이 싫어요"란 게시물을 시작으로 멸공을 반복적으로 올리면서 논란을 일으키고 있다. 이에 대한 비판이 일자 해명이랍시고 북한의 극초음속 미사일 기사 등을 게재하며 자신이 피해자임을 호소하고 나섰다.

"멸공은 누구한테는 정치지만 나한테는 현실"이라며 "왜 코리아 디스카운팅을 당하는지 아는가"라면서 "사업하면서 얘네(북한) 때문에 외국에서 돈 빌릴 때 이자도 더 줘야 하고, 미사일 쏘면 투자도 다 빠져나가는데 당해봤나?"라고 했다.

그의 말처럼 멸공이 누군가에게는 정치이겠지만 그 피해는 엄연한 현실인데 도대체 정용진이 무슨 피해를 보았다고 표독스러움을 감추며 저렇게 피해자인 척 악다구니를 부리는지 모를 일이다. 김대중 대통령과 현대그룹 정주영 회장은 그 위험이 없어서 길을 열고 대북투자에 나섰겠는가? 못난 서방 집구석에서 마누라 팬다고 중국에서 뺨 맞고 엄한 화풀이하는 꼴이다.

이어 윤석열까지 '멸공 챌린지'에 나서자 조국은 7일 "21세기 대한민국에 숙취해소제 사진과 함께 "멸공"이란 글을 올리는 재벌 회장이 있다. 거의 윤석열 수준이다"라고 비판했다. 조국은 정말 까마귀이다. 자신이 어제 한 행위를 까마득하게 의도적이고 반복적으로 까먹는다. 조국이 민정수석일 때 "멸공"의 앞잡이 국보법을 악용한 간첩 조작 사건이 일어났다. 여전히 국보법에 대해 입도 뻥끗하지 않고 있다.

민주당은 마치 '멸공 챌린지'로 심각한 색깔 공세를 당하는 것처럼 피해를 호소하고 있다. 강병원 최고위원은 KBS 라디오 '최경영의 최강시사'에 출연해 "2022년에 멸공이라는 이야기를 대기업을 이끌어가는 CEO와 대통령 후보 한 사람의 입에서 들을 거라고 생각도 못했다"라며 "구시대적 색깔론이 나와 경악했다"라고 비난했다.

송영길 대표는 반공 관련 갈등을 조장하는 데 대해 "특정 세력을 배제하고, 고립시켜 처절하게 학살했던 아픔을 겪었던 게 (제주) 4.3이고, 5.18이고, 여수·순천이었다"라며 "이런 아픔들을 치유하고 하나로 만들어가는 게 중요하다"라며 "대한민국 헌법 60조, 66조, 69조에 대한민국 대통령은 평화적 통일을 위해서 사명을 다해야 한다고 명시돼 있다"라며 그런데 "1984년도에 대한민국 이념이 평화통일이라고 말했다가 국가보안법으로 구속됐던 유성환 사건이 바로 전두환 시대에 있었다"라고 지적했다.

2018년 남과 북의 경제교류를 적을 이롭게 한다고 국보법을 악용해서 기소하고 구속한 일은 전두환 시대에 일어났다는 말인가? 이들은 자신들이 국보법을 여전히 내버려 두고, 그로 인한 피해가 일어나는 현실은 방관하면서 오히려 자기들이 피해자인 양 동정을 구걸한다. 마포구 국회의원 정청래는 "윤석열이 멸치 콩을 들었기에 나는 왼손에 파를 들었다. 좌파"라며 왼손에 파를 들고 좌파 퍼포먼스를 했다. 저질 코미디로 태평스럽게 인권을 짓밟는 희한한 재주가 있다. 소시오패스들이거나…

전두환 시절처럼 몽둥이만 보이지 않을 뿐이지 서로 피해자를 자처하는 위정자들의 피해자 코스프레는 더 큰 폭력적 폐해로, 가진 자들의 피해자 코스프레는 더 큰 탐욕으로 돌아가는 현실이다. 연민과 동정을 구걸하며 자기 내장에만 충실한 인간말종들이 내미는 앞발에 가랑비 젖듯 현혹되지 말고 가차 없이 꺾어버려야 하는 이유이다!

# 17

## 진보를 자처하는 빨갱이 사냥꾼 진중권과 조선일보

조선일보에서 얼마 전까지도 있던 2018년 필자의 간첩 조작 사건에 관한 기사가 조선일보(채널A, 연합뉴스 포함) 및 포털에서 완벽하게 사라졌다. 악마적 디테일에 능한 조선일보가 동물적 감각으로 증거인멸에 들어간 것이다. 왜일까? 표현의 자유를 운운했으면서 말이다. 결국, 돈이다. 돈에 대한 무서움이다.

지금 저들은 징벌적 손해배상으로 인해 제기될 소송이 두려워 증거인멸에 나서며 논점전환을 위해 표현의 자유를 빙자해 5.18 정신부정, 표현의 자유 운운하고 있다. 사악한 프레임 전환이다. 그런데 이런 조선일보의 악마적 성실성에 충실히 부응하는 자칭 진보를 가장한 극우 인사가 있으니 그가 바로 진중권이다.

진중권은 익히 알려졌듯이 소위 친북세력, 통일지향 세력을 향한 극렬한 배설로 빨갱이 사냥을 즐겨왔다. 오죽하면 그로부터 듣보잡이라는 비난을 받은 변희재에게 손해배상 청구를 당해 300만원이라는 벌금 선고를 받은 진중권이 변희재로부터 친미우파라는 팩트폭격을 당했겠는가?

"진중권은 북한이나 주사파라 하면 사실관계를 따지기도 전에 극단적 혐오감을 드러내는데, 이건 이른바 애국 우파보다 더한 정도이다. 그게 나쁘다는 게 아니라 진중권은 반김일성, 반김정일, 반주사파로서 애국 우파 인사로서 손색이 없다는 것이다…"

"실제로 진중권은 미군 장갑차에 사고를 당한 미선이와 효순이 사건 당시 조사결과가 나오기도 전에 '단순 후진 사고'이고, 어린 중학생의 시신에 대해 '다진 고기' 운운하며 미군편에서 좌익진영을 맹비난한 바 있다. 최근 자살세(정몽헌 현대회장과 남상국 대우사장 지칭)로 문제가 되었지만, 이미 일찌감치 어린 중학생의 시신에 대해 '다진 고기'라며 미군의 입맛에 맞게 망자를 모욕했던 것이다." [변희재, 미디어워치, 2009. 6. 24.]

진중권은 최근 "언론의 입에 재갈을 물리는 징벌적 손해배상세… 5.18에 대해서는 이견을 금지하는 법까지 민주당이 자기모순에 빠진 것"이라고 열을 올리고 있다. 하지만 진중권은 자기가 뱉은 말이 두려워 표현의 자유 운운하며 조선일보와 이해관계들 같이 하고 있을 뿐이다. 결국 조선일보와 진중권이 지키고자 하는 것은 표현의 자유라는 가치가 아니라 자신들의 언행에 대한 책임과 이에 따른 징벌적 배상의 두려움이다. 표현의 자유는 변명일 뿐. 진중권은 이제라도 미선, 효순 사건에 대한 자신의 발언을 감당할 수 있겠는가?

그런데 재미있는 것은 문재인을 혐오하며 표현의 자유에 대해 편승하는 소위 진보적이라는 인사들이다. 그중 하나가 한국일보 기자 출신 고종석이다. 진중권의 최근 페북 글 "5.18 특별법은 5·18 정신의 부정입니다"를 인용하며 진중권을 지지한다고 밝혔다. 5·18 정신을 부정하는 뿌리의 배후에 북한의 특수부대가 있다거나 친북 빨갱이 운운하던 선동이 표현의 자유와 무슨 상관이 있겠는가? 상대에 대한 비난에 눈이 멀어 역사를 망각한 채 자기감정에 빠져 그 취지를 바라보지 못하고 있다.

악의적 왜곡 보도에 책임을 물리는 징벌적 손해배상은 이념이나 표현의 자유와는 전혀 무관한 사태이다. 자신의 말에는 그 책임이 따르는 법이다. 공자에게 제자들이 "정치란 무엇입니까"라고 질문하자, "정치는 정야(正也)라 정명(正名)이니라"라고 했다. 말이 바로 서야 정치와 삶이 바로 선다는 것이다. 개인이건 조직이건 자기 발언에 대해서 책임을 각오해야 한다. 이건 자유민주주의도 내 편 네 편의 문제도 아니다. 말이 난무하고 혼탁한 시대 속에 말에 대한 책임을 더 깊게 가져야 한다.

그런데 민주당은 오히려 진중권과 같은 표리부동한 인사를 모시고 당의 혁신을 경청하니 이 얼마나 무능하고 어리석은 사태가 아니겠는가? 그 시간에 징벌적 손해배상 입법에 꼼꼼하게 매진할 일이다! 민주당의 문제는 저들의 악마적인 디테일에 대한 대응에 있어 공허하고 무능하다는 것이다. 끈기도 의지도 없다. 한 손에 아메리카노를 든 채 죽창가 운운하던 반일선동이 저들에게 먹히리라 보는가? 보수는 이념이나 신념이 아니라 결국 돈이다!

변희재로부터 애국우파보다 더 하다는 비판을 당한 진중권이 여전히 진보좌파라는 고깔 모를 쓰고 문재인 권력에까지 들러붙어 진보 논객을 자처하다 조국사태 와중에 조국과 등을 지고 이후 동양대 교수직에서 물러나자 2020년 10월 30일 자신의 페이스북에서 다음과 같은 고백을 한다! "솔직히 나는 '촛불 정권'의 환상을 깨고 싶지 않았다. 외려 권력이 이 방식을 사용하여 그 환상을 계속 유지하기를 바랐다. 그렇게 했다면 '촛불혁명'이라는 권력의 연극을 도울 의향까지 있었다." 즉 진중권의 분노는 권력의 연극에서 튕겨 나간 억울함이었던 것이다.

이어 2023년 5월 27일 조선일보와의 인터뷰에서 "어떤 일을 후회하나요?"라는 질문에 "안티조선 운동이 그랬어요. 그때는 어쩔 수 없었는데 꼭 그랬어야 했나 싶어요. 조선일보 '밤의 주필'을 자처하며 매일매일 조독마(조선일보 독자마당)에 보수를 비판하는 칼럼을 올리던 때는 유쾌했는데, 그런 일들이 오히려 지금의 정치 양극화를 가속화한 게 아니었나 싶어요"라고 밝혔다.

자본주의 사회에서 저마다 먹고산다는 게 어려운 일이지만 빨갱이 사냥에 앞장서며 극우에 빌붙어 살면서 진보인 척하지는 말자!

## 18
# 원희룡에게 맞서 분신으로 지킨 인간의 자존심

　대한민국의 위정자 중 자신의 자존심과 가치를 위하여 자기를 불사를 수 있는 자 하나라도 있겠는가? 자존감이 떨어지는 인간들일수록 항상 남 탓과 변명을 입에 단 채 수군거리며 졸렬하게 대중들 뒤로 몸을 숨긴다. 그렇게 부끄러운 얼굴이 점점 두꺼워지는 것이 위정자로 가는 길이자 국민 위에 군림하는 길이다. 후안무치!

　신문하는 자 검사와 단독자로 서봤는가? 검사는 상대적으로 겁이 많은 존재이다. 그런 검사와 마주 서기 위해서는 두 가지가 필요하다. 하나는 용기 그리고 다른 하나는 이를 뒷받침할 명분! 그런데 밑장까지 다 까인 좀도둑이 어설픈 호랑이 시늉을 해대니 얼마나 우습게 보이겠는가? 그들이 도덕을 가장한 인간말종들을 향해 거침없는 이유다!

　건강한 자들의 기생충 인간말종들은 초인의 발목을 잡고 끌어

내리며 자신들끼리의 권력을 유지하는 방법을 알고 있다. "야수와의 싸움에서는 야수를 병들게 하는 것이 그것을 약하게 만드는 유일한 수단일 수 있다. 바로 이러한 사실을 교회는 알고 있었다. 교회는 인간을 망쳐버렸고 약화시켰다. — 그런데도 교회는 인간을 '개선'시켰다고 주장했다." [니체, 우상의 황혼, 인류를 개선하는 자들]

2023년 5월 1일 인간말종들의 길들임과 독거미 타란툴라와 같은 사제권력에 의한 병들임을 거부한 한 인간은 자신들만의 잇속에 정신이 팔린 인간말종들이 차라리 적극적으로 초래한 사냥개들을 향해 다음과 같은 이유로서 자신의 몸을 불태웠다. "죄없이 정당하게 노조 활동을 했는데 집시법 위반도 아니고 업무방해 및 공갈이라고 한다. 내 자존심이 허락되지 않는다!"

"이날 오전 분신을 시도하기 직전 사회관계망서비스(SNS)에 글을 올린 그는 이 글에서 '제가 오늘 분신을 하게 된 건 죄없이 정당하게 노조 활동을 했는데 (검찰이 적용한 혐의가) 집시법 위반도 아니고, 업무방해 및 공갈이랍니다'라며 '(검찰이 이 같은 혐의를 적용한 데 대해) 제 자존심이 허락되지가 않는다'라고 적었다." [장현은, 한겨레, 2023. 5. 1.]

"니체에 따르면 그리스도교가 내세우는 덕은 겸손과 동정인 반면에, 르네상스인들이 추구한 덕은 명예와 긍지 그리고 강인한 생명력이었다." [니체, 이 사람을 보라, 박찬국 옮김]

고인에 대한 유서 대필이 사실이 아니라고 자인했지만, 조선일보가 그 유서에 대한 조작을 제기한 뒤 원희룡 장관은 2023년 5월 17일 자신의 페이스북을 통해 "자신의 동료가 시너를 몸에 뿌리고 불을 붙이던 현장에 있던 건설노조 간부가 이를 말리지 않고 한참 동안 바라만 봤다는 보도가 있었다"라면서 "그렇지 않기를 바라지만, 혹시나 동료의 죽음을 투쟁의 동력으로 이용하려 했던 것은 아닌지 의문이 들지 않을 수 없다. 진실이 밝혀지기 바란다"라고 말했다. 1991년 강경대 타살 이후 잇단 분신 투쟁의 배후가 있다면서 유서 조작을 제기한 조선일보의 오랜 습관이 병처럼 도진 것이다.

자존감이 부재한 원희룡은 전두환을 찾아 세배를 올렸었지만, 고인이 바란 것은 안보와 이념을 팔아 자신의 내장을 채우는 비열한 욕망이 아니라 자신의 생명을 던져 지키고자 한 인간으로서의 자존심이었다! 관련해서 심상정이 원희룡을 향해 정치인이기 전에 먼저 인간이 되라고 했는데 니체가 경멸한 전형적인 인간말종이 아니고 무엇이겠는가? 니체는 동정 구걸을 반복하는 인간말종이 가장 오래 산다고 했는데 가차 없는 경멸로서 그들을 넘어서야 할 이유이다!

# 19

# 한동훈 법무부 장관의
# 反자본주의

 "산업자본이란 노동자에게 임금을 지불하여 협동하게 하고, 다시 그들이 만든 상품을 그들 자신이 사도록 만들어 거기서 생기는 차액으로 증식합니다." 〈가라타니 고진, 제국의 구조, 37쪽〉

 한국의 자본주의가 정상적이라면 임금에 대한 착취가 아니라 기술력의 고도화를 통해서 임금 대비 자본의 차액을 증식시키고, 위정자들이 정상이라면 이런 산업고도화 전략을 장려함으로써 세수를 증대하고 보편적 기본 소득과 그 소비를 위한 지역 화폐 발행 등을 확장하는 것이 올바른 길일 것이다.

 그렇다면 한국의 위정자들은 노동자와 노조를 어떻게 바라볼까? 2022년 화물연대 파업을 놓고 윤석열 대통령은 비공개 참모회의에서 "북한의 핵 위협과 마찬가지"라고 빗댄 것으로 알려졌다. 김행 국민의힘 비대위원은 비대위원회 회의에서 "종북 주사파 민주노총 시대를 끝내야 한다"라고 말했다. 권선동 국민의힘 의원은 페이스북에 글을 올려 파업상황을 '제2의 이석기 사태'로 부르며 공격했다. [오마이뉴스, 김보성, 2022. 12. 5.]

2022년 5월 9일 인사청문회에서 한동훈 법무부 장관이 해외 노동자 유입과 이민청 설립 등을 이야기하는 것은 구시대적인 약탈자본의 논리로서 해외의 싼 노동력을 찾아 기업을 이전시키던 논리의 연장으로 국내에 싼 노동력을 불러들이겠다는 발상이다. 즉 그 내막 안으로 들어가 보면 일부 해외 노동자 유입을 통해 국내 노동자들의 노동강도를 해외의 싼 노동력과 경쟁을 시키겠다는 의도성이 더 크다. 실제 건설현장에서는 노동강도가 높아지고 있고, 이로써 그 위험성이 높아지고 있다. 이러한 노동정책에 대한 그 저항으로서 2023년 5월 1일 건설노조 양희동이 분신한 것이다.

정부가 정말로 국내 노동력이 부족해서 해외 노동력을 유입하겠다면 그 해외 노동에 대한 차별을 전면적으로 철폐하고 동일 조건으로 고용을 해야 외국인 노동자와의 저임금 경쟁 속에 국내 노동자들이 임금삭감, 일자리 감소 등 역차별로 몰리지 않을 것이며, 그들이 이민청을 설립하겠다는 주장도 한국의 심각한 인구감소에 대한 대응이라고 그나마 봐줄 수 있을 것이다.

노동조합의 임금인상은 통상 물가 대비한 요구이고, 그 물가에 대한 책임은 인플레이션에 있지 노동자들의 월급인상에 기인하지 않는다. 그마저 노동자들 수익의 대부분은 생활비 즉 자본의 유통으로 환원된다. 그에 반해 외국인 노동자들 수익의 대부분은 해외로 반출되기에 국민경제와는 전혀 무관할 뿐 아니라 오히려 국내 노동자들의 생존이 극단으로 몰려 자본이 우려하는 인구감소로 이어지기 마련이다. 대책이라고 운운하는 이민청은 전도된 무식의 소치일 뿐이다. 결국, 그들이 바라는 것은 공존이 아니라 순종적 인간이라는 것이다.

"일반적으로 프롤레타리아가 반자본주의적이 되고, 정치적으로 과격해지는 것은 산업자본주의가 충분히 확립되어 있지 않은 단계에서다. 그것이 확립되면, 프롤레타리아는 비정치적, 비혁명적이 된다." [가라타니 고진, 세계사의 구조, 348쪽]

이처럼 노동에 대해서 과도하게 정치적으로 몰아붙이면 된다는 사고가 오히려 그들을 정치적으로, 혁명적으로 몰아갈 뿐이다. 진보와 보수의 가치가 모두 거꾸로 선 지금 맹목적 미국 추종과 반북, 구호적 반일과 반미를 벗어나 자칭 진보와 보수가 철저히 현실적인 국익을 우선시하는 결단으로서 차라리 권위주의 시절 그래도 자기 국민의 이익을 최우선으로 앞세웠던 산업정책의 '고차원적인 회복'과 그 새로운 전도가 이 시대 진보와 보수의 미래일지 모를 일이다.

"요컨대 마르크스가 말하려고 하는 것은 파리코뮌은 중세 코뮌의 '고차원적 회복'이라는 것입니다. 그것은 중세의 코뮌과 닮았으면서도 다른 것입니다. 만약 중세 코뮌을 그대로 회복한다면, 오

히려 파리코뮌의 시도를 부정하는 것이 될 것입니다." [제국의 구조, 50쪽]

# 20
# 정경심은 진보를 믿는 희생자인가?

세상에서 가장 읽기 힘든 철학자 중 하나인 하이데거는 존재와 시간에서 "철학의 과제는 불명료한 것을 규명하는 것이 아니라 오히려 가장 자명한 것을 분석하는 것이라고 본다"고 했다.

즉 우리가 일상에서 자명하다고 생각하는 것이 자명한가에 대한 근본 물음이 철학하는 자세라는 것이다. 그렇다면 한국 사회에서 가장 자명한 것은 무엇일까? 시대를 대표하는 문제적 인물 문재인과 조국은 정말 피해자이며 분단과 안보를 빙자해 그들이 모시는 한미동맹은 보수와는 다른 차원의 지고지순한 도덕이자 친미이자 평화인가?

지금 진보에 젖어 휩쓸리는 대중들이 자명하다고 생각하는 현상을 예로 들어 설명해보면 다음과 같다. 소주 반병을 먹어 음주 적발된 사람이 왜 세 병 마신 사람과 똑같이 대하냐고 얼굴을 붉히고 피해를 자처하며 대중을 동원해 우겨댄다면 그 변명은 무죄가 되거나 상대적 양심이 되거나 그래서 음주단속을 한 경찰은 폭력적이 되는가? 그래서 검사독재가 도래했는가?

"왜 저런 사람이 대통령을 하려고 했지? 대통령 자리를 얼마나 우습게 봤으면 저러는 걸까?"(강준만)라고 윤석열이 세상을 우습게 생각한다면 왜이겠는가? 모시던 주인이 가당찮고 무책임하니 그 경멸로서 문지기가 안방을 꿰차고 눌러앉아 자신의 전공에 대한 보상심리로서 권력을 만끽하는 것이 작금의 사태이지 않겠는가? 그러니 세상을 여전히 도둑놈인지 여부로만 보며 행인을 향해 짖어대는 개가 문제겠는가?

이를 반성하기는커녕 진보를 자처하는 시인 류근은 정경심이 출간한 책 〈나 혼자 슬퍼하겠습니다〉를 마치 양심수의 옥중서신을 대하듯이 감성에 흠뻑 젖어 진보 운운하면서 읽어 내려간다. 하지만 자명한 사실로서 생각해보자. 정경심의 구속과 조국의 기소가 검찰의 독재에 대항해서 시작됐는가? 개인 비리로 시작됐는가? 진보라는 미명 아래 구체적 현실을 외면하고 불명료한 것에 뜬구름 잡듯이 집착하던 유아적 욕망이 검사 윤석열에 이어 검사 한동훈 시대를 열었다. 세상을 피의자로 보는 검사들에게 정의를 바래서 분노하는가?

"20대 대선은 여러 각도에서 분석이 가능하겠으나 그 실패의 가장 큰 원인은 '문빠'라는 말 그 한마디에 있다고 말해도 과언이 아닐 것이다."[도올, 주역강해, 238쪽]

"이런 시기를 당했다고 급작스럽게 대중을 동원하거나 군대를 동원하여 복구하여서는 아니 된다. 이런 위기의 시대 지도자는 자기 본거지로부터 명을 내려 뜻을 같이할 수 있는 진실한 사람들과 함께 새로운 시대를 맞이할 준비를 해야 한다. 섣부르게 복원하려다가 더 큰 낭패를 당한다. 깊은 반성이 우선되어야 한다."[같은 책 243쪽]

하지만 그들에게 시대와 진보에 대한 성찰과 깊은 반성을 바랄 수는 없다. 연민과 동정을 포기한다는 것은 그들에게 존재의 의미가 근본에서 상실되는 사태로 귀결되기 때문이다. 망각이 두려운 그들은 그에 비례해서 끊임없는 동정을 구걸할 것이다. 결국 가해에 대한 기억을 소환 끊임없이 비춰야 할 이유이다. 정경심은 공정을 유린한 가해자다! 조국과 문재인은 국가폭력과 분단체제의 피해자란 말인가? 그들이 모시는 한미동맹은 민족적이고 그 군사훈련은 평화란 말인가? 한미동맹은 북의 입장에서는 가해라는 사실을 의도적으로 외면하고 망각한 채 유희로서 안보위기를 즐기며 여전히 피해자를 자처한다.

문제는 동시대를 살아가는 이들 개인이 아니라 이들을 통해 비춰본 사회병리적인 증상이다. 현상이 아니라 그 병이 초래된 원인으로서 본질을 바라봐야 할 이유이자 검사 윤석열이 시대를 향해 던져진 의미이다. 그 본질을 바라볼 때 검사는 벌거벗은 임금님이 되어 부끄러움에 녹아내릴 것이다. 경험상 검사의 썩은 웃음과 여유로움은 피의자의 범죄에 비례한다!

희생자를 자처하는 수난의 시대, 레비나스에 의하면 "질서 없는 세계, 즉 선이 승리할 수 없는 세계에서 희생자의 위치에 있는 것, 그것이 바로 수난이다."

## 21

# 2024년 문재인의 복심
# 이낙연과 미 제국을 넘어

진보를 대표하는 원로 지식인 백낙청 교수는 '제2기 촛불 정부와 22대 총선'이라는 제목의 2024년 신년사에서 다음과 같이 밝혔다.

"당면과제가 2기 촛불 정부를 만드는 일이며, 다른 시국 문제도 그 기준에 따라 판단해야 한다. 문제는 총선 자체가 아니라 2기 촛불 정부 건설을 기준으로 총선에 접근하느냐 하는 것이다. 여당이 과반을 넘기는 사태는 촛불혁명에 치명적이지만 그렇다고 야당의 총선승리만으로 촛불혁명이 재출범하리라는 보장은 어디에도 없으며, 민주당의 총선승리가 곧 촛불 정부의 성공으로 이어지리라는 환상 또한 시대의 주요 전선이 양대 정당 사이가 아니라 촛불 사이에, 다시 말해 민주당 내부에서도 그어져 있다는 사실을 놓친 오류였지요."

• 촛불집회 모습 •

그렇다면 촛불의 전선이 양대 정당 사이가 아니라면 '다시 말해 민주당 내부에서도 그어져 있다는 사실'이라면 이는 어떤 사건 누구를 지칭하는 것이며, 구체적으로 누구를 넘어서야 한다는 것인가?

2021년 1월 이낙연에 의해서 이명박에 대한 사면이 제기됐다. 이후 "친문 지지자들의 비난은 계속되었다. 경쟁자인 이재명은 이 기회를 놓치지 않고 '기득권 카르텔 개혁'을 외치는 등 정반대의 방향으로 나아갔으니, 이낙연에겐 큰 정치적 타격이 아닐 수 없었다. 아니 결정적 타격이었다고 해도 과언이 아니다."

그 결정적 타격과 관련해서 "그런데 뭔가 좀 이상했다. 언론이 엉터리 관측을 내놓았던 걸까? 이낙연이 '대통령과의 사전교감' 없이 무턱대고 제기한 사면론이라면 혼자 소리 내어 울 일은 아니잖은가. '오해'라면 도대체 무슨 오해가 있었다는 것인지 그것도 궁금했다." [강준만, 왜 이낙연은 혼자 소리 내어 울었을까? 2021. 11. 2. UPI 뉴스]

강준만은 이낙연이 훗날 회고록에서 그 이유를 밝힐 이야기가 있을지 모르겠다고 했지만 강준만이 이낙연이 혼자 소리 내어 울었다는 그 이유를 정말 몰랐겠는가? 들끓는 비난 속에 이명박에 대한 사면의 진앙지가 '문재인과의 사전교감'을 통해 나온 사면론이라는 사실을 대놓고 말할 수가 없었기 때문일 것이다.

이명박, 박근혜에 대한 사면 논란에서 드러난 것처럼 이낙연은 직접 나서지 못하고 눈치만 살피는 문재인의 복심이라 하지 않을 수 없다. 그런 문재인의 복심이었던 이낙연으로부터 2024년 총선을 앞두고 또다시 촛불정신과 무관한 정치 공학으로서 신당 창당이 논의되고 있다. 하지만 그 무슨 최소한의 가치가 아닌 시류에 따른 눈치일 뿐이고, 문재인이 그랬던 것처럼 깐족거리며 반복될 사태일 뿐이다. 그렇다면 시대의 주요 전선으로서 촛불은 지금 무엇을 지켜봐야 하는가?

백낙청은 이와 관련 촛불 전선이 "민주당 내부에서도 그어져 있다는 사실을 놓친 오류"라는 주장에서 구체적으로 한 발짝 나아가지 못하고 원론적인 이야기로서 "무엇보다 우리 사회 기득권 세력의 힘을 과소평가했던 것입니다"라고 신년사를 마무리했지만, 거시적인 담론에 그칠 수밖에 없는 학자의 한계를 넘어 그 오류를 구체적으로 지켜봐야 하는 것이 2024년 촛불의 과제라 하지 않을 수 없을 것이다.

악의적으로 촛불을 참칭했거나 최소한 선의로서 무능하게 무임승차한 문재인으로 대표되는 이 시대 위정자들의 공통된 성격은 공익적 욕망과 그 대의를 위해 멸사봉공하겠다는 열정과 책임감이 아니라 위선적인 욕망조차 내팽개친 붉고 순결한 사적 욕망 즉 출세욕으로서 과시적이고, 관종적인 욕망만이 넘쳐난다는 사실에 있다.

"독일 사람들이 바그너에 관해 속고 있다는 사실이 내게는 하나도 놀랍지 않다. 그 반대라면 나는 놀랄 것이다. 독일인들은 숭배할 만한 바그너라는 존재를 스스로 만들어낸 것이다… 바그너는 그들의 주연배우이자 그들 중 가장 위대한 인물이다… 사람들은 그를 구름 속으로 떠받들어 올림으로써 자신을 찬양하는 것이다. 사람들이 그에게 저항하지 않는다는 사실 그 자체가 이미 데카당스의 한 징표이다." [니체, 바그너의 경우]

문재인에 대한 경멸로서 칼춤을 추며 탄생한 또 하나의 배우로서 윤석열은 문재인의 반면이며, 그의 유일한 존재 이유는 촛불 정신이 "민주당 내부에서도 그어져 있다는 사실을 놓친 오류"에서 여전히 끝나지 않은 그 환멸과 좌절에 기대고 있을 뿐이다. 그러니 2024년의 과제는 이 둘을 함께 넘어서는 것이며, 그 기미(幾微)와 가능성이 새 시대를 향한 도약이자 하나의 선물로서 문재인의 복심 이낙연을 통해서 드러나고 있는 것이다.

촛불의 좌절은 2021년 1월 이명박 사면의 논란 중에 "이재명은 이 기회를 놓치지 않고 '기득권 카르텔 개혁'을 외치는 등 정반대의 방향으로 나아갔으니"가 아니라 그 정반대의 방향으로 줄곧 나아가며 '기득권 카르텔 개혁'과 대결하지 못한 것에서 기인한다. 문재인과 윤석열을 함께 넘어서는 가치의 연대를 구현해 나가야 할 이유이다.

촛불의 주요 전선인 남북관계와 관련 2024년 1월 3일 공동성명의 당사자이자 분단체제의 반쪽 김여정 부부장이 문재인을 회고하며 발표한 신년담화를 살펴보자.

"그는 참 영특하고 교활한 사람이었다"라며 "어리숙한 체하고 우리에게 달라붙어 평화 보따리를 내밀어 우리의 손을 매어놓고는 돌아앉아 제가 챙길 것은 다 챙겼다"라고 회고했다.

"우리와 마주 앉아 특유의 어눌한 어투로 '한 핏줄', '평화', '공동번영'을 언급하며 살점이라도 베여줄 듯 간을 녹여내는 그 솜씨가 여간이 아니었다"라며 "돌이켜보면 참으로 다루기 까다로운 상대였고, 진짜 안보를 챙길 줄 아는 사람이었다"라고 말했다.

"웃는 낯에 침을 못 뱉는다고 하지 않았는가… 지금 생각해보면 만약 제2의 문재인이 집권하였더라면 우리로서는 큰일일 것이다."

같은 날 조국은 위 김여정의 담화를 안보에 대한 문재인의 업적인 양 자랑하면서 그 전문을 페이스북에 게재했고, 지지자들은 문재인의 업적이라고 이를 공유한다. 자신들을 향한 소아병적 탐욕과 제국의 눈치를 살피며 진보를 가장해 적극적으로 아무것도 하지 않았다는 직접적인 증거이자 그 민낯이 드러난 사태가 아닐 수 없다. 차마 지켜보기 힘들 정도로 가히 부끄러움과 수치심이란 것을 모르는 인간말종, 초라한 소인배의 전형이 아닐 수 없다!

촛불은 보수도 함께했기에 가능했음을 되돌아본다면 보수와 진보를 넘어서 우리는 "시대의 주요 전선이 양대 정당 사이가 아니라 촛불 사이에 다시 말해 민주당 내부에서도 그어져 있다는 사실을 놓친 오류"(백낙청 신년사)에서 여전히 한 치도 벗어나지 못하고 반복되는 부끄러운 현실이다.

하지만 "그대들 자신을 뛰어넘어 크게 웃는 법을 배워라. 그대들의 가슴을 활짝 펴라. 높게, 더 높게! 멋진 무용수답게 큰 웃음 소리도 잊지 마라." 짜라투스트라는 이렇게 말했다!